東京裏返し 都心・再開発編

吉見俊哉
Yoshimi Shunya

a pilot of wisdom

目次

第二日　古川流域で高低差を実感し、街殺しの現場に遭遇

《冒頭講義～江戸東京に「対称」と「対照」を読む》

（1）芝増上寺と上野寛永寺

（2）ポスト鹿鳴館としての芝紅葉館

（3）大名庭園のふたつの運命：開域と閉域

（4）高さへの欲望と低さの生命力

《街歩きと路上講義》

（1）坂を上って有栖川宮記念公園へ

（2）がま池と東京の「断面図」

（3）元麻布ヒルズから麻布台地の神社と教会へ

（4）土中から福沢諭吉の遺体が出現――墓の移転

（5）三田小山町で「瀕死の街」と遭遇する

（6）狸穴坂を抜け、麻布台ヒルズへ

（7）東京タワーの周縁に残る紅葉館の痕跡

第三日　目黒川上流域のふたつの「川」と「まち」の地層――139

第四日　三田用水沿いに織りなされる軍都と自然

第六日　青山・六本木・赤坂の川筋から見る軍都東京――265

第七日　都心の谷間から皇居を裏返す

本書は、「続・東京裏返し　都心南部編――川筋と軍都をたどる社会学的街歩き」として「すばる」二〇二三年一一月号～二〇二四年五月号に掲載された内容を、大幅に加筆・修正したものです。本文中に登場する施設・店舗などの情報については、取材当時のものです。

取材・構成／加藤裕子
写真／宮﨑貢司
写真レイアウト・図版作成／ＭＯＴＨＥＲ
地図作成／クリエイティブ・メッセンジャー

はじめに　街歩きの文明論――狭く、曲がった、下り坂の愉《たの》しみ

（1）下り坂の東京

街歩きには鉄則があります。広い道よりも狭い道を、まっすぐな道よりも曲がった道を、平らな道よりも上り下りのある道を選ぶことです。そうすれば、かなりの確率で心地よい街の風景に出会うことができるでしょう。広い道、まっすぐな道、平らな道を行けば、目的地には早くに着けるかもしれません。しかし、それでは大切なものを見失います。街歩きで大切なのは、速さではなく愉しさのために、小道があれば道を曲がり、坂を上り下りし、うねうねと曲がった路地を進み、最初に誰もが予想していたであろうその街の「当たり前」とは異なる街の風景を見出《みいだ》すこと、つまり日常の街を裏返してみることなのです。

この出会いこそが、街歩きの醍醐《だいご》味《み》です。思ってもみなかった風景が突然、角を曲がった先にあるのを発見するとき、「ああ、この街はおもしろい」と心から思います。実際、そんな仕

方で東京の街をずいぶん歩いてきましたが、その中で気づいたこともあります。細い曲がりくねった坂道は、必ず上るときよりも下るときのほうが快適で、エキサイティングなのです。

　上り道ではどうしても坂の頂上に意識が向かいます。ところが下り坂は、下る先の風景が変化に富んだ広がりを見せ、道が湾曲したり、時には階段になっていたりすると、触覚的に街を愉しむことができるのです。そして、その下り坂の先の谷底には、今日でも細かい路地や入り組んだ長屋風の集落が残っていることすらあります。

　二一世紀の東京のど真ん中でのことです。そんな下り坂に出会うと元気になります。人間、誰でも一日に二万歩も歩けば疲れてきますが、それでも細い曲がりくねった坂の先でそんな谷間に出会うと不思議に元気が蘇《よみがえ》ってくるのを何度も経験しました。人間の体は不思議なものだとつくづく思います。

　もっとも下り坂には注意も必要で、ぼんやり歩いていると段差に気づかず転んだり、下手をすると崖から落ちて大けがをするかもしれません。要するに、ソフトランディングができずにハードランディングとなってしまうのです。そのようなことは上り坂では滅多に起きません。なぜならば、上り坂ならばぼんやり歩いていて崖にぶち当たっても、それは目の前に「壁」として現れるわけだから、単にその先まで行けなくなるだけです。

ですから下り坂では、風景の変化に気を配り、今まで気づかずに通り過ぎてきた路傍や崖下の景色に、びっくりするような驚きが伏在していたのに気づくのがいいでしょう。そうすれば、それまで目標にしてきた価値観とは異なる、新しい価値に気づかせてくれる風景が、身の回りに広がっていることに気づくはずです。つまり、徐々に世界の見方が転換していくのです。

実は私は、こうしたことは人生にも当てはまると確信しますが、最近は、文明の歴史にも当てはまると考え始めています。つまり、いかなる文明でも、右肩上がりの発展期以上に長くゆるやかな衰亡期は、そこに生きる人々にとって文化的・精神的に充実したものになりうるのです。この発見は、これからの日本が歩むべき道にとって、決定的に重要な意味を持ちます。

(2) 武蔵野《むさしの》台地の東崖

そんな下り坂は、東京のどこにあるのでしょう。——実は、無数にあります。東京という都市は、武蔵野台地が東京湾に向かい東に張り出し、その東端の崖を中心に形成された都市です。ですから中規模以上の川は概して西から東に向かって流れています。北は隅田川、南は多摩川が境界線ですが、その間を石神井《しやくじい》川《がわ》、神田川、渋谷川（古川）、目黒川、呑川《のみかわ》が流れます。多摩川の南も含めれば、鶴見川や大岡川も同じです。これらはすべて、海底が巨大な「盆地」の東京湾に流れ込んでいます。

これらの西から東に流れる川が、武蔵野台地を削って複雑な地形を形成してきたのが、原ー東京です。そこでは削られても残った上野台地、本郷台地、豊島《としま》台地、淀橋《よどばし》台地、麻布《あざぶ》台地、白金《しろかね》台地、目黒台地、荏原《えばら》台地、久《く》が原《はら》台地といった突端の台地が半島のように張り出し、これらの台地と谷間を流れる川の間に、無数の崖や小川、坂道が形成されました。もっとも石神井川は複雑に蛇行しているし、渋谷川も支流が多いですから、単純に川は西から東に流れるとはいえません。これは、あくまで模式的な理解です。

冒頭で述べた魅力的な下り坂は、その多くがこうして張り出す台地の際、川筋に向かって傾斜する崖に形成されています。ですからその下りきった先は、大概は川筋です。台地の崖際にはしばしば江戸時代から寺社境内や大名屋敷が広がり、大名屋敷は再開発を免れていれば、今日では大学キャンパスや公園、ホテル、大使館などになっています。しかし、寺社境内は今日でもそのまま残されていることが少なくありません。そして、そうした境内の脇には、しばしば見事な細い坂道が続いています。

まさにそうした寺社境内周辺で川筋に向かって坂道を下り、暗渠《あんきょ》や谷筋を這《は》うように歩いていくのが、私にとっての街歩きの基本ルートです。そんな坂道や谷筋、暗渠の道をふんだんに擁しているのが、東京の中では谷中《やなか》、上野、本郷、小石川、滝野川、市谷、四谷、赤坂、麻布、白金、高輪といった街々なのです。私は、前著『東京裏返し　社会学的街歩きガイド』（集英社新書、二〇二〇年）で、東京都心北部に散在するそうした半島や谷間、抜け穴のようなルートを紹介しました。その続編である本書では、東京都心南部に散在するやはり際立って魅力的なルートを紹介していきます。

たとえば、後に歩いていくように、都心南部の下り坂の街の代表格は四谷で、飲み屋街として賑《にぎ》わう荒木町《あらきちょう》では迷路のように多くの坂が窪地《くぼち》の池に向けて集中しています。その迷路をすり抜けて新宿通りを渡ると円通寺坂に出ます。この坂は蛇行する深い谷で、両側の険しい坂を上ると崖から四谷一帯を見渡せます。鶴屋南北の『四谷怪談』所縁《ゆかり》の於岩《おいわ》稲荷も近いですが、新海誠監督の「君の名は。」の舞台となった須賀神社の急階段もこの崖にあり、さらにその反対側の崖を下りると、かつて明治東京の三大貧民窟のひとつだった四谷鮫《さめ》が橋《はし》と出会います。再開発を免れてここを流れる鮫川筋にひっそりと息づく街は路地を大切にしており、狭い道に置かれた多数の植木鉢や道路に孔《あな》を開けて立てられた物干竿《ものほしざお》にはためく洗濯物が圧巻です。

また、麻布界隈《かいわい》にも圧倒されるほど魅力的な坂道が残っています。有栖川《ありすがわの》宮《みや》公園を広尾駅とは反対側に下っていけば麻布十番方面ですが、「ブラタモリ」で有名になった「がま池」から児童遊園に向けて下りる道があり、その先には昔ながらの長屋街と崖下の細い暗渠の道が今も残っています。このあたりは、元麻布ヒルズなど森ビルによる再開発がすさまじいのですが、巨大再開発で古い街が根底から壊されていくその縁《へり》で、かろうじて昔の風景が息づいています。

さらに、私がとりわけ大好きなのは、高輪にある東禅寺裏の坂です。東禅寺は、幕末に英国公使館となった寺で、ここで英国公使オールコックは『大君の都　幕末日本滞在記』（山口光朔訳、岩波書店、一九六二年、原著一八六三年）を書きました。水戸浪士に襲撃され、寺は散々な目に遭ったのですが、今も昔ながらの静謐《せいひつ》な風情を残しています。そして、その裏に湾曲して続く一本道の坂が圧巻です。両側が墓地の森の間の孔のような坂道を抜けて下っていくと、その先には長屋風の小さな家々が飛び地のように息づいています。

（3）東京に積み重なる歴史地層

しかしなぜ、これらの細い湾曲する坂道に、私はこれほど魅せられるのでしょうか。それはつまり、そのような細く曲がった坂道を街歩きすることで、都市のタイムトラベラー（時間旅行者）になることができるからです。というのも、都市は実は、現在の層だけで構成されているのではありません。都市には異なる時代の地層が折り重なっているのです。

しかし、地形が平らだと開発が容易なので、古い地層は容易に破壊され、新しい高層ビルで覆われてしまいます。そうして歴史の痕跡が消されてしまうと、もう私たちは過去と出会うことができなくなります。ところが微細に入り組んだ凹凸地形は、大規模再開発や戦争での空爆、街の破壊行為でしかない都市計画道路建設などに対する頑強な自然の抵抗力であり続けました。要するに、谷間や凹凸地形のある地域のほうが、その街の記憶を残すのです。

ですから武蔵野台地の東崖に今も残る細い坂道を歩くことは、現代東京を覆う地層の亀裂や周縁に目を凝らし、なお貌《かお》をのぞかせるさまざまな時代に改めて出会うことを可能にします。それらの坂道の脇には、太古の昔や江戸や明治、昭和の痕跡が今も驚くような仕方でたたずんでいるのです。そうした痕跡が留め金となり、私たちは今でも過去と対話できます。都市の豊かさとは、そんな時代を超えた対話のチャンネルを、その都市がどれだけ保ち続けているかにあるのです。

『東京裏返し』でも解説したように、東京はこれまで三度にわたって占領されてきた都市です。最初は一五九〇年、徳川家康による占領であり、第二の占領は一八六八年、薩長《さっちょう》軍によるものです。そして三度目の占領は一九四五年、米軍による日本全体の占領です。そしてこれらの占領の前と後で、東京＝江戸という都市の組み立てられ方が変化しています。

今日の東京都と埼玉県、それに神奈川県東部は、すべてかつては武蔵の国で、ここは坂東武者たちの世界の中心でした。太古の昔、鉱山採掘や冶金、牛馬の飼育といった新しい技術を携えて朝鮮半島からやって来た渡来人たちは、利根川や多摩川の流域に沿って植民し、土着民と混血化しながらこの地方の支配層を形成していきます。彼らの主流は秩父《ちちぶ》平氏と呼ばれていくのですが、やがて中世以降、その末裔《まつえい》である畠山氏や豊島氏が、それぞれ鎌倉政権や室町政権に滅ぼされることで力を失います。

そこに外来の大勢力としてやって来たのが徳川家康で、彼はその大軍勢を養うため、江戸の水系を大改造します。やがて徳川家は列島全域の支配権を確立し、その中心の江戸は人口一〇〇万を超える巨大都市となりました。江戸にこれほどの人口がサステイナブルに暮らせたのは、何よりも「水の都」であったからです。同時に江戸は、参勤交代で居住させられていた数十万の武士や奉公人、それに彼らの消費を支える町人たちの死を管理する寺院都市でもありました。ですからこの街には水路が縦横にめぐり、寺町があちらこちらに広がっていたのです。

一八六八年、この江戸から旧幕勢力を蹴散らした外来の薩長軍は、そのまま明治新政府となり、この都市の名を「江戸」から「東京」へと改称しただけでなく、ここを「水と寺の都市」から「鉄道と軍隊の都市」に大改造します。この「鉄路の東京」がほぼ完成するのは、一九一四年、東京駅が開業したときですが、その後、関東大震災で東京は壊滅し、これを契機に江戸以来の風景が街の表面から一挙に消えていきます。他方、震災後の帝都復興で、東京は西や南に延びる私鉄沿線地域へと急激に拡大するのです。つまり関東大震災は、明治以降も名残をとどめていた「江戸」が、少なくともこの都市の表面からすっかり消えてしまう契機となり、そのことに永井荷風はひどく憤っていたのでした。

そして東京は、一九四五年三月からの、つまり戦争末期の米軍の集中的な空爆により再び廃《はい》墟《きょ》と化し、米軍による占領期が始まります。公式の米軍占領は数年間でしたが、それ以降に起きた重要なことは、東京の、大日本帝国の軍都からアメリカの冷戦戦略のための軍都への、そして戦後日本の経済復興を象徴するオリンピックシティへの大転換でした。

一九四五年の敗戦まで、東京には麻布、青山、渋谷、駒場、目黒などの都心南西部を中心に広大な軍用地が広がっていました。明治以降の東京は大日本帝国の軍都であり、「兵隊さんの街」だったのです。それが敗戦で、「米兵たちの街」へと転換していきます。旧日本軍施設は米軍施設となり、その施設の周囲には、つまり赤坂や六本木、原宿などから横浜、横須賀まで、米軍のカルチャーに憧れる若者たちが集まる街が形成されていきます。その延長線上で、一九五〇年代から六〇年代にかけて、ワシントンハイツをはじめとする都心部の施設は返還され、一九六四年の東京五輪開催を可能にしていくのです。

この戦後の東京が目指したのは、何よりも「速く高く強い」東京でした。そのために、青山通りをはじめとする道路が大きく拡幅され、川や運河の上に首都高速道路が建設されていきました。稠密《ちゅうみつ》な公共交通のネットワークとなっていた都電は、自動車交通の邪魔になるからと廃止されます。さらに西新宿をはじめとする大きな敷地が再開発されて超高層ビル群が建てられ、経済的にも、文化的にも、東京の中心は北東から南西に移動しました。

（4）二一世紀東京のタイムトラベラーになる

『東京裏返し』は、こうして東京が「より速く、より高く、より強い」首都を目指す中で取り残されてきた都心北東部をフィールドとし、都電荒川線沿線から南千住、浅草、上野、谷中、本郷、湯島、神保町《じんぼうちょう》、秋葉原といった街々の風景に、三度の占領を経てもなお痕跡として残る記憶の積層を発見していく試みでした。つまり私は、都市を「街歩き＝タイムトラベル」することは、決して文学的懐古趣味でも、昔の風景へのノスタルジーでもなく、「街歩き」という実践を通じ、都市というテクストをベンヤミン的に批評し、東京についてのあまりにも自明化されたリアリティを「裏返し」ていくクリティカルな実践なのだと考えてきました。

そして、本書ではいよいよそうした「より速く、より高く、より強い」東京が今も目指され、とてつもない規模の再開発があちこちで進行中の都心南西部をフィールドとします。本書の街歩きは、もちろん再開発計画が社会問題となった神宮外苑《がいえん》も含みますが、それだけでなく私たちは、渋谷や麻布、六本木、赤坂、芝、三田、浜松町《はままつちょう》などの巨大再開発地域の辺縁をすり抜けながら、昔ながらの谷間を歩き、そこに残る都市の記憶の痕跡に遭遇していくことになるでしょう。また、そのような遊歩の延長線上で、新宿から新大久保、早稲田にかけて、あるいは代官山や中目黒から目黒まで、さらには下北沢から豪徳寺、三軒茶屋までの街々を、かつてあった、あるいは今もある川筋に沿って見返していくことにします。

本書の街歩きを貫くテーマとなっていくのは、「軍都」と「川筋」です。「軍都」というのは、第一義的には旧日本軍の軍都です。というのも、赤坂や麻布から青山、代々木、渋谷、駒場、目黒、あるいは新宿と早稲田の間の戸山ヶ原は、戦前は軍都としての東京の心臓部でした。これらの軍都の諸施設は戦後、米軍の諸施設となりますから、赤坂や六本木、青山、原宿、渋谷といった街々の戦後を、米軍の街という観点から問い返す必要があります。

他方、「川筋」というのは、もちろん渋谷川や目黒川の川筋でもあるのですが、それだけでなく新宿歌舞伎町から東大久保、戸山ヶ原、早稲田を経て神田川に注いでいた蟹川《かにがわ》、四谷の谷から東宮御所を経て溜池《ためいけ》に流れ込んでいた鮫川、広尾近辺から南へ渋谷川へと注ぎ込むいもり川や笄川《こうがいがわ》、あるいは目黒川の上流をなす北沢川や烏山川《からすやまがわ》を含んでいます。これらの川は、隅田川や多摩川のような大規模河川と異なるのはもちろん、渋谷川や目黒川などとも異なり、都会の小さな谷間を流れていた「春の小川」です。現在では暗渠になってしまっているところが大部分ですが、街歩きを重ねていくと、そのような暗渠の地下になお川が流れていることを感じ取れるようになります。

　そうするとハッと気づくのは、二一世紀の東京都心で、若者たちが集まるしゃれた店が増殖しているのが、まさしくこれらの川筋であることです。一九七〇年代、渋谷・パルコを目指して公園通りを歩いた若者たちは、文字通り坂を上ったのですが、二一世紀の東京での若者たちの行動様式は異なります。もう彼らは好んで坂を上ってはいきません。かといって、私が冒頭で述べたような下り坂を愉しんでいるわけでもないのですが、むしろ水平移動、ぶらぶらと川筋を這うように移動しているのだと思われます。川筋には、小規模ながらちょっとしゃれたカフェやバー、レストラン、さらにはギャラリーや古着屋などが増殖していて、それらの小さな点と点を結ぶような仕方で新しい「若者の街」が渋谷や原宿、富ヶ谷、中目黒、あるいは麻布十番で浮上してきました。本書の街歩きでは、できるだけこれらの川筋でつながれていく新しい「若者の街」の風景にも注目したいと思います。

加えて、都心南部の水系を考える上で忘れてならない、実は決定的と言ってもいいほど重要なのは、三田用水という上水です。下北沢のあたりで玉川上水から分岐し、東大駒場キャンパスの裏から代官山へ、中目黒から目黒へ、そして白金台地から三田へと、その水路はまさしく本書の街歩きのルートと絡まり合っています。私たちは、本書の街歩きを通じ、人々が江戸から明治にかけて、尾根筋を流れる三田用水と谷間を流れる渋谷川や目黒川の間の高低差をいかに巧みに活用してきたかを再発見していくことになるでしょう。

そして最後に、本書の街歩きの最終日では、東京の「空虚な中心」（ロラン・バルト）たる皇居を目指します。とはいえ、一貫して「東京裏返し」を目指してきた私たちですから、間違っても丸の内から二重橋広場へという正面からのルートで皇居に向かうつもりはありません。皇居への道もあくまで「裏返し」でなければならないのです。それはつまり、すでに触れた四谷の谷間、荒木町や円通寺坂、そして四谷鮫が橋からのアプローチとなります。私たちは、かつて地獄谷と呼ばれた中世の葬送の谷を通って千鳥《ちどり》ケ淵《がふち》に向かい、戦没者墓苑でアジア太平洋戦争の無名戦士たちに思いを馳《は》せた後で、裏側から皇居に近づきたいと思います。

（5）巨大再開発と都市の記憶の否認・植民地化

さて現在、都心南部のあちこちで、本書で街歩きしていくような都市の記憶が折り重なってきた場が、大規模再開発事業によって破壊されています。その惨憺《さんたん》たる現状に、私たちは本書で何度も遭遇していくことになるでしょう。そして、そのように再開発されてしまった空間では、私たちはもう街歩きの三原則、つまり細く、曲がりくねり、上り下りのある道をたどって異なる時代の風景に出会うことなどできません。時々、そうした再開発地区で昭和レトロの街かど風景を演出しているのを目にしますが、これはうわべだけのまがい物で、テーマパークのように「歴史」をアトラクション化しているにすぎません。

一九五〇年代、ニューヨーク都心の低所得者居住地域で再開発と道路計画に反対し、効率性や機能性だけを追求する近代都市計画に真っ向から挑戦したジェイン・ジェイコブズは、すでに古典となった『新版　アメリカ大都市の死と生』（山形浩生訳、鹿島出版会、二〇一〇年、原著一九六一年）で、都市が多様性や愉しさを生み出すための原則として、次の四つを掲げました。第一は、それぞれの場所ができるだけ複数の主要機能を果たしていること、第二は、次の曲がり角までの距離が短いこと、第三は、その地区が、古さや条件が異なる時代の建物を混在させていること、最後が、目的はばらばらで構わないから、そこに十分な密度で人々が集まっていることです。ここでジェイコブズが擁護したのは、都市が多様性の場であること、異なる文化や人生、さまざまな軌跡の出会いの場であることだったと思います。

基本的にグリッド状に街路が続くニューヨークのことですから、ジェイコブズの都市論は、私がここで掲げた街歩きの三原則、すなわち広い道ではなく狭い道、まっすぐな道ではなく曲がった道、平らな道ではなく上り下りのある道が異なる時代との出会いを可能にするという都市論と完全には重なりません。しかし、ジェイコブズが、なぜ街区に異なる時代の建物を混在させることや、同じ場所が複数の機能を混在させていることを重視していたのかを考えれば、彼女も歴史や文化、異なる価値の多層的な場として都市を捉えていたのは明白でしょう。近代を通じ、このような都市の価値を否定してきたのが、速さや高さ、強さへの妄執なのです。

今日では私たちは、ニューヨークのみならず多くのアメリカの都市でグリッド状の近代都市計画がなされたのは、ヨーロッパからの入植者たちが、かつてそこに住んでいた先住民たちを追放し、彼らの生活世界を徹底的に破壊した後の出来事であったのを知っています。つまり、ジェイコブズの思想のさらに底には、それこそ『森の生活』(上・下、飯田実訳、岩波文庫、一九九五年、原著一八五四年)を書いたヘンリー・ディヴィッド・ソローが、マサチューセッツ州ウォールデン湖のほとりを歩きながら気づいていった、自然と共生してきた先住民たちの世界が伏在しているのです。彼らがアメリカの森や林、草原で描いていたのは、細く、曲がりくねった軌跡です。

そのような空間認識は現代世界でも広く存続していて、人類学者のティム・インゴルドによれば、北極圏に住む狩猟民族のイヌイットは、土地全体を「途切れない表面ではなく、織り合わされるラインの網《メッシュ》の目として知覚」するそうです。あるいはオーストラリアのアボリジニは、「自分たちの領土を、いくつかの区画に分割できるような表面的領域としてではなく、ラインあるいは『通り道』の『絡みあう網目』として思い浮かべ」ます（『ラインズ　線の文化史』工藤晋訳、左右社、二〇一四年、原著二〇〇七年）。インゴルドは、画家のクレーの言葉に従って、これはつまり「散歩」なのだと述べます。散歩、つまり街歩きにおいて、散歩者は歩くこと、移動すること、動くことそのものです。街歩き＝散歩することは、単にひとつの場所から別の場所に何かの目的をもって移動することではありません。そうではなく、「世界を通って、自らの道を糸《スレッド》のように伸ばす」ことなのです。

これに対し、領土を何重にも「占領」してきた占領者たちからすれば、土地は「踏み跡の織物ではなく空虚な表面としか見え」ません。そこにおける移動経路は、「入植および資源採取用地への人員や設備の投入と、そこからもたらされる富の回収」に向けられます。ですから何よりもまず、土地は測量されなければなりません。測量とは占領の一種であり、「測量士が見出す地名はその場所を他から区別するために貼り付けられるのであり、どうやって人がそこに辿りつくのかは無視される」のです。むしろ、測量のために土地の上に引かれる線は、直線的で規則的で「土地を横断して引かれるので、それらは土地に織りなされている居住地のラインを踏みにじり、ずたずたにしてしまう」のです。私たちは本書で、そのような測量の戦後東京や現在の東京における実例に、堤康次郎が郊外開発においてしたことや、現代の大規模再開発、あるいは都心環状線や都市計画道路の建設計画という形で出会うことになるでしょう。

本書で私たちが試みるように、東京の街歩きは、そのような占領された表面に孔を穿《うが》ち、幾重にも層をなす過去の記憶世界に深く潜っていくことを可能にします。東京は複雑な地形が幸いして、アメリカ大陸の諸都市以上に、先住民的な地層にまで潜行する余地を、最近まで残してきたのです。前著『東京裏返し』と同様、本書が「裏返し」という言葉にこだわるのは、紛れもなくそのような企図からに他なりません。

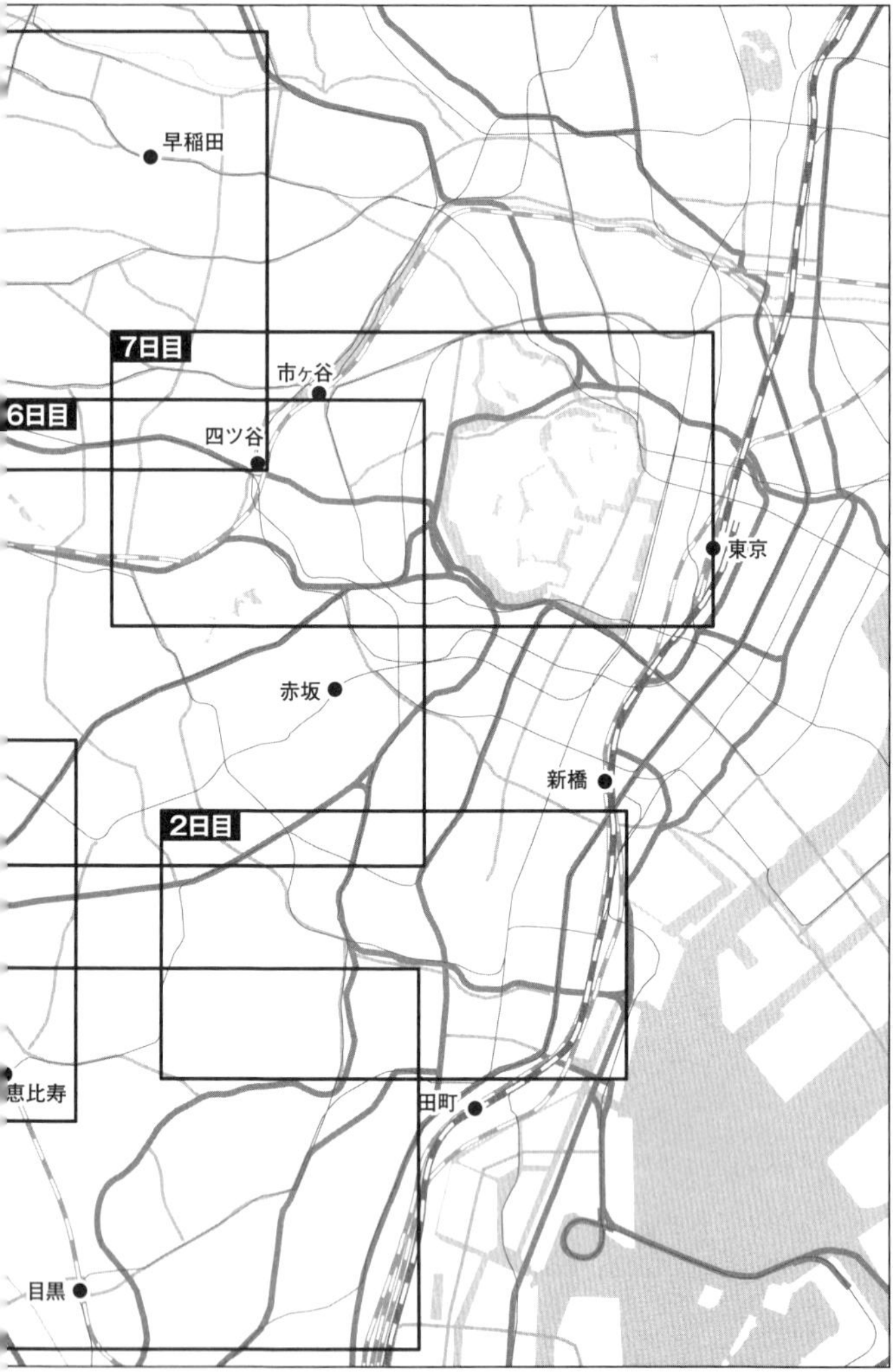

早稲田
7日目
市ヶ谷
6日目
四ツ谷
東京
赤坂
新橋
2日目
恵比寿
田町
目黒

7日間の地図

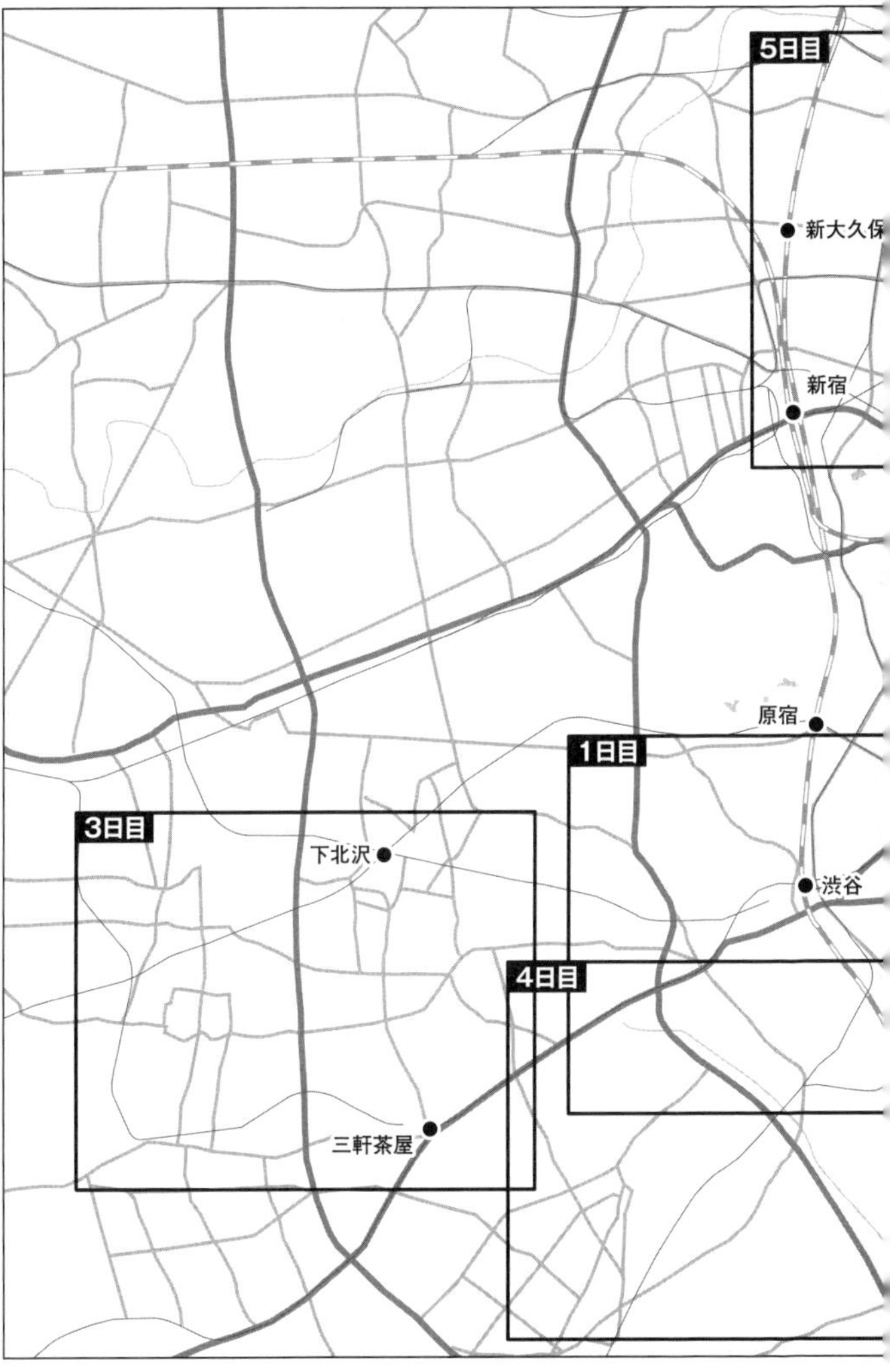

第一日　駅から丘へ、丘から川へ、渋谷川筋を歩く

原宿駅
東京メトロ副都心線
外苑前駅
東京メトロ半蔵門線
キャットストリート
表参道駅
東京メトロ千代田線
琵琶池
MIYASHITA PARK
青山学院大学
のんべい横丁
首都高速3号線
渋谷駅
渋谷ストリーム
東急東横線
東京メトロ日比谷線
恵比寿東公園
恵比寿駅
GOAL
JR埼京線

第一日 地図

代々木八幡駅
小田急小田原線
首都高速中央環状線
鍋島松濤公園
旧渋谷東急本店
三田用水の跡
東大駒場キャンパス
START
一二郎池
道玄坂地蔵尊
神泉駅
料亭三長
㈱パルコ
池尻大橋駅
東急田園都市線
中目黒駅

《冒頭講義～川筋から「渋谷」を裏返す》

（1）現在形の渋谷における「地上」「地下」「上空」

第一日の街歩きのフィールドは「渋谷」です。まず、二一世紀初頭の渋谷という街の表に見える発展に目を向けておきましょう。これは、大きく三つの点で起きていると思います。

第一は「スクランブル交差点の渋谷」で、これは「映像の渋谷」とも言えます。ものすごい数の人がハチ公前のスクランブル交差点を行き来している映像は、テレビはもちろん、SNSやYouTubeなどを介して世界中に拡散されていますから、日本以上に、海外では「渋谷＝スクランブル交差点」というイメージが強烈だと思います。ハロウィンが典型的ですが、そうした「映像の渋谷」のまなざしを経験したい人々が、やはり世界中から集まってきて、スクランブル交差点を舞台化しているのです。

第二に、現在東京に住む人々にとって、渋谷は「巨大な地下迷路」です。東急東横線や東京メトロ銀座線などの駅の改造に伴い、渋谷駅はとても不便な場所になりました。別の路線に乗り換えたいだけなのに、地下深くのホームから地上に出るまでにひどく時間がかかり、地下通路は何度来てもどこを歩いているのか見当がつかなくなるほど方向感覚を失わせます。

今日の渋谷の第三の顔は、「巨大資本の超高層空間」です。現在、渋谷駅周辺には超高層オフィスビルがどんどん建てられています。この再開発が東急資本主導で進められていくのは二〇一〇年代からで、まず一二年に三四階建ての渋谷ヒカリエが昔の東急文化会館の跡地にオープンしました。続いて一八年から一九年にかけて三五階建ての渋谷ストリームと一八階建ての渋谷フクラス、それに駅の上に四七階建ての渋谷スクランブルスクエアが竣工《しゅんこう》します。今後も道玄坂や桜《さくらがおか》丘に続々と巨大超高層ビルが建っていく予定です。

日本の全人口がどんどん減少し、東京も縮小傾向に向かうのに、これほど巨大なオフィス空間を駅一帯に出現させて、果たしてそれほどのオフィス需要が将来にわたってあるのでしょうか。東急は渋谷をIT産業の一大拠点にしようと考えているようですが、リモートワークがますます普及していく今後、IT産業はそれほどオフィススペースを必要としません。高い家賃を払って渋谷に大きなスペースを借りなければならない理由はそれほどないはずです。

（2）渋谷の六つの歴史的地層

今回の街歩きで踏査するのは、この三つの「渋谷」のいずれでもありません。つまり、現在の渋谷駅周辺の地上、地下、上空に広がるいずれの空間にも、私はさほど興味がないのです。そこに新しさがあるとも、渋谷の本質があるともまったく思わないからです。むしろ、歴史を遡れば、これらとは異なる渋谷がさまざまにあったはずです。段階論的に整理するならば、渋谷は今日までおよそ六つのステージ＝層を経て変貌してきました。

第一に、江戸はもともと武蔵野台地の東の縁を削り取りながら流れる何本かの川に沿って、自然と生活が繊細に結びついて形成された都市です。その江戸の周縁である渋谷や目黒は都市近郊の農村地帯で、低地は水田が広がると共に川が人々の暮らしや産業を支えてきました。渋谷でも、いくつもの支流が流れ込む渋谷川流域と大山街道が交わる場所に集落が形成されていきます。渋谷は地形的には、青山、代々木、代官山、広尾などいくつもの丘に囲まれた窪地の谷で、この谷間を北から南に渋谷川が流れていたのです。

ここに東西方向に大山街道が通り、川筋の村と街道の交渉が始まって、村はしだいに街へと変貌していきます。この大山街道は、今でいう赤坂から青山、渋谷から三軒茶屋を経て神奈川県の大山までを結ぶ街道で、だいたい現在の国道246号に沿っています。この道を、江戸時代から雨乞いの神を祀《まつ》る大山への参詣客が行き来していました。これが、渋谷の原風景、この街が形成されていく第一層です。

第二層の渋谷は「軍隊の街」です。日清・日露戦争以降、代々木練兵場、宇田川町《うだがわちょう》の陸軍衛戍《えいじゅ》監獄、駒場や駒沢の騎兵や砲兵の兵営など、渋谷周辺には日本陸軍の施設が集中していきました。その結果、渋谷に軍人相手の芸妓《げいぎ》屋、待合、料理店からなる三業地が生まれ、今はラブホテル街になっている円山町《まるやまちょう》が、かつては東京でも有数の花街として発展していくのです。ちなみに、二〇二三年前半期のNHKの朝の連続テレビ小説「らんまん」の主人公のモデルになった牧野富太郎の妻・壽衛《すえ》が待合茶屋を開いたのも、渋谷・円山町でした。あの番組では、渋谷が近郊農村から軍隊の街に発展していく過程がよく描かれていました。

第三層は、「ターミナルとしての渋谷」の発達です。日本鉄道品川線（後の山手線）の渋谷駅が一八八五年に開業、「玉電」と呼ばれた玉川電気鉄道が渋谷‐二子玉川《ふたこたまがわ》間で開通したのは一九〇七年です。早いですね。この路線は今の東急田園都市線と一部重なりますが、むしろ路面電車としては、本書の街歩きでも利用する東急世田谷線として支線の一部が残っています。ただ、日本鉄道は赤羽から池袋、新宿、渋谷、目黒を経て品川に至る東京西郊の路線で、北関東や埼玉県の物資を品川まで運ぶことが目的でした。赤羽や王子近辺に建設されていた軍需工場の物資輸送も重要で、今日のような都市内の交通が目的ではありません。当時、都市内の交通の基盤はあくまで東京市電（路面電車）だったのです。

むしろ、渋谷のターミナルとしての発達は一九二〇年代以降のことです。一九二三年に市電が渋谷駅前まで延伸し、さらに渋谷‐横浜間の東横線が二七年に開通します。銀座線の渋谷駅開業は遅く、一九三八年のことです。つまり、渋谷につながる路線としては、田園都市線のほうが東横線や銀座線よりも古かったのですが、それはあくまで路面電車で、今日の機能とは異なります。ようやく二〇年代以降の東横線沿線の住宅地発達に伴い、郊外からの通勤客が渋谷で乗り換えるようになったのです。渋谷駅を行き交う人の流れを受け、やがて東横百貨店などの商業施設が造られ、「ターミナルと百貨店の渋谷」が発達していきました。

第四層は、「闇市としての渋谷」です。戦後東京の盛り場は、ほぼすべて闇市から再出発しています。今日でも、渋谷駅と「MIYASHITA PARK（ミヤシタパーク）」に挟まれた「のんべい横丁」では、戦後渋谷の闇市的な雰囲気を部分的に感じ取ることができますが、一九五〇年代初めまで、駅周辺のいたるところに大小さまざまな闇市が散開していました。なかでも活況を呈していたのが、今は「SHIBUYA109」となっている道玄坂と東急本店通り（現文化村通り）

に挟まれた「三角地帯」で、その裏の「恋文横丁」、今のセンター街一帯、国鉄線路沿いの渋谷川周辺、井の頭線の南側に広がる大和田町《おおわだちょう》（現桜丘町ほか）一帯はすべて闇市地帯でした。

　戦後東京の闇市の分布を詳細に調べた石榑督和《いしぐれまさかず》は、小規模な土地の地権者がそれぞれに開発して広がったのが渋谷の闇市の特徴だったとしています（『戦後東京と闇市　新宿・池袋・渋谷の形成過程と都市組織』鹿島出版会、二〇一六年）。新宿や池袋では、大きな「組」が広い土地を占拠し、大々的に闇市を仕切ったのですが、渋谷の場合、闇市は分散的で、しかもその営業主体が地権者自身である場合が少なくありませんでした。その結果、渋谷の闇市は小規模な営業者が入り乱れる状況となり、そうした中には一九四六年の渋谷事件で警察と衝突した台湾人華僑グループもいました。また、そのような混戦の隙間を縫って、後に登場する安藤組組長・安藤昇《のぼる》のような人物が活躍する余地もあったのです。

　一九四九年の露天撤去令を受けて一九五〇年代以降、徐々に露天商が姿を消していきますが、これらの駅周辺の闇市の多くは、やがて東急文化会館、東急会館（東横百貨店渋谷本店）、渋谷地下街（しぶちか）、渋谷東急ビル（渋谷東急プラザ）、ファッションコミュニティ109（SHIBUYA109）など、東急資本による駅前開発用地へと転換していくことになります。

　ここまでが、一九六〇年代までの渋谷に積み重ねられてきた四つの層です。これらに対し、七〇年代以降、渋谷では「駅の渋谷」から「丘の渋谷」への転換が生じます。この渋谷変貌の第五層については、私は四〇年近く前に書いた『都市のドラマトゥルギー　東京・盛り場の社会史』（弘文堂、一九八七年）で詳しく分析したのですが、仕掛けたのは西武資本です。セゾンの堤清二《つつみせいじ》とパルコを率いた増田通二《つうじ》が中心になり、渋谷から原宿の丘に上っていく公園通りの中腹に渋谷パルコを建設し、公園通り周辺に新しい文化空間を演出していきました。そのコンセプトは都市の劇場化で、坂を上っていけばドラマがあるという演出は大成功し、当時の若者たちはドラマを求めて、駅から公園通り、原宿へと続く代々木の丘を上ったのです。

二〇〇〇年代に入ると、今度は東急資本を中心に渋谷の巨大駅前開発が進められます。渋谷は「丘の街」から再び「駅の街」へと回帰したとも言えますが、この新たな「駅の街」は以前のターミナルとしての渋谷を超える巨大なオフィス空間になろうとしています。このオフィス空間は、もはや地上にはありません。東急資本が狙うのは、渋谷全体の空中都市化です。その空中都市を、彼らはもうひとつの「大手町」にしようとしている。これが、渋谷の第六層です。こうして東京メトロ副都心線が開通し、冒頭で述べた巨大地下迷路の駅ができ、超高層複合施設群が次々と建てられているのですが、私はこの第六層にかなり懐疑的です。

つまり、この第六のステージの渋谷は、戦後東京が追い求めてきた「より速く、より高く、より強く」成長するという価値の究極を目指すものです。そのような東京の未来像を、私は『東京裏返し』でも強く批判しました。その考えは、本書でも変わりません。つまり私は、現在進行中の渋谷駅周辺の超高層化の先に、この街の豊かな未来があるとは信じられないのです。ですから私は、今回の街歩きで、もうひとつの異なる渋谷の可能性を追求していきたいと思います。それは、「上空」に向かう渋谷ではなく、「川筋」に向かう渋谷です。

（3）川筋が貫く渋谷の記憶

川筋は建築的に言えば、東京が持っている最大の「ボイド（隙間）」の空間です。東京の中心を貫通する長い孔だとも言えます。このボイドをどうデザインし、活《い》かしていくか。図と地で言えば、川筋という地の空間から図と地の関係を反転させていく。これが渋谷の街を眺め直すひとつの鍵となるでしょう。ですから、第一日の旅の目的は、上に伸びていく渋谷とは対照的に、低地の川筋を這って歩き、川辺から渋谷を裏返してみるということになります。

渋谷の川筋を歩くときに注目したいポイントは、今、若者たちが集まる奥渋谷や裏渋谷、そして「MIYASHITA PARK」あたりから表参道に続く「キャットストリート」が、いずれも川筋のエリアだということです。かつて公園通りの丘に向かっていた若者たちの意識は、二〇〇〇年代以降、駅前の巨大超高層の上層階よりも、むしろこれらの川筋、そこに連なる店々に向かっていると見ることができます。この「丘から川筋へ」という若者の意識の変化には、都市を考える上での重大なパラダイムチェンジが顔をのぞかせているのではないかと思います。

そして、川筋を歩くことには、街の歴史を長い射程で考えるという意味もあります。昔、渋谷一円は渋谷氏という秩父平氏に連なる土豪に支配されていたのですが、この秩父平氏は弥生時代以降、朝鮮半島から日本列島にフロンティアを求めてやって来た渡来人の末裔です。彼らは利根川や多摩川、相模川《さがみがわ》などの流域を中心に勢力を広げ、鉱山開発や牛馬の飼育、水運といった半島の新しい文明を持ち込んで関東を支配する一大勢力となっていきます。

『東京裏返し』でもたびたび登場した平将門《たいらのまさかど》は、秩父平氏を束ねて朝廷に反旗を翻しましたが、将門死後も一族は関東での勢力を維持しました。そもそも「江戸」という名称自体、秩父平氏の一族だった江戸氏に由来します。北条時政・義時に滅ぼされる畠山氏も秩父平氏の有力な豪族でしたし、源頼朝は江戸氏の勢力を抑えるために、やはり渡来人系だった源氏の一族を大坂の尼崎《あまがさき》付近から呼び寄せています。日本の古代史は、渡来人土着化の歴史なのです。

やがて室町時代となり、太田道灌《どうかん》は秩父平氏を制圧するために江戸城を築き、当時、平氏勢

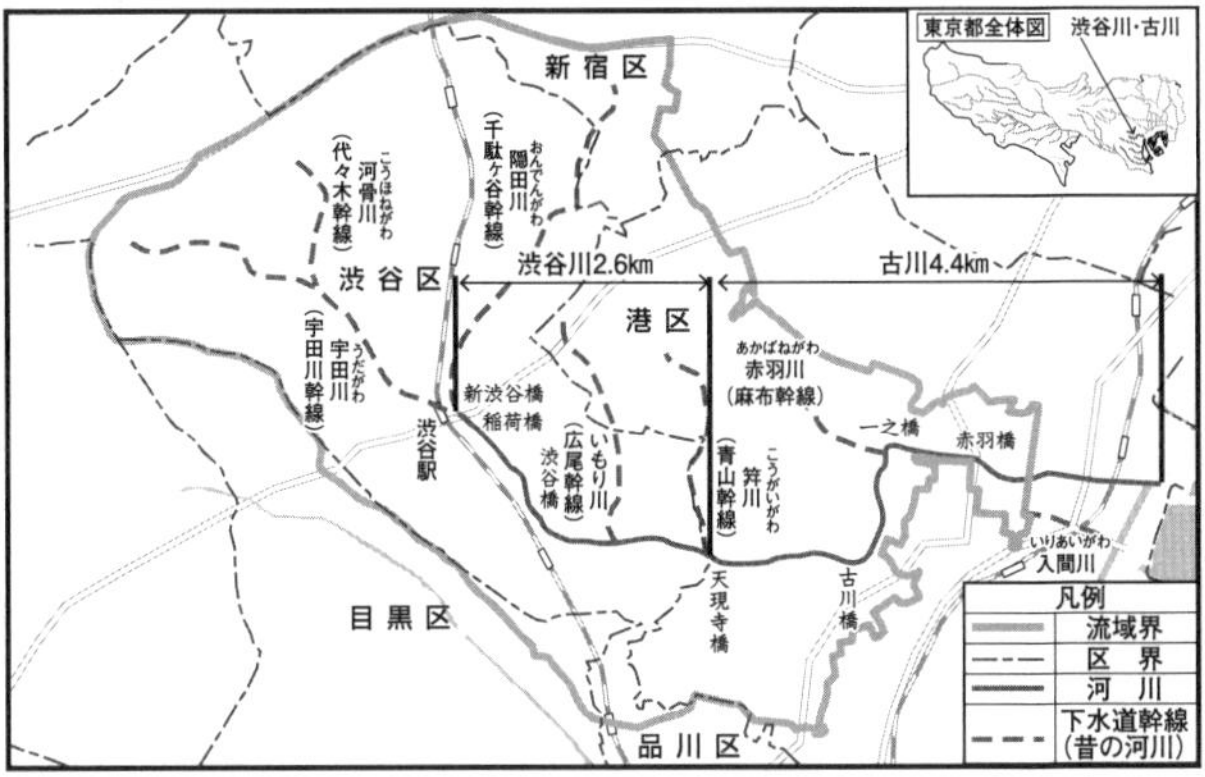
東京都全体図
渋谷川・古川
新宿区
渋谷区
港区
目黒区
品川区
河骨川《こうほねがわ》
(代々木幹線)
隠田川《おんでんがわ》
(千駄ヶ谷幹線)
宇田川《うだがわ》
(宇田川幹線)
渋谷川2.6km
古川4.4km
新渋谷橋
稲荷橋
渋谷駅
渋谷橋
いもり川
(広尾幹線)
笄川《こうがいがわ》
(青山幹線)
赤羽川《あかばねがわ》
(麻布幹線)
一之橋
赤羽橋
入間川《いりあいがわ》
天現寺橋
古川橋
凡例
流域界
区界
河川
下水道幹線
(昔の河川)

渋谷川～古川

力を束ねていた豊島氏と敵対します。両者は江古田原《えごたはら》・沼袋《ぬまぶくろ》で正面衝突し、合戦の結果、豊島氏が敗れて滅ぼされます。この江古田原・沼袋の合戦が、将門の反乱以来、ずっと続いてきた秩父平氏一族の朝廷や幕府に対する抵抗の最後で、その後、彼らの子孫は各地に散らばり、それぞれの土地の土豪となっていくのです。その一派の渋谷氏は、渋谷一円を治める領主となりました。

もっとも渋谷氏の本拠地は神奈川県高座郡にあったようで、東京の渋谷は彼らの離れた領地にすぎませんでした。今の地名で言えば、大和《やまと》市と綾瀬市の少し南です。高座郡は、相模湾に注ぐ境川と相模川に挟まれた相模国の中心地でした。今日でも、小田急江ノ島線に高座渋谷駅という駅がありますが、本当はこちらが本家です。東京の渋谷は神奈川の渋谷の飛び地だったのですが、その飛び地が渋谷一族の名を現代に伝える場所となっていくのです。

新宿御苑や明治神宮に源流を持ち、広尾・三田まで流れていく渋谷川は、こうした古代以来の江戸・東京の歴史的記憶を貫いて存在してきました。渋谷を川筋から見直し、この街の現在の風景を裏返すことは、その古代にまで連なる歴史的地層を掘り起こすことです。しかし今、渋谷川水系の多くは暗渠化していますから、実際に川を見ながら歩くことは困難です。

そこで頼りになるのが、白根記念渋谷区郷土博物館・文学館学芸員の田原光泰の著書『「春の小川」はなぜ消えたか　渋谷川にみる都市河川の歴史』（之潮、二〇一一年）です。渋谷の川筋について詳細に調査した同書は、渋谷の街歩きに絶好のガイドブックです。そしてもう一冊、渋谷に折り重なる歴史的地層を浮かび上がらせるのに欠かせないのが、作家の大岡昇平の自伝『幼年』（潮出版社、一九七三年）と『少年』（筑摩書房、一九七五年）です。幼少期、渋谷のいろいろな場所に移り住んだ経験のある大岡は、この本で自分の子どものころの記憶をもう一度、渋谷という地域の歴史的トポグラフィーに埋め込み直す試みをしており、本書が狙っていることの大先達として非常に参考になります。

《街歩きと路上講義》

(1) 東大駒場の一二郎池から松濤《しょうとう》公園へ

今回の街歩きの出発点は、東大駒場キャンパスです。私は学生時代、五年間をここで過ごしていますので、キャンパスの地理は知悉《ちしつ》しています。京王井の頭線・駒場東大前駅を出てすぐの正門を入り、緑豊かなキャンパスを右手に進むと、キャンパスの際に一二郎池（駒場池）が

整備地域から外れているがゆえ、昔の面影が残る一二郎池

あります。この通称はもちろん東大本郷キャンパスの三四郎池をもじったものですが、本郷キャンパス内の「観光名所」である三四郎池と違い、人気《ひとけ》もなく鬱蒼《うっそう》と荒れ果てていて、遊歩道も歩けません。

『東京裏返し』で東大本郷キャンパスを歩いた際も、キャンパスの池之端《いけのはた》（不忍池《しのばずのいけ》）側の地区や隣接する浅野キャンパス地区の裏がいかに放置されているかを目撃しましたので、この種の「放置」は東大にはありがちなこと、今さら驚きません。それにしても、本当は素晴らしい池なので、もう少し整備できないものかと率直に呆《あき》れます。

昔、この池の手前に「駒場小劇場」という小劇場がありました。その小劇場は、もともと馬小屋だったとも言われる倉庫を改造したもので、隣が駒場寮の食堂だったので「寮食北ホール」と呼ばれていました。ホール内では、東大のさまざまな劇団が鉄パイプを自分たちで組んだり、ビール瓶を入れるケースを積むなどして舞台と客席を造り、公演を重ねていました。「夢の遊眠社」の野田秀樹さんが巣立ったのもここですが、私も学生時代、如月小春《きさらぎこはる》さんたちと「劇団綺畸《きき》」で、この小劇場を本拠に芝居をしていました。

ですから駒場小劇場は、学生時代に最も長く時間を過ごした場所で、この一帯は本来、私にとってとても懐かしいはずなのですが、今ではすっかり新しい大学施設が建てられ、昔の面影はまるでありません。そうした中で、その整備地域から外れた一二郎池だけが、ほぼ昔のままの姿で放置されているのです。過去が消去された真新しい建物群と、ほぼ誰にも顧みられずに放置されている池の昔ながらの風景のコントラストが鮮明です。そうした意味では、「開発」との対照で言えば、「放置」も全否定されるべきではないのかもしれません。

その一二郎池から、私たちは体育館の脇を通って山手通りに面した裏門から外に出ます。本書は「裏返し」がテーマですから、表門ではなく裏門から外に出るのは当然です。実際、私は学生時代も、駒場小劇場が近いこの裏門をよく使っていました。あのころ、裏門を出てすぐ左、山手通りから東北沢方面に向かう道が分かれて三叉路《さんさろ》になっている手前、東大キャンパスの縁にへばりつくような薄い区画にその名も「三叉路」という喫茶店がありました。便利で気安い喫茶店で、ちょっと昼を食べるのによく利用していましたが、当時はその店のマスターが、後で触れる安藤昇の元舎弟だったとは知りませんでした。しかし、実はこの「舎弟」話は有名で、マスター本人も隠してはいなかったようです。

それで、この建物はもうないだろうと思って立ち寄ると、意外や意外、もう営業はしていないようでしたが、建物は当時のまま残っていました。後で調べると、先代のマスターを引き継いで、二〇一〇年代になっても店は「絵本カフェ&バー」として営業していたようです。閉まる前に行ってみたかったものです。

山手通りに残る三田用水の痕跡

さて、一二郎池は目黒川支流・空川《そらかわ》の源流のひとつで、駒場キャンパスの裏手にあった三田用水ともつながっていた可能性があります。三田用水は、江戸時代初期に玉川上水から飲料用・灌漑《かんがい》用に分水された三田上水を享保年間に復活させたもので、その水路は渋谷川と目黒川の間にある尾根に沿って造られ、江戸時代から飲料水や農業用水、幕末以降は精米や発電、紡績機械などの動力用にも使われました。三田用水は一九七〇年代半ばごろに止水され、暗渠になっていますが、注意深く見ていくとその痕跡が現存します。

そのひとつが、山手通りに面したコンクリート製の太い樋《とい》で、かつてはここに三田用水が流れていました。つまり、江戸・東京の水路は谷底だけにあったのではなく、尾根沿いにも張りめぐらされ、両者がこの大都市の生活や産業を支えていたのです。私たちも、ちょうど東大の一二郎池の真裏、今は学内の池と高い壁で隔てられている山手通りの歩道を、三田用水の樋に沿って渋谷方面に向かいます。その少し先にあるのが、渋谷川水系に向けて引かれた三田用水の分水のひとつの神山口分水です。この分水は、山手通りを渡り、少し行ったところにある渋谷区立鍋島松濤公園の湧水池ともつながっていました。スリバチ状の地形の園内の大半を占めるこの池は、渋谷川最大の支流、宇田川の水源のひとつでもあります。

松濤は東京でも有数の高級住宅地で、松濤公園の周りには豪邸が建ち並んでいます。かつてこの一帯は紀州徳川家の下屋敷で、明治に佐賀の鍋島侯爵家が買い受け、茶園や農場を拓《ひら》きました。鍋島家の当主直大《なおひろ》は、かなり進取の気性に富んだ人だったようです。先ほどの六つの層には入れませんでしたが、渋谷は陸軍の街になる以前、鍋島家によって開発されていった地域だったという面もあります。その開発の過程でも、動力源として三田用水に水車が多く設けられましたが、それが公園の池に復元されています。関東大震災後、鍋島家の茶園や農場は住宅地として分譲され、現在の閑静な高級住宅地の原型となりました。

（2）渋谷花街から裏渋谷通りへ

さて、次は三田用水の神泉《しんせん》支流をたどり、京王井の頭線の神泉駅を目指します。松濤の豪邸街が尾根筋にあるのに対し、神泉の谷には庶民的な狭小住宅が並び、そのコントラストは地形の高低差と相関関係にあるようです。武蔵野台地の東端にある東京の大きな特徴は、台地と低地が入り組んだ微地形にあり、尾根筋の台地には大名屋敷など社会的階層が高い人々が住み、川筋の低地には庶民の住宅や個人商店が集まるというパターンが各地で展開しました。この関係は、今回の街歩きでも繰り返し目の当たりにすることになるでしょう。

神泉支流の水源は神泉駅前にあった泉で、「神泉」という地名も「空鉢仙人」なる仙人ゆかりのこの湧水に由来しています。江戸時代には、泉を利用した村の共同浴場「弘法湯」があり、大山街道を行き交う参拝客にも大いに利用されました。明治になると浴場に隣接して料理屋が開かれ、周辺に壽衛の待合茶屋を含め芸妓屋や料亭などの施設が続々と造られ、軍関係者で大いに賑わうことになります。円山町の花街は一九一三年に三業地指定を受けますが、その元をたどれば神泉の泉だったのです。関東大震災後は、円山町に隣接する場所に、被災した下町の店が移転した「百軒店《ひゃっけんだな》」が造られ、賑わいはますます盛んになっていきました。

しかし、高度成長期を過ぎると花街は衰退し、待合はラブホテルに転換していきます。一九八〇年代、大学院生だった私はこの街の古びたアパートに暮らし、『都市のドラマトゥルギー』の元となる修士論文の執筆に専心していました。ラブホテル街のすぐ近くにあった私の下宿から道玄坂に向かう途中には、まだ芸者見番が残っており、お座敷に向かう芸者さんの姿を見かけることもありました。この街にはどこか艶めいた雰囲気があり、気に入っていました。

それも今は昔の話。道玄坂からちょうど山手通りの東大駒場キャンパスの裏近くに抜けていく「三業通り」が、二〇一六年に「裏渋谷通り」と名を変えたことからもわかるように、かつての花街の面影はかなり消えてしまっています。戦後、銭湯となった「弘法湯」も一九七九年に閉業し、ここに泉があったことすら忘れられているようです。

それでも、ここを歩くとちょっとノスタルジックな気持ちに駆られ、私が住んでいたアパート跡地に立ち寄ることにします。神泉駅を少し上ったところからゆるやかに曲がる裏渋谷通りを行くと、左にちょっと広い通りがあり、その途中に今は「TOKYU STAY Shibuya（東急ステイ渋谷）」という名のちょっとしゃれて見えるホテルがあります。しかし昔、ここは「ホテルOZ」というラブホテルとも普通のホテルともつかない古びたホテルがあった場所です。

著者がかつて住んでいたアパートの跡地。現在はパルコの本部ビルの横にある緑地になっている

私のアパートはまさにその裏でしたが、この広い道からは入れないので、一本先の細い道を入ります。道の途中に児童遊園に面して日蓮宗系の小さな寺があり、その脇のさらに細い道を入っていきます。このお寺も児童遊園も、四〇年前と変わっていません。当時、毎夕のように寺から集団で太鼓を叩《たた》く音が聞こえたのですが、それは今でも聞こえるのでしょう。

その寺の隣には、昔、私の住んだ老朽建築のアパートと、その裏に銭湯がどんと建っていました。今はどちらも影も形もありません。それらの代わりに、かなり大きな十数階建ての真新しい機能的な高層ビルが建っています。表示がありませんが、何のビルなのかちょっと気になります。そこでGoogleマップで調べてみることにしました。

驚きです！　なんとこの高層ビルに今入っているのは、まさに当時、私が研究対象としていた渋谷パルコの本部なのです。当時、私が資料として使った雑誌「ACROSS」の編集室も今はこのビルの中にあります。私が、パルコや「ACROSS」をここに呼び寄せてしまったのでしょうか。いえいえ、そんなことはあり得ません。でも、偶然にしてはあまりに話ができすぎています。歴史の不思議な因果を感じつつ、過去の自分と別れることにします。

さて、ここから裏渋谷通りに戻りますが、「裏渋谷」とはこの通りから円山町、百軒店のあたりまでを指し、近年、この辺には隠れ家的なこだわりの飲食店が並び、渋谷にオフィスを構えるＩＴ系企業に勤める富裕層の若者に人気のようです。実際、この一帯は何本もの小路が入り組んでいます。昔、芸者見番のあった付近は大きな商業ビルになってしまい、おもしろくもなんともないので、その少し手前、昔からある八百屋さんの角を道玄坂に向かって左方向に曲がるのがいいでしょう。これも昔からあるその先のおでん割烹《かっぽう》の店の前を再び曲がると細い道が続き、辻《つじ》に道玄坂地蔵尊という一八世紀初頭に建てられた地蔵尊がたたずんでいます。

このお地蔵様はもともと、道玄坂上の交差点にあったことがわかっていますが、昭和初期に道路拡幅工事で移転を余儀なくされます。玉電開通、そして関東大震災後の一帯の急速な市街地化が影響し、移転先が見つからなかった地蔵尊に場所を提供したのが、のちに料亭三長《さんちょう》を営むことになる高橋長吉・三枝夫妻でした。戦後の土地区画整理事業で再び、地蔵尊が移転せ

料亭三長の隣に遷座された「道玄坂地蔵尊」

ざるを得なくなった際、高橋夫妻は、現在の料亭三長の敷地内にお地蔵様を再び遷座させます。このお地蔵様は、高橋夫妻の子孫の方が継承し、今も大切に守られているそうです。

料亭三長は、一九五一年に現在地で創業、高度経済成長の時代に最盛期を迎えます。当時は花街としての円山町も活気があり、料亭が七〇軒以上建ち並び、芸者二〇〇名がこの街を行き交っていました。しかし、バブル崩壊後、円山町花街は衰退し、三業組合も解散、二代目の経営者（長吉・三枝の三女）が高齢になったこともあり、三長は開店休業状態となります。

三長や花街円山町の貴重な記録を収めた『渋谷円山町に生きる　料亭三長』（鳥越けい子監修、二〇二四年）によれば、二〇〇七年、二代目の死去に伴う相続が発生した際、長吉・三枝の孫にあたる高橋千善氏が「壊したら二度と建てられない」と存続を決意します。高橋氏は前職でショッピングセンターの新規開業に携わった経験を活かして料亭と割烹料理、バーなどの複合施設化の道を選択、現在もこの貴重な建物が渋谷に残ることとなりました。今や円山町にただ一軒残る料亭となった三長と道玄坂地蔵尊は、円山町が花街だった時代の記憶を伝えるきわめて貴重な空間です。

三長を出て、その前の裏道をさらに進んでいきます。このあたりが料亭街とラブホテル街の境界線で、そこから百軒店までの間にはラブホテルが林立しています。しかし、その途中、「ランブリングストリート」と呼ばれる道を左に曲がると、若手ミュージシャンの登竜門となっているライブハウスやクラブ、バー、映画館が集まり、流行に敏感な若者たちの文化の発信地となっている界隈まですぐです。他方、曲がらずにまっすぐ行くと、道はさらに屈曲して百軒店に裏から入ることになります。百軒店には、名曲喫茶「ライオン」、印度料理の「ムルギー」、台湾料理「麗郷」などの老舗《しにせ》と風俗店、小さなバー、さらには昔ながらのストリップ劇場「渋谷道頓堀《どうとんぼり》劇場」までが入り交じり、どこか猥雑《わいざつ》な雰囲気が濃厚に立ち込めています。

二〇二三年六月、このエリアが東京都の「東京のしゃれた街並みづくり推進条例」の指定地区になったというニュースが飛び交いました。日本人は言葉を大切にしません。「しゃれた街並み」という曖昧な言葉で、すでに「しゃれた街並み」の百軒店が再開発され、どこにでもあるような無個性で小綺麗《こぎれい》な街区になってしまっては元も子もありません。百軒店は文字通り

「昭和」のレトロでも猥雑でもある風景を現在に伝えており、それがいいのです。街の雰囲気を守るには、街区の建物や昔ながらの店をそのまま残すことが不可欠です。

(3) 宇田川暗渠と水没する渋谷駅前

ランブリングストリートの突き当たり、二〇二三年一月に閉店した渋谷東急本店を正面に右折すると、この支流が宇田川と合流する地点です。かつてはのどかな田園が広がっていた宇田川周辺の開発が進んだのは、大正時代以降でした。宅地化と並行して川と人々の暮らしの関わりが薄れ、早くも一九二五年には下流の道玄坂下は暗渠化され、一九六〇年代前半には中流部も暗渠化されました。

先ほどの田原光泰は、この宇田川の暗渠化について、「昭和初期、渋谷駅前付近から西にのびる栄通りと呼ばれた府道、現在の東急百貨店本店前の文化村通りにおいて、道路の拡幅が行われた。その際、道路近くを流れていた宇田川は、拡幅した道路の下にもぐらせることになった」と書いています。つまりもともとは、現在は「SHIBUYA109」のビルのあるすぐ前方を、道玄坂を下りきった渋谷駅のあたりまで宇田川が流れていたのです。

少年時代の一時期、このあたりの宇田川に面した場所に住んでいた大岡昇平は、住んでいる家のすぐ川上に堰《せき》があり、夜に響くその水音に、大岡の母親が「山家へ来たような気がする」とさびしそうな顔をしたと振り返っています。この堰はもともと宇田川沿いで米屋が使っていた水車のためのものでした。宇田川にはいくつかの水車が造られましたが、それには鍋島家が茶園を拓くにあたり、邸内の池から流れ出ていた野川に三田用水から取水し、宇田川の水量が増加したことが関係していました。水量の増加は水害にもつながり、台風シーズンには宇田川と渋谷川の合流地点付近が浸水し、大岡少年は「流された木材や家具などが、渋谷川本流の上の河上家屋に引っかかって、被害を大きくしたりした」風景を目撃します。

大岡の回想によれば「大向小学校〔渋谷東急本店があった場所〕の裏はまだ一面の田圃」で、蛍の名所もあったと言いますが、かつてはそんなのどかな田園が広がっていた宇田川周辺の開発が進んだのは大正時代以降です。大岡一家は宅地化の流れに乗って建てられた新しい借家に渋谷川沿いの稲荷橋の長屋から移り住んだのでした。宅地化で川と人々の暮らしの関わりは薄れ、早くも一九二五年には下流の道玄坂下は暗渠化され、一九六〇年代前半には中流部も暗渠化されました。後年、宇田川沿いの旧居付近を訪れた大岡は、川が埋め立てられているだけではなく、家の前にあった橋も駐車場に変わり、かつて暮らした一帯が「バー、キャバレー、食堂、喫茶店ばかり」になっていることを諦念と共に書き綴《つづ》っています。

田原光泰によれば、現在の渋谷駅一帯は明治中ごろまで水田の広がる低湿地で、ハチ公像があるあたりも宇田川と並行する小川が流れ、スクランブル交差点の北東には「あやめ池」と呼ばれる大きな池がありました。渋谷駅付近は川だらけ、池だらけだったのです。ですから一九二〇年に渋谷駅が現在の位置に移転したころ、大雨になると新しい駅舎の前でも腰まで水につかる洪水となったようです。今は、渋谷の地下に巨大な地下水槽がありますが、もしもそのような仕組みが機能しなくなると、大雨で渋谷は駅も、スクランブル交差点も、センター街も、すべてが水没する運命にあるのかもしれません。

（4）「奥渋谷」から「のんべい横丁」へ

とはいえ、現在の宇田川は名前だけで、川そのものは見えません。すでにこの状況は、戦後まもないころから進んでいたのですが、そのころの宇田川町には、戦後渋谷の闇市を席巻《せっけん》した愚連隊、安藤組の事務所がありました。一九五〇年代の宇田川町は、渋谷駅周辺の闇市、現在NHKや代々木公園となっている米軍ワシントンハイツ、そして円山町の花街にも近いという、安藤のような人物にとって絶好の場所でした。ちなみに、直接会ったことはありませんが、安藤昇は実は私のいとこ叔父にあたります。彼については、私は『敗者としての東京　巨大都市の隠れた地層を読む』(筑摩選書、筑摩書房、二〇二三年)という本に詳しく書きました。

そして、この宇田川町、つまりかつての宇田川に沿って、旧渋谷東急本店周辺から代々木八幡に至るあたり一帯は、今では「奥渋谷」と呼ばれています。この名称は二〇一〇年代ごろからのことのようで、「奥渋谷」の軸をなすのは宇田川の暗渠と神山通りです。渋谷の周縁に位置するこの界隈はもともと庶民の街で、川筋の低地は地価も中心部と比べて割安だったようです。それに目をつけた若い人々が個性的なカフェやレストランをオープンし、やがて「奥渋谷」の名称と共にメディアで取り上げられていったのです。そんな奥渋谷を歩いていると、見えないはずの宇田川が人の流れを生み出しているようで、不思議な気分になります。

もうひとつ、「奥渋谷」を人気にしている背景には、宇田川の流路の先にNHK放送センターがあり、暗渠沿いに最近のネット放送のブームに乗るAbemaTVの本社もあるというように、放送関連の業種のオフィスが比較的多く分布していることもあるかもしれません。都市には業種的な地理学が必ずあり、原宿から富ヶ谷《とみがや》、渋谷にかけての一帯は、放送やデザイン、音楽、芸能などのメディア産業との結びつきが強いのです。そして、そのような地理学をこの一帯に形成していった最も重要な要因は、米軍基地、すなわち戦後東京におけるワシントンハイツの存在でした。広大な米軍基地が新しい文化産業を引き寄せていった歴史は、六本木でも原宿や渋谷でも、これらの地域の今日に至る特徴の根底をなしています。

さて、適当なところで宇田川の暗渠を引き返すと、やがて宇多川交番のところで井の頭通りと合流します。そのまま西武百貨店A館とB館の間を抜け、山手線の下のトンネルをくぐります。このトンネルは、今はほとんど自転車置き場で楽しい空間ではありませんが、本当はこのようなトンネルは、ふたつの異なる領域をつなぐわけですから、周辺地域を魅力的なものにしていく際のキーポイントとなるはずです。しかもここは、私たちがこれまで歩いてきた宇田川と渋谷川本流の合流地点です。渋谷という地域に折り重なる歴史的地層を考えると、かなり重要な場所なのですが、そうしたことは今のところまったく意識されていません。

トンネルを抜けた先は、渋谷闇市文化の生き残りとでもいうべき「のんべい横丁」です。この「のんべい横丁」には、今も数人も入ればいっぱいになるような小さな店が四〇軒近く、狭い小路の両側にひしめいています。石榑督和によれば、ここは戦前、「松本楼」という割烹店(日比谷の松本楼とは別)や公証役場があった土地ですが、焼け野原になり、戦後、松本家が所有する土地に「渋谷中央マーケット」という闇市が開設されました。ところがこのマーケットの土地は、一九五二年に一四名の店子《たなこ》に売却されます。それ以降、のんべい横丁で店を構える人々は、多くが自分の店の地主でもあったのです。このようにして土地の所有権が細かく分かれていたため、その後もこの飲み屋街は簡単には開発業者の手に渡らず、今日まで残ったのではないかと察せられます。変化が激しい渋谷の街で、闇市時代の風情がそのまま残る稀有《けう》な一角ですが、一杯やるにはまだ早いですから、店の中には入らず、先に進みましょう。

(5)「渋谷ストリーム」の垂直軸と水平軸

渋谷川本流は新宿御苑内の池と玉川上水からの分水を源流に、信濃町《しなのまち》、原宿、渋谷、恵比寿《えびす》へと流れ、広尾付近で古川と名前を変えて三田へ向かい、東京湾に至ります。下流部分はまたいずれ歩きたいと思いますが、上流部分には、先ほどの宇田川をはじめ、明治神宮の南池から延びる支流、青山学院大学から金王八幡宮《こんのうはちまんぐう》の脇を通る支流、さらにいもり川や笄川など、多くの支流があります。ですからこれら全体、一帯の中小河川が合流していった先が古川になる、その水系全体が大きな意味での「渋谷川」なのだと言うべきなのかもしれません。

現在では、この水系の上流部分は新宿御苑や明治神宮の池を除き、一九六四年の東京オリンピック以降、ほとんどが暗渠化されてしまっています。ところが、渋谷駅南側の稲荷橋から下流は今でも川の流れを見ることができるのです。とはいえ、川の水量はごくわずかしかありません。渋谷川の水のほとんどは明治通りの地下にある下水道幹線（古川幹線・渋谷川幹線）に流れていってしまっているからです。私は、東京における川の記憶を蘇らせるためには、せっかく地上を流れている渋谷川をもっと活かしていくことが不可欠だと思います。

そのひとつの興味深い試みとなったのが、東横線渋谷駅の跡地に造られた「渋谷ストリーム」です。三五階建て高層ビルの大型複合施設の入口は稲荷橋に面しており、渋谷ストリームの目の前を流れる渋谷川の水辺空間は官民連携による再生・整備が行われました。渋谷ストリームができる前、渋谷川の景色は東横線の高架線路で蓋をされた形になっていましたし、電車からの風景も明治通りに並ぶビルの裏側の眺めでしかなく、なんとも味気ないものでした。ところが渋谷ストリームの出現で、渋谷川に面した街の風景が一変したのです。

新たに造られた川筋の緑道「渋谷リバーストリート」は並木橋のさらに先まで続く遊歩道です。渋谷ストリームの稲荷橋のところには屋外イベントや野外マーケットもできる広場が造られ、そこに面した吹き抜けの大階段は即席の観客席にもなり、場を盛り上げています。恵比寿寄りの金王橋の広場では地元の祭りなども行われ、単なるイベントスペースを超えて、地域との関係も重視しているようです。「ストリーム（流れ）」という名称通り、渋谷ストリームは川辺の空間を魅力的なものに変え、新たな人の流れを生み出しています。渋谷駅前の再開発は巨大な人工の垂直軸の空間を作ろうとしていますが、渋谷ストリームはそうした再開発の一環でありつつ、川という水平軸を都市の谷間に取り戻す試みと言えるでしょう。

もうひとつ、忘れてはならないのは、渋谷ストリームの中核となるコンセプトが、街の記憶の継承だということです。渋谷ストリームのデザインアーキテクト（意匠設計）を担当したシーラカンスアンドアソシエイツがプロジェクトの中軸としたのは、かつての東横線渋谷駅の記憶を残すことでした。渋谷ストリームには、渋谷駅の象徴だったホームのかまぼこ屋根がデザインされた空間、ビル内通路に埋め込まれた線路など、人々の記憶を呼び起こす仕掛けが施されています。シーラカンスを主宰していたのは、大学院以来の私の旧友だった建築家の故・小嶋一浩さんで、彼と、同僚の赤松佳珠子《かずこ》さんが、記憶を残すことは都市のアイデンティティーだという明確な意識を持っていたこと、そして幸運にも、その価値を理解する人間がデベロッパー側にいたことで、渋谷ストリームは渋谷の街の記憶を残す空間になり得たのです。

この渋谷ストリームを設計した故・小嶋一浩がどのような人であったかを本書の読者に記憶してもらうために、私が彼の追悼文集に書いた短文を、ここで引用させてください。


小嶋一浩と私、何人かの建築家の卵たちが八〇年代にバリ島を訪れたのは、何よりも集落調査をめぐる原広司《ひろし》先生の託宣のような言葉に触発されてのことだった。島内で数日を過ごしてから、小嶋と私はボロブドゥール遺跡を一目見ようと夜行バス往復の強行軍で遺跡に向かった。途中の村々、市場、遺跡と忘れ難い情景が目に焼き付いているが、前後の脈絡は思い出せない。しかし衝撃はウミガメの肉だった。まだ若く、気も大きくなっていた私たちは、露店でウミガメ肉の串焼きをほおばった。旨い。思わず試食どころかしっかり食べてしまったのが大失敗。翌日から2人は数日間、猛烈な下痢でトイレの友となり、バリを楽しむどころではなかった。小嶋とは、他にもずいぶん小劇場の芝居を観た思い出がある。当時、演劇の世界にまだこだわり続けていた私にとって、自分の知らない建築的な物の見方を教えてくれるだけでなく、一緒に芝居を観に行ってくれる友はありがたかった。沖縄の芝居を観たときか、なぜか最後に我々は舞台で踊る破目に陥りもした。小嶋はいつもソフトで明るかった。学校や地域へのこだわり、土地に溶け込むことから明日の建築を考えていこうとする姿勢は生来のものだったと私には思える。九〇年代以降は会う機会は多くはなかったが、原広司的ともいえる世界の中で私たちは共振していたと確信している。

（『小嶋一浩の手がかり』エーディーエー・エディタ・トーキョー、二〇一九年）

思うに、デベロッパーが一九六〇年代の開発主義一辺倒のままであれば、小嶋たちのような考え方はなかなか通用していかなかったはずです。その意味で、渋谷ストリームは今の時代意識を反映させた建築です。たしかに、Googleが入居するオフィスビル部分で収益源が確保されていることは、こうした「記憶の空間デザイン」を可能にする基盤になっています。そうした意味でも、渋谷ストリームは、巨大資本における渋谷駅前の超高層化が、他方でその余白のような空間を造る自由を獲得させるという、相補的な関係を見せてくれています。

今回、シーラカンスアンドアソシエイツの赤松さんに、渋谷ストリーム設計にまつわる貴重なお話をうかがったので、ご紹介したいと思います。

吉見　渋谷ストリームによって生まれた水平軸の開かれた水辺空間は、垂直軸の超高層大型再開発がひしめく東京における快挙だと思います。そもそも、赤松さんたちは渋谷川についてどのような認識を持っていたのでしょうか。

赤松　小嶋も私も渋谷近辺に住んでいたことがあり、もともと、渋谷川は身近な存在でした。以前のシーラカンスの事務所も渋谷川沿いの雑居ビルにあって、事務所の小さな裏窓から渋谷川が見えていたんです。表の明治通りの喧騒《けんそう》とは違う、ボイドとしての渋谷川の

旧東横線の線路跡を指す赤松佳珠子氏と著者

おもしろさはそのころから感じていました。渋谷ストリーム側からは渋谷川の向こうに古い雑居ビルの裏側が見える眺めになりますが、これがまたいいんですよね。

川に面した一階部分は奥行きが一メートルぐらいしかなくて、「ショーケースにしかならない」と言われましたが、渋谷川を再生して人の流れを生むのであれば、やはり店舗が必要です。「花屋さんなら入れます」などと一生懸命図面を描いて、結果的にこのスペースに全部店舗を入れることができました。お店で買ったコーヒーやワインを片手に川辺のオープンスペースでくつろげるよう、飲み物などを置ける台も川べりに取りつけています。

吉見　そのおかげで、渋谷川沿いに人が行き交う「まち」が生まれたわけですね。ちなみに「ストリーム」という名前はシーラカンスで考えたんですか？

赤松　いえ、そのネーミングはデベロッパーの東急によるものです。渋谷ストリームがある渋谷駅南側は２４６と首都高で分断されていて、どこか取り残されている感じがありました。再開発にあたっては、ここをハブ的な場所にして代官山や恵比寿とつなげながら、いかに人を街に流していくかということを、我々同様、東急側も意識していたと思います。ストリームは「流れ」で、川も人も交通もさまざまなことが行き交って流れていくということですね。

吉見　流れということで言うと、渋谷ストリームではいたるところに「孔」が開いていて外の風景とつながり、風や空気も流れ込んできます。これは超均質的な大規模再開発の内部空間との決定的な違いだと思いますが、これらの「孔」は意識的に開けたのでしょうか。

赤松　はい。他のデベロッパーを案内したとき、「なぜこんなにオープンスペースを取れているんだ」と驚かれましたが、いかにポーラス（有孔体）にしていくかということを意識しています。構造的に難しいと言われた大階段の柱も最終的には取ってもらって吹き抜けにしていますし、低層部は本当に隙間だらけの空間で、店舗はすべて通路のオープンテラスと一体で使える、路面店のようなしつらえです。渋谷はもともと、界隈性やストリート性が魅力の街ですから、いわゆる大規模再開発というよりは、こういう「孔」だらけで路地のような心地よい複雑さが必要ではないかと考えました。

吉見　こういうふうに外部との間に「孔」が開いていることで、渋谷ストリームの中に集落が埋め込まれているわけですね。建物の外側と内側に境界線を引くのではなく、ある種のメビウスの帯のように、外部がむしろインティメートな空間になり、内部がアウトドア的という入れ子構造になっていると言えます。小嶋さんの師である原広司先生の京都駅もやはりポーラスですし、渋谷ストリームはまさに

渋谷ストリームの正面から渋谷川が続いている

先生の集落論を目指しているように感じます。

赤松　設計段階で集落というキーワードは議論していませんでしたが、渋谷の都市を渋谷ストリームの中にそのままつなげて、まち自体がここに展開している空間にしようという

ことは、常に頭にありました。こういう自由な設計ができるのは高層部のオフィス棟でしっかり利益を取っているからということと、東急側がこれからの渋谷のまちづくりのビジョンを本気で考えていたことが大きいです。通常の資本の論理でいけば、ここまで複雑で細かい変形の区割りにはできないのではないかと思います。

吉見　なるほど。川筋には行政によって公園化されている公共空間も多いですが、とにかく残念なデザインが目立ちます。逆に渋谷ストリームは巨大資本だったからこそ、こういうおもしろい空間を造ることができたということですね。本来、公共空間にはもっと自由度があるはずなのですから、川筋のパブリックスペースをコンペにかけて建築家にデザインさせるなど、川筋を復活させていけるような仕組みが必要だと思います。

赤松　おっしゃるように、外から強い働きかけがないと、行政だけではなかなか新しいことはできないかもしれませんね。

渋谷ストリームに残されたかつての渋谷駅の痕跡

また、川沿いも含めたパブリックスペースには多くの規制が存在します。かまぼこ屋根がシンボルの旧東横線渋谷駅も、本来は国道上なので、これだけ幅広のデッキをひとつの私企業が占有することはできないんです。けれども、この架構は取り壊してしまったら二度と造れない、とても貴重なものだということと、何より高度経済成長期に渋谷という街の発展を支えてきた鉄道の線路と駅の記憶を絶対に消してはいけないという想《おも》いは、私たちも東急側も共通していました。東急が行政と粘り強く協議した結果、災害時の一時避難場所としても使用するということでなんとか許可が下りました。

吉見　小嶋さんと赤松さんが、場所の記憶を残すことを都市のアイデンティティーの一部として明確に意識し、そのコンセプトをデベロッパー側も理解したということですね。もし他の建築家だったら、こんなふうに旧東横線渋谷駅を残すことはできなかったかもしれません。こうしてモノとして残っている過去は、年月を経れば経るほど価値を持つことになるでしょう。過去の痕跡がどんどん塗りかえられていく東京にあって、渋谷ストリームの試みは画期的だと思います。

(6) 稲荷橋前の消えた神社と街

実は、この渋谷川の稲荷橋付近には、渋谷ストリームが継承・再生させた記憶や風景よりもさらに深い層が伏在しています。というのも、かつてこの渋谷川筋から東横線の駅舎部分にかけての一帯には、幻の門前町というか、橋の名前の由来である古くからの神社とその境内前の界隈が広がっていたのです。ちょうど現在、渋谷ストリームに隣接する渋谷駅寄りの場所、つまりかつて東横線渋谷駅のホームと首都高速道路が交差していたあたりにもともとあったのは、田中稲荷社という『江戸名所図会』にも登場する古い神社でした。

ここで、再び大岡昇平の登場です。この神社の前の一画にも住んでいたこともある大岡によれば、神社の「正面鳥居をくぐると左側はすぐ町屋に接して、黒塗りの格子塀で隔てられているが、約一〇メートル進むと、左側に境内が開けて、神楽堂があった」そうです。その境内には樹木がよく茂り、本殿横には大きな銀杏《いちょう》の木もありました。また、境内には二軒の掛茶屋があり、飴《あめ》屋やしんこ屋の屋台も出ていたと言います。田中稲荷が正式名称のようですが、渋谷川沿いにあるので、人々はこの神社のことを「川端稲荷」と呼んでいました。

そしてこの川端稲荷の前に、東を渋谷川、西を鉄道に仕切られ、茶屋や米屋、肉屋、医院や旅館などを含む、かなりの数の家々が密集する街が広がっていたのです。稲荷橋は、この稲荷社の鳥居が面した道にあった橋です。東横線渋谷駅が開業するのは一九二七年ですから、大岡

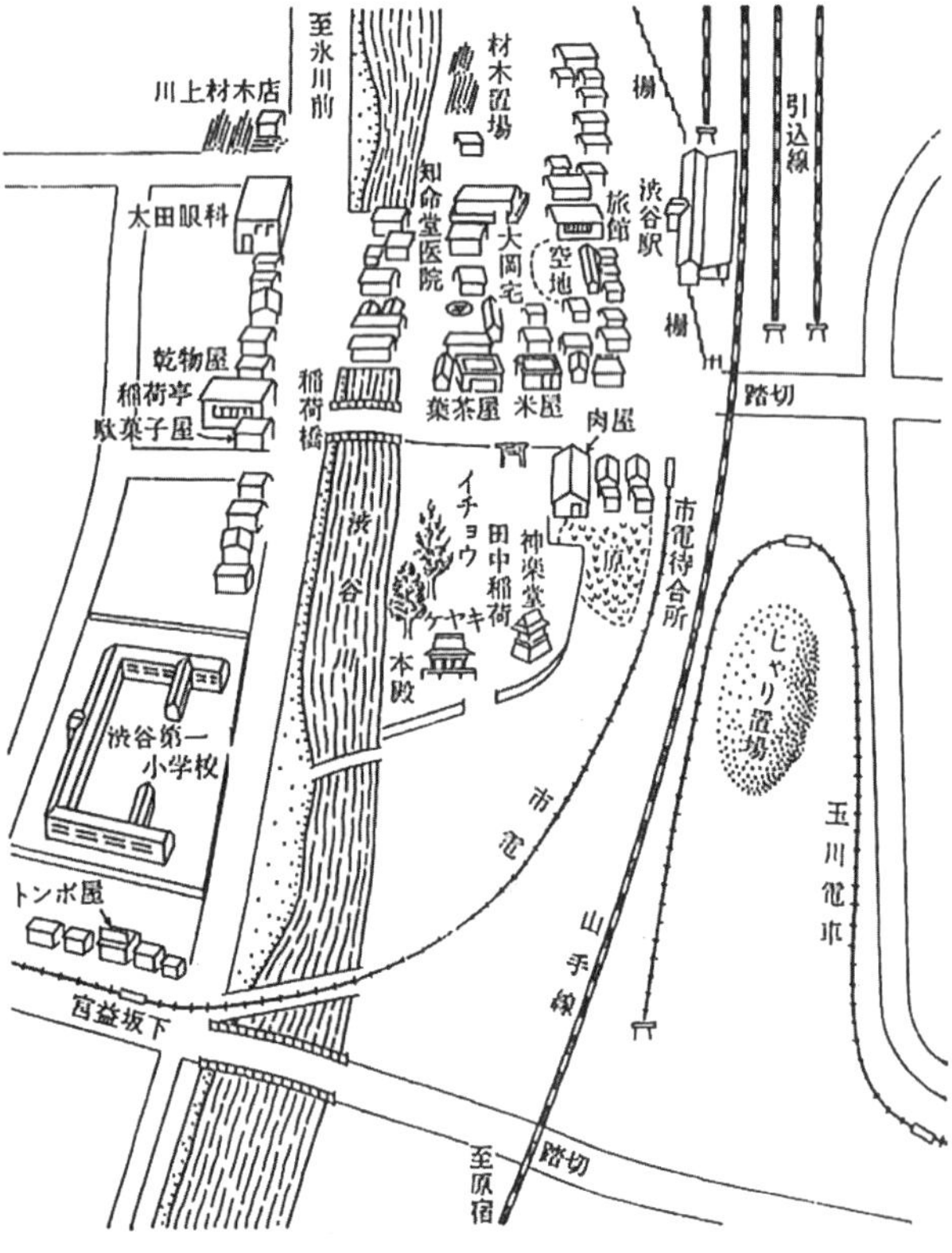

渋谷駅付近略図

大岡昇平『少年』(講談社文芸文庫)P69より引用

が住んでいた時点ではまだありません。ですから、当時の渋谷にあったのは、山手線と玉川電車、それに市電の渋谷駅の三つです。そのうち、山手線渋谷駅の正面口がこの街に面してあったようですが、位置は今よりも恵比寿寄りです。これに合わせ、市電も玉川電車も、後年よりも恵比寿寄りの位置で乗降する形になっています。

幼い大岡は、近所の子どもたちと、この川端稲荷の境内や鉄道駅の構内に入り込んでよく遊んでいました。「隠れん坊で、秣《まぐさ》の山の中に偶然開いている穴の奥深くかくれたこともある。鬼になって、近道をするために、引込線に降りたこともある」。あるいは、「市電の終点の木造の待合室では雨の日でも遊べた。市電と平行した国鉄の線路との間に柵はなかった。われわれは電車が来かかると、針金をたばねて線路の上におき、それが一枚の真白な薄板になるのを楽しんだ」と、彼は回想しています。

この川端稲荷とその前に広がる小さな街は、戦争末期の空爆や、戦後の闇市時代を生き抜いたことがわかっています。すでに触れた石榑督和は、川端稲荷の前の小路が、戦後闇市のひとつとして復活していることを確認していますし、大岡昇平も、一九五九年にこの小路に立ち寄った際、彼が子ども時代を過ごした家が、空襲でも焼け残って傾きながらも残存していたのを確かめています。さらに、そのときにはまだ川端稲荷の本殿も残っており、境内の銀杏も幹だけは残っていたそうです。石塼は、おそらくこの街の土地は川端稲荷が所有しており、戦後のマーケットも、稲荷社の管理下にあったのではないかと推察しています。

ところが、このようにして生き延びてきた街と神社が、東京オリンピックを契機とした一九六〇年代の東京改造、首都高速建設、そして東急資本による渋谷駅前の再開発により、すっかり消えてしまったのです。大岡は、一九七〇年代初頭に書いた文章で、今やごく一部の飲み屋を除き、この神社前の小路の街は、「完全に消滅してしまった」と慨嘆しています。

（7）猫の裏道からフェンスで囲まれた琵琶《びわ》池へ

さて、この渋谷ストリームからそのまま渋谷川を恵比寿方向に下ることもできますが、私たちはもう少し大回りして渋谷川を遡り、暗渠となった川の上、つまり明治通りを原宿方面に歩き、二〇二〇年に開業したMIYASHITA PARKに寄ることにします。これは、渋谷区立宮下公園だった場所に、渋谷区と三井不動産によるＰＰＰ（パブリックプライベートパートナーシップ）事業として建てられた大型商業施設です。一〜三階にはご当地グルメが楽しめる渋谷横丁、各種飲食店やショップが集まり、四階の屋上公園に加えて、クリエイターとコラボしたホテル「sequence（シークエンス）」が併設されています。

MIYASHITA PARKの屋上。空間利用としては成功しているが、その背景にはホームレス排除の問題が横たわる

宮下公園がこの建物に変身する際には、この公園をねぐらとしてきたホームレスの人々を一斉に排除したため批判が集中しました。これしか方法がなかったのかという議論は今も続き、批判が解消されたわけではありません。他方、現在は、夜二三時まで入れる屋上公園にはスケートボードなどができるスケート場、ボルダリングウォールが造られ、そんな議論云々《うんぬん》は気にも留めていないであろう多くの若者たちで賑わっています。

実際、広々とした芝生広場は開放感があり、経緯を知らなければなかなか気持ちがよい空間で、コロナ禍でどこにも行く場所がなかった若者たちがここで夜を過ごしていたというのもわかります。ホームレス排除で批判を浴びたMI

YASHITA PARKですが、川筋の上に造る公園のひとつの事例としては評価できる面もあり、これはなかなか両義的な空間です。

MIYASHITA PARKを出て、宮下公園交差点で明治通りを渡ります。暗渠にはなっていても、交差点脇の宮下橋欄干の親柱など、渋谷川の痕跡はひっそりと残っています。この交差点から北東に延びるのが、渋谷川を暗渠化して遊歩道にした、通称キャットストリートです。名前の由来は、近辺を徘徊《はいかい》する野良猫がこの通りに集まり、彼らに餌をやる人たちのおかげでさらに猫が増え、近隣住民に「猫の公園」と意識されるようになったからだそうです。

川の痕跡が残されたキャットストリート

庶民的な商店街だったこの通りに若者たちが集まるようになったのは、一九九〇年代のバブル崩壊後で、バブル期に流出した住民の空き家に、ファッション系の店が入居したことで、この暗渠は流行の発信地に変身していきました。明治通りから一本入った裏道の両側にはハイブランドのフラッグシップショップなど、流行に敏感な若者を意識した店が並んでいます。キャットストリートには、なかよし橋、八千代橋の跡があり、ゆるやかに蛇行する道や、川岸との高低差をうかがわせる数段の階段など、川の姿を想像させる景色がそこかしこで見られます。

そのまま進めば欅《けやき》並木の表参道に出るのですが、ここはそう行かずに途中で右折し、ゆるい上り坂をやや渋谷に戻るような方向に進みます。閑静な住宅街に溶け込むように高級店が店を構える光景はさすが表参道ですが、ファッションに疎い私にはどの店も同じに見えてしまいます。このあたりの道は、小さな道が意外な方向に曲がりくねったりもしているのですが、とにかく国連大学の裏手方向を目指していると、やがて都会の一等地とは思えない、木々や雑草が鬱蒼と茂っている空き地がフェンスの向こうに見えてきます。

この一帯は江戸時代、淀藩稲葉家の下屋敷で、その庭園にあった琵琶池が今も残っているのです。大名屋敷の庭園池だった琵琶池は、明治にその隣地の青山通りに面した一画が東京市電の車両置き場（青山車庫）となり、運転士用練習コースも併設されます。大岡昇平によれば、青山通りから見ると、樹木が鬱蒼と茂る屋敷地と車庫の間は角材を並べた殺風景な柵で仕切ってあったそうです。その鬱蒼とした森の奥に琵琶池がひっそりと残っていたのでしょう。戦後、この土地は病院や住宅展示場、駐車場などに姿を変えますが、池は敷地内で姿をとどめてきました。この場所は現在、隣接するこどもの城の跡地も含めた再開発の対象となっています。琵琶池は都心に残る貴重な湧水池のひとつなのですから、ぜひ保存してほしいものです。

(8) いもり川筋の大学キャンパスと渋谷氷川神社

琵琶池と異なり、埋められてしまった湧水池が、今は青山学院になっている伊予西条藩《いよさいじょうはん》の上屋敷内にもありました。おそらく伊予西条藩邸の庭園の池だったこの池が、渋谷川の支流、いもり川の水源です。そこで池の痕跡を探せないかとキャンパス内に入り、池があったとされる東門周辺を探しましたが、残念ながら痕跡を見つけることはできませんでした。

ただ、青山学院大学の構内遺跡調査室がまとめた「青山学院構内遺跡（青学会館増改築地点）――伊予西条藩上屋敷跡の調査」（青山学院構内遺跡調査室編、青山学院構内遺跡調査委員会、一九九四年）によれば、青山から渋谷にかけての一帯は、「青山学院の北東端に発し、広尾一丁目で渋谷川に注ぐいもり川が流れる羽沢の谷」で二分されています。そして、青山学院は近年、東門の位置を北に移したようですが、移される前の東門の近く、今はアイビーホール（旧青学会館）などの建つ南あたりに池があり、この池は「江戸時代には、これ（明治一九年の地図に描かれている池）よりは大きく、上屋敷内の庭園の一部を形成していた」だろうとされています。

かつてのいもり川源流付近の姿をより詳しく教えてくれるのは、再び大岡昇平です。一九二二年に青山学院中学部に入学した大岡は『少年』で、大正中期の青山学院キャンパスでの生活を生き生きと蘇らせています。大岡によれば、「中学部の校舎の東側、雨天体操場とは反対の方角に理化学実験室があった。木造平家建の陰気な建物だったが、校舎より五メートルばかり低くなっている。その辺から外人居住地区の東南にかけてずっと低地が続いていて、池があった。一つの流れが流れ出し、羽根沢の赤十字病院の北側まで続く窪地を作っている。末は広尾で渋谷川に合する」とのことです。これが、いもり川の源流で、今日ではキャンパス内は建物が林立しているので、かつての痕跡はまるでわからなくなっています。

おおよその源流の見当がついたところで、いもり川の川筋をたどりたいと思いますが、それには青学のキャンパス内を直進して六本木通りに抜けるのが最短です。しかし、私たちのような部外者は六本木通り側の高等部、中学部の門を使うことができないので、青山通り側の記念館門まで戻り、右に出て最初の細い道を下っていきます。巨大な首都高速3号線の高架道が上にかかる六本木通りを渡ると、すぐ目の前に緑の木々に囲まれた閑静な常陸宮《ひたちのみや》邸が見えます。この建物は村野藤吾《とうご》設計だそうですが、もちろん中に入ることはできません。そのままやや左方向の道を進めば旧いもり川の川筋に沿って進むことになりますし、やや右寄りの道を行けば、先ほど話題にした白根記念渋谷区郷土博物館・文学館があり、渋谷川の歴史を伝える展示もありますから、時間があれば寄ってみるのがいいと思います。

そして、その郷土博物館・文学館のすぐ裏が、私が今、勤めている國學院大學の渋谷キャンパスです。私自身がいるのはたまプラーザキャンパスですので、渋谷キャンパスにはたまにしか来ません。このキャンパス内は真新しい建物ばかりなので、街歩き的には通り過ぎてもいいと思いますが、ひとつだけ國學院大學博物館にはぜひとも寄ってください。私もこの大学に来てから初めてこの博物館に入ったのですが、レベルが高いのに驚きました。時々、新しい視点から非常に刺激的な特別展をやっています。國學院大では、絶対にイチオシの施設です。

國學院大のキャンパスまで来たら、どうしても寄ってみたいのは渋谷氷川神社です。この神社の境内にたたずむと、本当に心に沁《し》みるような空気を味わえます。本殿は國學院のすぐ裏なのですが、その前庭から境内の階段がまっすぐに下り、一の鳥居の先も参道が明治通りに通じています。その境内の階段両側は鬱蒼とした樹木です。隣接する公園も、神社境内からすぐに入れるようになっていて好感が持てます。天気がよい日、私はよくこの神社境内の隣の公園ベンチに腰を下ろし、パソコンを開けてオンライン会議に参加します。

さらに、鳥居を抜けて参道に出たところに「WOODBERRY COFFEE」というカフェがあり、いつも若者たちで混んでいます。この参道近辺は、渋谷と広尾のちょうど中間地点で、イタリアンのレストランやバーなど、おしゃれな店が増えているようです。ある意味で、「奥広尾」的な場所なのかもしれません。

この國學院キャンパスや渋谷氷川神社について、私よりもはるかに深く幼少時に知悉していたのは、またまた大岡昇平です。彼は、何度も引用している『幼年』で、彼の家がこの神社の参道付近にあったころのことを鮮やかに描いています。そして、この大岡の叙述を通しても、私たちは渋谷が「軍隊の街」であったことを再確認するのです。というのも、私が紹介した國學院渋谷キャンパスは、大岡が幼少だった大正期には陸軍の練兵場でした。大岡は、今日では「国学院大学の建っているあたりも、もと大名の下屋敷で、維新後は練兵場となった。当時の地図には、陸軍衛生材料廠倉庫となっているが、多分名目的なものであったろう。私が引越して行った頃は空地で、再び練兵場に変っていた」と書いています。

小さいころの彼は、その練兵場に入り込み、そこを格好の遊び場としていました。何で遊んだかは覚えていないが、「兵隊ごっこのような団体遊びをしたような気がする」とのことです。それでも「あまり原の奥深く入るのは、塹壕が掘ってあるのでこわかった」と書き残していいます。実際、彼の父は「或る雨の降る夜、相場の思惑の金を借りに行って断られ、近道をしようとして、練兵場を横切って帰る途中、兵隊が掘った塹壕に落ちて、泥まみれになって帰って来」ました。今のぴかぴかの大学のキャンパスからは想像できませんが、ここはもともと青山や代々木、駒場の練兵場と同様、兵士たちが訓練を重ねる模擬戦場だったのです。

(9) 渋谷・恵比寿は川筋を活かせているのか

第一日の街歩きも、そろそろ終わりが近づいてきました。渋谷氷川神社の参道を出て明治通りを渡り、そこからそのまま恵比寿に向かってもいいですし、先ほどの六本木通りを渡ったところから國學院の方向には向かわずに、いもり川筋を進むこともできます。

この場合、やや右手に広大な常陸宮邸を眺めながら直進し、さらに東四丁目の交差点を渡って左前方にお嬢様学校で知られる東京女学館を見ることになります。どうやら、この女学館のキャンパスにも、かつて湧水池があったようですから、いもり川はこの一帯の豊かな湧水池からの水を集めて渋谷川に流れ込んでいたのです。

私たちは、その先の急に道が狭くなっているところで、「いもり川階段」のプレートがある小さな階段を下ります。そうすると、ここからは明らかに暗渠とわかる細く曲がりくねった道が続いています。昭和を感じさせる古びた木造アパートや小さな建売住宅など、広尾という街のステレオタイプからややずれるような庶民的な街並みです。

しかし、この暗渠から一本右手に入った尾根筋の通りには、一転していったい誰が住んでいるのか想像もできないような豪邸が並んでいます。なかでも満鉄総裁や東京市長なども務めた中村是公《よしこと》の邸宅跡（のちに料亭「羽澤ガーデン」）に建てられた高級マンションは、往時の大邸宅を偲《しの》ばせる豪壮さです。松濤から神泉を歩いたときもそうでしたが、川が街の縁となり、地形が人々の暮らしに明瞭なコントラストを与えてきたことがわかります。

何度も引用している大岡昇平は、かつてのこのあたりの風景についても、幼少期の記憶を通じて生き生きと描写しています。彼は小さいころ、このいもり川筋で転居を重ねていました。最初に住んだのが笄町一八〇番地という土地で、現在の日本赤十字社医療センターの裏手です。ちなみにこの病院で、私は生まれています。私の母は、私や私の妹たちが小さいころ、よく渋谷駅前から都バスに乗って日赤病院に通っていました。それはともかく、大岡が住んでいた家は、当時の日赤病院の正門（現在はやや南に移動）から少し渋谷寄りに行った一画で、そのすぐ南には感化院（非行少年や親権者から入院出願のあった少年らを訓育する施設）がありました。その敷地は、後に東京女学館のキャンパスになっていきます。非行少年の再教育施設がお嬢様学校のキャンパスになるというのも興味深いですが、その感化院と大岡の自宅の間の道は、すでにお話しした陸軍練兵場（現國學院大キャンパス）まで続いていました。

そして、この道の途中を横切っていたのがいもり川です。大岡は、日赤病院と練兵場をつなぐ道についても書いています。「道は笄町一八〇番地前から、すぐ下りになって、イモリ川という小流を越える。これは北の方、青山学院の裏手から流れ出した小流で、あたり一帯は樹木のよく繁った窪地になっていた」。この短い描写から、かつてのいもり川筋の風景が浮かび上がります。つまり日赤病院と練兵場は丘の上にあったわけですが、その間で道は小さな谷間を通過していました。まさにその谷間を流れるいもり川一帯は、鬱蒼と樹木の生い茂った場所でした。そして、そのような谷間の川に「鶴が降りたといい伝え、鶴沢また羽沢といわれた。これは羽沢または羽根沢の地名の起源である」と大岡は書き添えます。つまり、今日の超高級住宅地「羽沢」のイメージの源泉は、いもり川筋の谷間の鬱蒼とした森にあったのです。

とはいえ、私たちは豪邸とは縁が薄いので、暗渠に戻り、そのまま南下します。そうすると、再び明治通り沿いに流れる渋谷川本流に行き当たります。明治通りを渡ったところには、階段で下りていく人気のない小さな児童遊園があり、その下が暗渠を流れてきたいもり川と渋谷川の合流地点です。公園からその様子は見えないので、渋谷川の対岸に渡ってみましょう。ちょうど保険会社のビルの公開空き地があり、コンクリート護岸から渋谷川に通じる、いもり川の出口が見えます。しかし、そこから流れる水はほとんどありません。昔はこの合流地点に橋がかかっており、渋谷川に合流するいもり川の水音が「どんどん」と響くほどだったということで「どんどん橋」と名づけられたそうですが、橋も川の水もなくなってしまいました。

川沿いを活かせていない恵比寿。いもり川と渋谷川の合流地点も整備されていない

だいぶ疲れてきました。

渋谷川沿いの道を恵比寿方向に進むと、しゃれたレストランが目につきますが、どの店も川に背を向けているのは、今の渋谷川にそれだけの魅力がないのでしょう。一本橋を過ぎると、タコのすべり台がある恵比寿東公園に出ます。片隅に渋谷川上流の河骨川《こうほねがわ》の名の由

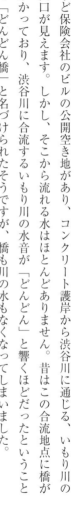

来となったコウホネというスイレン科の水生植物が栽培されていますが、誰も気づきません。せっかくの川辺を活かせていません。結局、渋谷ストリームのあたりで始まっている街と川との新たな対話は、恵比寿まではまだ届いていないようです。

《第一日のまとめ～渋谷とは何か》

今日の街歩きの狙いは、川筋から渋谷という街を裏返すことでした。歩いてみてわかったのは、渋谷や松濤、広尾という都心の一等地でも、一帯がすべて高級住宅地で埋め尽くされているわけではなく、階層的にも文化的にも異なる住空間がパッチワークのように混在していることです。松濤から神泉、またいもり川筋の風景が如実に示すように、川筋と尾根筋の住宅街のコントラストは明瞭でした。そして、この川筋と尾根筋は、実に複雑に入り組んでいます。それだけ渋谷は、微地形が複雑なのだとも言えます。そしてその川筋からは、若者たちによって新しい街の文化が形成されつつあるうごめきのようなものを感じます。

とはいえ、今日歩いた川筋はほとんどが暗渠で、川そのものは表の風景から消えてしまっていますから、若者たちは川筋を歩いているという意識はないはずです。それにもかかわらず、裏渋谷、奥渋谷、キャットストリートを歩くと、若者たちが盛んに行き交うことで、見えない川筋が可視化されつつあることがわかります。これらの界隈に共通しているのは、川筋ならではの曲がりくねった道に小さな店が建ち並ぶ光景、そしてそこをゆらゆらと歩いている若者たちが作り出している街の雰囲気です。この雰囲気は、駅前の超高層化で東急資本が演出している渋谷の雰囲気とは著しく異なります。キャットストリートにあったような原宿の裏街の文化が、川に沿っていろいろな地域に広がっているようにも見えます。

つまり、これらの場所では、渋谷駅前的な大資本の文化の拡張というより、原宿的な小さな店の文化の拡張という現象が見られるのです。「庶民的な川筋」と呼ぶには少々値段が高い店が多い点はさておき、彼らは少しでも地価が安く、少しでも高いものを買ってくれる客が来てくれそうなところに店を出しますから、大通りに面したところより、むしろ川筋が出店に向いているのです。そういうところに若者たちが集まっていることを考えれば、巨大再開発的な空間創出とはまるで違う渋谷の未来像も浮かび上がってくるでしょう。

要するに、川筋は、異質な点と点をつないでいる線なのです。川筋に並んでいる個別の小さな店や小さな住宅を線でつないでいくまちづくりは、川筋だからこそ可能ですし、まちづくりのプランナーたちは、今後、ますますそのような空間のネットワークを川筋にどう創出していくかを考えていくでしょう。一九七〇年代のパルコのまちづくりも、さまざまなカルチャースポットを線でつなぐものだったと思います。ただ、このときの線が丘の上へと向かうものだったのに対し、川筋は下を這うようにして伸びていく線だと言えます。つまり、点と点をつなぐということは同じであっても、そのつなぎ方は変化しているのです。

考えてみれば、街歩きの根本は線、それも細く曲がってアップダウンがある線を移動していきながら、さまざまに都市を横切っていく経験に他なりません。点だけでは止まってしまって何も動きませんし、面は陣取り合戦のようになってしまいます。キャットストリートのメタファーを使うならば、猫は大きな通りや上り坂を真正面から一生懸命歩くというより、裏や奥の脇道をしなやかに、自由気ままに通り抜けていきます。「坂の上の雲」的な、上方を目指して都市を作る時代はすでに終わりを迎えています。川筋も含め、東京という都市の中にあるたくさんの脇道が活性化していけば、新しい時代の街の姿はおのずと見えてくるはずです。

最後に、あるどんでん返しのお話をしておきたいと思います。何度も引用した大岡昇平の『幼年』によれば、幕末期に「渋谷といえば広尾を意味した」そうです。つまり、そのころは広尾こそが「渋谷」で、渋谷はその周辺の農村地域にすぎなかったようなのです。

江戸時代の地図を見れば、「渋谷」は、今日の代々木公園一帯を中心とした「上渋谷」、道玄坂一帯を中心とした「中渋谷」、恵比寿から代官山にかけての「下渋谷」に分かれます。これは、たとえば目黒川流域でも、大橋方面の「上目黒」、中目黒一帯の「中目黒」、目黒駅から五反田にかけての「下目黒」が分かれているのと同じです。このうち、私たちは普通、「目黒」と言えば「下目黒」のことで、「中目黒」は「目黒」とは別の地域として理解しています。しかし渋谷の場合、「下渋谷」が「渋谷」とはならず、「中渋谷」が「渋谷」のイメージを独占していくことで、恵比寿から広尾にかけての「渋谷」は見えなくなっていったのです。

ところが実は、少なくとも幕末期においては、渋谷橋があり、天現寺橋や古川にも近かった「下渋谷」に、渋谷という街の重心があったと大岡は指摘しているのです。当時、広尾（つまり下渋谷）は、「国電恵比寿の西から、港区内の天現寺橋（当時、麻布区）の方まで、約一キロ半に延びた町であった。世田谷、目黒方面の農産物の東京への搬入路に当り、渋谷川には精米水車がかかり、各種物産の卸商、小売商店が櫛比《しっぴ》」していました。

もちろん江戸時代を通じ、大山道は旅人にとって江戸と相模国を結ぶ重要ルートでしたから、旅人たちは中渋谷の茶店などに立ち寄っていたのですが、物資輸送はそうではありませんでした。渋谷川は天現寺から下流の「古川」と上流の「渋谷川」で、川幅が大きく異なります。上流部よりもずっと川幅が広い古川は都市内部の川で、舟運による物資輸送も行われていました。

「下渋谷」は大都市江戸の水運ネットワークが農村と接する境界で、「下目黒」と同様、近代以降も「中渋谷」以上に「渋谷」として発展していく条件を備えていたのです。

しかし、近代以降の都市では、ヒトやモノの移動を支える基盤が根底から変わります。つまり、水路から鉄路への転換です。明治初めまで、商業的な繁栄で「中渋谷」を圧倒していた「下渋谷」は、この転換を受け入れませんでした。もともと山手線の渋谷駅は、今の恵比寿駅に近い渋谷橋付近に設けられる計画であったようです。しかし、すでに賑わっていた「下渋谷」の住民はこの計画に反対し、結局、渋谷駅は上流の「中渋谷」に設けられました。

そしてこの鉄道駅が中核となり、私たちが「渋谷」と考える地域が発展していきます。つまり、そもそもの「渋谷」誕生の原点に、「川筋」の街から「駅」の街へという大きなパラダイムチェンジが存在したのです。これは最初から予想されていたことではなく、実際、大岡の父は、渋谷氷川神社前から都心へ移動する場合、渋谷ではなく広尾からの市電を使っていたそうです。今日の感覚とは大きく異なります。もしも明治時代、「下渋谷」の住民が渋谷駅を受け入れていたら、私たちはどのような「渋谷」の街歩きをすることになっていたでしょうか。

第二日　古川流域で高低差を実感し、街殺しの現場に遭遇

東京メトロ銀座線
虎ノ門ヒルズ駅
都営大江戸線
新橋駅
東京日比谷線
汐留駅
都営浅草線
首都高速都心環状線
御成門駅
東京タワー
徳川将軍家墓所
もみじ谷
増上寺
芝大神宮
大門駅
ゆりかもめ
芝丸山古墳
GOAL
浜松町駅
赤羽橋駅
芝公園駅
讃岐小白稲荷神社
都営三田線
東海道新幹線
三田駅
JR山手線
田町駅
JR横須賀線
首都高速1号羽田線
首都高速11号台場線

第二日 地図

乃木坂駅
都営大江戸線
東京メトロ千代田線
六本木駅
首都高速3号渋谷線
麻布台ヒルズ
駐日ロシア連邦大使館
駐日米国公使公邸
狸穴公園
麻布十番駅
きみちゃん像
宮村児童遊園
松方ハウス
善福寺
三田小山町
有栖川宮記念公園
元麻布ヒルズ
START
広尾駅
麻布氷川神社
安藤記念教会
東京メトロ日比谷線
がま池
東京都立中央図書館
首都高速2号目黒線
東京メトロ南北線
白金高輪駅

《冒頭講義～江戸東京に「対称」と「対照」を読む》

(1) 芝増上寺と上野寛永寺

今日は、渋谷川の下流、古川の北に広がる麻布台地を中心に歩きます。ここの複雑な凹凸地形は、都心北部を歩いた際の石神井川や上野・谷中一帯の凹凸に似ています。実際、この川の下流、三田の北にある芝増上寺は、上野寛永寺と南北で対称をなす徳川の聖地でした。

もともと一七世紀に徳川政権によって江戸が大改造された際、江戸城を守る表鬼門にあたる北東方向に寛永寺と神田明神が、裏鬼門の南西方向に増上寺と日枝《ひえ》神社が配置されました。ただし方角の点では、実際には増上寺の位置は南西というより南東です。観念上はということなのでしょうが、ここはむしろ武蔵野台地東端の地形に注目すべきでしょう。上野公園には擂鉢《すりばち》山《やま》古墳、芝公園には芝丸山古墳が今も残るように、上野と芝は太古の昔は東京湾に突き出た岬のような場所で、縄文人の集落が多く存在しました。その痕跡も多く残ります。増上寺と寛永寺は、そうした古代から続く集落の地層の上に造営された聖地なのです。

そして両寺は徳川将軍家の菩提寺《ぼだいじ》として、それぞれ六人の将軍の霊廟《れいびょう》（墓）を有していました。両寺共に、広大な敷地に大伽藍《だいがらん》を築き、徳川家康などを祀る東照宮を境内に置いて、江戸時代を通じて将軍家のみならず諸大名の寄進や崇敬を集めて絶大な権威を誇ったのです。

ですから、両寺はどちらも明治維新後、「徳川」を徹底的に否定しようとした新政府によって抑圧され続けました。一方の寛永寺は焦土と化し、その跡地は博覧会や博物館、動物園といった日本近代化のシンボル的空間に変容させられたわけですが、増上寺も薩長軍に恭順する以外の道はありませんでした。荘厳な本堂は教部省に献納させられ、そこに「敬神愛国・天理人道・皇上奉戴」から成る「三条教則」を国民に説く教導職を育成するための「大教院」が置かれます。つまり、仏教寺院であること自体がほとんど否定され、代わりに天照大神《あまてらすおおみかみ》などを祀る神殿が置かれていったのです。

やがて、維新政府が没収したふたつの寺の広大な寺領は、日本最初の「公園」である上野公園と芝公園に指定されます。近代日本において「公園」とは、そもそものようなイデオロギー性をもって誕生した空間なのです。上野の場合、この「公園」の中核をなしたのは博覧会でした。文明開化の文物を展示する博覧会場に上野はなり、それは今日まで続きます。では、芝の場合、広大な増上寺境内地は、どんな「公園」になっていったのでしょうか？

(2) ポスト鹿鳴館《ろくめいかん》としての芝紅葉館《こうようかん》

上野以上に都心に近い芝の場合、私は芝公園の中核は、ポスト鹿鳴館的な社交の役割を担ったと思います。ご承知のように鹿鳴館は、一八八三年に条約改正を目指す外務卿井上馨《かおる》の欧化政策により、今の帝国ホテルの隣の場所に建設されました。ところが、この西洋館でいくらパーティをやっても、条約改正なんてできるはずもありません。当たり前ですね。社交だけでは実質的な外交にはならないので、井上の辞職後、鹿鳴館は廃止されます。

とはいえ、その後も国内外の要人たちが社交や談合をする場所は必要だったわけで、それが日比谷からも近かった芝公園に引き継がれたのだと思います。このポスト鹿鳴館的役割を担ったのが紅葉館です。この施設が国際交流のための舞台として、伊藤博文や井上馨に英語を教えたことのある英学者野邊地尚義《のべちなおよし》を代表として建設されたのは一八八一年でした。欧化政策の中で、当時は民間にも鹿鳴館気分があったのですね。

野邊地は維新後、女子教育を推進しますが、岩崎弥太郎らの支援もあり、新たに芝に建設された紅葉館の総支配人となりました。この紅葉館が本格的な高級社交場となるのは一八九〇年代以降で、多くの明治の財界人が支えました。こうして紅葉館は、官営の鹿鳴館の廃止後も、賓客接待や政財軍要人の社交の場として存続し、同様の機能を引き継いでいったのです。この国際的社交場が、戦後にどんな運命をたどったのかは、今日の街歩きで確認します。

東京は三度占領されてきた都市だというのが私たちの街歩きの一貫したテーゼです。最初の占領は一五九〇年、徳川軍によって、二番目の占領は一八六八年、薩長軍によって、三度目の占領は一九四五年、米軍によってなされました。都心北部、とりわけ上野の場合、最も深刻なダメージを地域に与えたのは二番目の占領です。これに対して都心南部、とりわけ芝の場合、明らかに三番目の、戦後の占領がこの地域から過去の記憶や伝統を失わせ、のっぺりと高層ビルが建ち並ぶ都心に一帯を変貌させてしまう決定的な契機になったのでした。今日の街歩きでは、その破壊の数々の無惨な傷跡に私たちは立ち会うことになると思います。

（3）大名庭園のふたつの運命：開域と閉域

もうひとつ、今日の街歩きで注目したいのは、大名庭園の近代です。都心北部は神田や下谷《したや》、浅草などの町人地が広がっていたのに対し、都心南部の台地の上や中腹は、圧倒的に大名や旗本の屋敷地で占められていました。それらの屋敷地の多くは、その後、分譲されて住宅地となるのですが、屋敷地のまま残ったところは、主にふたつの運命をたどりました。

一方は、公園になる道です。たとえば、讃岐《さぬき》高松藩松平家下屋敷は、白金御料地と朝香宮《あさかのみや》邸になり、今日では国立科学博物館附属自然教育園及び東京都庭園美術館です。盛岡藩南部家下屋敷は、有栖川宮御用地を経て港区立有栖川宮記念公園になりました。甲府藩主松平綱重別邸は都立浜離宮恩賜庭園、紀州徳川家芝御屋敷は都立旧芝離宮恩賜庭園です。

学校用地になったところも多く、石見《いわみ》浜田藩松平家抱《かかえ》屋敷は聖心女子学院のキャンパスになりました。肥前島原藩中屋敷は、今では慶應義塾大学のキャンパスの一部です。肥前福江藩五島家下屋敷の一部は東京大学医科学研究所の用地となりました。

他方、かつての大名屋敷が個人や企業に私的に所有されていく場合もあります。陸奥会津藩下屋敷と日向佐土原《ひゅうがさどわら》藩上屋敷は三井家綱町《つなまち》別邸となり、今も綱町三井倶楽部です。利用者は制限されていますが、三井の邸宅はしっかり保存されています。出羽米沢藩上杉家中屋敷は紀州徳川侯爵邸となり、逓信省や日本郵政の土地になっていましたが、森ビルを中心とした再開発により麻布台ヒルズとなりました。麻布台ヒルズにはこの街歩きでも訪れるつもりですが、あのきらびやかな空間が、実は数々の破壊の後の風景なのだと読み込む力が必要です。

最近、この一円で喫緊の問題なのが、出羽米沢藩上杉家下屋敷を引き継いだ服部金太郎邸

（服部ハウス）です。服部家は邸宅を手放し、シンガポールの企業に売却されました。そして最近の情報では、このシンガポール企業から日本の不動産開発業者の手に渡っています。すべては投資目当てのようですが、そうした強欲資本主義が横行する中で、とてつもなく貴重な近代建築が破壊の危機に瀕しています。服部ハウスの文化財的価値は明らかなので、国や都、あるいはメディアや市民が金目当ての破壊行為にストップをかけるべきです。

大名屋敷が私有地になると、そこはもう外には開かれない「閉域」となります。同様に、大名屋敷が大使館となる場合もあり、たとえば伊予松山藩松平家中屋敷は、松方正義《まさよし》邸を経てイタリア大使館になりました。日向佐土原藩上屋敷は、蜂須賀侯爵邸を経てオーストラリア大使館になりました。仙台藩伊達《だて》家下屋敷は、松方正義の次男の松方正作《しょうさく》邸を経て韓国大使館になりました。今日、港区には大使館が多いイメージがありますが、それはつまりこの地域に大名屋敷が多かったからです。徳川の遺産が現代の大使館や公園になっていったのです。

こうして並べてみると、現在、無料または安価な入場料で江戸以来の自然豊かな庭園を楽しむことができる「開域」は、明治以降に皇族所有となった大名屋敷に多いことがわかります。

一方、明治の元勲や実業家たちの屋敷は、所有者を変えながらも、富裕層の私有地や各国大使館として閉じた空間であり続けています。今回の街歩きでも、本当は綱町三井倶楽部や服部ハウスの中に入ってみたかったのですが、それはかないませんでした。こうした貴重な「閉域」が多いことは、広尾・麻布という街を考える重要なポイントのひとつです。

(4) 高さへの欲望と低さの生命力

都心南部で顕著なのは「高さへの欲望」です。戦後の超高層建築は、池袋のサンシャインシティと東京スカイツリーを別にすれば、都心南部に集中しています。東京タワー(一九五八年)を皮切りに、霞《かすみ》が関《せき》ビルディング(一九六八年)、世界貿易センタービルディング(一九七〇年)と、都心南部の港区や千代田区では超高層の建設が続きます。近年では、六本木ヒルズや麻布台ヒルズ、虎の門ヒルズをはじめ森ビルにより超高層建築が次々と建てられてきました。

しかし、こうした「高さへの欲望」が噴出する場所は、しばしば直下に麻布十番や芝新網町《しばしんあみちょう》といった町家が立て込む低地を抱え込んでいます。これらの低地は高台の武家屋敷と違い、湿気や水害に悩まされる土地柄なことが多く、特に明治東京の三大貧民窟のひとつだった芝新網町は、今でいうスラムのような街でした。そして、松原岩五郎のルポルタージュ『最暗黒の東京』（岩波文庫、一九八八年、原著一八九三年）が活写したように、そのような貧しさの中でも人々はしたたかに日々を生き抜こうとしていたのです。これらの低地は寺社門前でもあり、麻布十番は善福寺、芝新網町は芝神明宮《しばしんめいぐう》の門前に近く、遊興施設も並ぶ一帯には猥雑なエネルギーが渦巻いていたと想像されます。

こうした高さと低さの対照は、台地の上と下という自然地形と、街の社会的なあり方や人々の生活の両方を含みます。ですから今日は、麻布から芝までの古川沿いを街歩きしながら、今お話しした大名屋敷のその後や高さと低さ、またそこでの生活の対照に目を向け、さらに上野と並ぶ江戸の聖地だった芝増上寺の維新後の運命をたどり直してみましょう。

《街歩きと路上講義》

(1) 坂を上って有栖川宮記念公園へ

港区は東京二三区内で最も坂が多い区です。その凹凸地形が地域の風景をいかに形づくってきたかを体感するため、少し遠回りして東京メトロ日比谷線広尾駅から外苑西通りを北上、右折して鉄砲坂を上り有栖川宮記念公園を目指します。坂を上り始めてすぐ、趣のある石造の門柱の先に欅の大木に囲まれた瀟洒《しょうしゃ》な洋館が見えます。これは西村伊作（文化学院創立者・建築家）が設計した、実業家の石丸助三郎邸で、往時は川端康成ら文人が集うサロンでもありました。現在は、結婚式場などに使われているようです。

江戸時代に多くの武家屋敷があった港区にはしばしば大名屋敷由来の坂名がありますが、この鉄砲坂も少し上ると、坂の中ほどに河内《かわち》狭山藩（北条家）の下屋敷があったことから名づけられた北条坂に名前が変わります。明治時代、北条家下屋敷の敷地には、ジョサイア・コンドル設計の成瀬正行邸が建てられましたが、この屋敷をその後、「箱根土地」を経営する堤康次郎が購入し、戦前は総理大臣別邸として貸与、「大東亜迎賓館」と名づけられていました。

しかし、この「迎賓館」は空襲で焼失し、康次郎の死後は息子の堤清二によって、二〇〇〇坪以上もの広さを持つ敷地にセゾングループの迎賓館「米荘閣」が建設されます。しかし、セゾングループの業績不振により二〇〇一年に売却され、そこには最高価格一二億七〇〇〇万円という、都内でも有数の豪華なゲーテッドマンションが建てられました。明治から平成への栄枯盛衰が凝縮された一角です。

北条坂を上りきり、愛育病院前交差点を右折すると、麻布警察署盛岡町《もりおかちょう》交番が目に入ってきます。「盛岡町」の旧町名は、有栖川宮記念公園一帯が盛岡藩南部家下屋敷だったことから来ています。ここは一八九六年に有栖川宮威仁《たけひと》親王家の新邸造成用地となりましたが、嗣子が早逝し、有栖川宮家は断絶してしまいます。やむなくこの地は大正天皇の第三皇子、高松宮に継承されます。一九三四年、児童の健康や自然に格別の関心を持っていたとされる高松宮は御用地約一万一〇〇〇坪を公園地として東京市に下賜、有栖川宮記念公園と名づけられて一般開放されることになりました。

この公園は、そうした歴史だけではなく、麻布台地に刻まれた微細な高低差を感じられる絶好の場所です。愛育クリニック側の入口（三軒家口）から入ると、小さな渓谷とも呼べる崖があり、滝から流れ出る小川に沿って、木々の緑が気持ちいい遊歩道を歩いていくと、やがて開放感あふれる広い池に出ます。子どもたちは思い思いに遊び、池で釣りを楽しむ人々の姿も見えます。今日、街歩きするエリアには、外部の人間が入れない「閉域」が多いことを考えると、これだけのスペースが無料で開放されているのは、とても貴重だと思います。

利用者の多い都立中央図書館が公園内にあることもあり、この公園を訪れる人は多いのですが、大部分の来訪者は、公園の最も価値ある北側の散歩道を知りません。というのも、広尾駅で降りて図書館に向かう最短ルートは南側の尾根筋の道です。先を急ぐ人はそちらのルートを

有栖川宮記念公園の北側では、水路からも高低差がわかる

使うので、この公園のよさを一番満喫できる北側の谷筋を知らないのです。街歩きは、広い道ではなく狭い道、尾根筋ではなく谷筋を歩くべきという鉄則を思い出しましょう。

さて、その都立中央図書館まで、公園内の道を散策しながら上ります。この図書館は、東京の歴史に興味のある人ならば、一度は訪れてみなければならない必須の場所です。とりわけ図書館一階にある都市・東京情報コーナーには、東京の歴史に関するここでしか閲覧できない貴重な図書や資料が数多く集められていて、圧倒的な利用価値があります。そのいくつかは、ネットからもアクセスできますので、試してみるといいのではないかと思います。また、都市・東京情報コーナーと並んでお薦めなのは、三階の地方史コーナーです。全国の道府県史や市町村史など地域に関する図書や資料が約三万冊開架になっていて、東京に限らず地域のことを調べたい人はここも必ず訪れたいところです。

（2）がま池と東京の「断面図」

さて、中央図書館を出て、運動場やテニスコートの間の殺風景な通路を抜けると、その先に「がま池」に向かう坂道が見えてきます。かつて古川には周辺の湧水池から湧き出る小川がいくつも合流していました。そのひとつが、がま池を水源とする小川です。なぜかがま池とは逆を向いて立つ古びた案内板によると、江戸時代、この一帯は五〇〇〇石の旗本山崎家の屋敷で、あるとき、池に棲《す》む巨大ながまに家臣を殺されたことを怒った当主ががま退治をすると決めた夜、がまが白衣の老人となって夢枕に現れて「今後は屋敷の防火に努める」と罪を悔い、その言葉通り大火の際に現れて火を防いだとのことです。

もともとは約一六〇〇平方メートルの広大な池も、周囲の宅地化で埋め立てが進み、マンションに取り囲まれて水も涸《か》れてしまったようです。今は循環水で池の体裁を保っているそうですが、池はマンション敷地内にあるため、外部の人間は見ることができません。私たちは、住民のプライバシーに配慮しつつ、せっかくの池を見られる場所はないかと探します。周囲をぐるりと歩くと、がま池の深い窪地を高台が取り囲んでいる地形がよくわかります。

がま池の北東方向に進んだ先にあるのは、松方正義の孫、松方種子によって一九四九年に創立された、西町《にしまち》インターナショナルスクールです。敷地の一角には、東京都選定歴史建造物指

宮村児童遊園の下の長屋地区から高層ビルを見上げる

定を伝える説明板と共に、ウィリアム・メレル・ヴォーリズ設計の松方正熊邸（松方ハウス　一九二一年築）が残されています。中には入れませんが、案内板にある間取り図を見ると、シンプルで機能的な住まいだったことが想像できます。

松方ハウスの前の道を引き返し、細い下り坂を下りていくと、元麻布ヒルズがそびえ立つ眼下に細長い児童遊園（宮村児童遊園）があり、さらにその向こうに木造住宅や長屋的アパートが密集した窪地が広がっています。まるで不意打ちのように現れたその下町風の長屋の連なる風景に、私たちは衝撃を受けました。まさに、東京という都市が地形の高低差によっていかにコントラストをなしているかということを教えてくれる断面図そのものです。

公園を抜けて、昭和の庶民の生活の匂いが立ち上ってくるような街の狭い路地を歩いていくと、ぽつりぽつりと古い家を改造したギャラリーやアトリエが目につきます。この路地は、右側に崖が迫る細く長い道で、これはがま池から流れ出た小川の暗渠です。突き当たりを右に曲がり、狸坂《たぬきざか》を上ると、崖の深さを実感するような長い坂の上に、ステンドグラスやアールデコ風装飾の近代建築住宅が現れます。これは、日本の鉄筋コンクリート工学の祖阿部美樹志《みきし》が自ら設計した自邸（旧阿部美樹志邸）で、一九二四年に建てられたものです。

（3）元麻布ヒルズから麻布台地の神社と教会へ

坂を上った先は、鳥居坂下から続く暗闇坂、麻布十番商店街に抜ける大黒坂、そして「麻布七不思議」などの伝説にまつわる一本松が由来の「一本松坂」との四叉路になっています。これらの坂周辺の元麻布一丁目から麻布十番までは地形と街が連動しており、西側の丘の上は元麻布ヒルズがそびえるヒルズ族の街、坂の途中は善福寺を中心とする寺町、坂の下は麻布十番の商店街という三層構造です。余談ですが、私の父母の法要は、檀家《だんか》ではありませんがこの大黒坂の途中にある大法寺、別名大黒天に頼んでいるのですが、本堂前に烏骨鶏《うこっけい》が何羽も飼われていて、その鳴き声が朝の時を今も刻んでいるそうです。寺町には自然が残ります。

それはともかく、元麻布ヒルズが建つ以前の丘には、かつて善福寺が所有する土地の周囲に一戸建てや中層マンションが建ち並んでいました。森ビルは一九八三年に善福寺の土地を取得したものの、細分化した地権者との交渉などで再開発は難航、超高層マンションが地区内地権者との共同プロジェクトとして着工されるまで二〇年近い歳月を要したと言います。

元麻布ヒルズの一本松坂側にあるメインゲートは、外部の人間も自由に出入りできるオープンスペース「四季の丘」への入口になっており、丘の上からは六本木ヒルズが間近に見えます。富裕層が入居する超高層住宅と整えられた庭園の組み合わせは、どこかシンガポールを彷彿《ほうふつ》とさせます。「四季の丘」を抜けた先に善福寺はあるのですが、こちらから入ることはできず、再び一本松坂に出て、善福寺を目指します。

坂の途中にあるのは、麻布の総鎮守、麻布氷川神社です。この神社は、平将門の乱平定のため東国に赴いた源経基《みなもとのつねもと》が勧請したのが始まりで、江戸時代には、富士山を望める絶景の地として、鷹《たか》狩りに出かけた将軍たちがよく立ち寄っていたそうです。前回訪れた渋谷氷川神社や赤坂氷川神社などと共に江戸氷川七社のひとつとして知られ、境内で芝居や能が行われて賑わいましたが、私たちが立ち寄ったときは、ほとんど人の姿は見られませんでした。

一本松坂を進んでいくと、アルゼンチン大使館の先に大谷石（一部小松石）の総石造りの安藤記念教会の建物が見えます。一九一七年に建てられたこの教会は、旧村井銀行や教会建築で著名な吉武長一が設計し、日本人初のステンドグラス作家、小川三知による美しいステンドグラスがあることで知られています。創立者の安藤太郎は、もともと鳥羽藩医の息子で、横浜で英学や蘭学を学んだ後、榎本武揚《えのもとたけあき》に従って箱館戦争を戦い、戦後は明治政府に登用され、初代ハワイ総領事となった数奇な運命のエリートです。彼はそのハワイで美山《みやま》貫一に導かれてキリスト教に入信します。帰国後は全財産を神に捧《ささ》げ、この教会を設立しました。

おそらく、この安藤の選択の背後にいたのは、明治日本で活躍した宣教師として著名なメリマン・コルバート・ハリスです。安藤とは一八四六年生まれの同い年でした。彼は、内村鑑三や新渡戸《にとべ》稲造をはじめ明治の日本人に大きな影響を与えました。ハリスは太平洋ハワイ方面でも宣教活動をしており、美山もハリスから洗礼を受けています。帰国後の安藤にもハリスはさまざまな影響を与えたのではないかと思います。明治のエリートたちの多くがキリスト教に入信していった背景には、こうした人間関係があったはずです。そして、安藤が残したこの建築は、今は東京都選定歴史的建造物にも選ばれ、外観だけでも一見の価値があります。

六つの道が交差する仙台坂上の辻を左折し、善福寺に向かって坂を下りていきます。仙台坂の名は、江戸時代、現在の韓国大使館から二の橋にかけて仙台藩の下屋敷があったことに由来します。左手は大規模な工事のフェンスで囲まれていますが、これは二〇三〇年度竣工が予定されている森ビルの大規模開発、六本木五丁目西地区再開発に伴って移転する私立学校の敷地となるようです。またまた森ビルで、唖然《あぜん》とします。六本木から麻布にかけての一帯は、いずれ「ヒルズ」に埋め尽くされてしまうでしょう。そのとき、谷間はどこまで残るでしょうか。そこからの風景を、私たちはどのように経験していくことができるでしょうか。

(4) 土中から福沢諭吉の遺体が出現——墓の移転

麻布山入口の信号の先を左折すると、善福寺の参道はすぐそこです。この寺は東京二三区内では浅草寺に次ぐ古刹で、八二四年に弘法大師によって開山され、関東屈指の霊場だったと伝えられます。鎌倉時代に親鸞《しんらん》が訪れたのを機に浄土真宗の寺となり、江戸時代には徳川家光から本堂寄進を受けるなど将軍家の厚遇を得ました。幕末、初代米国公使ハリスらの宿舎・米国公使館として使用され、攘夷《じょうい》派の水戸浪士からの襲撃にも遭いました。

そのような歴史ある寺の参道に足を踏み入れると、寺のすぐ背後に元麻布ヒルズがそそり立っています。なんと圧迫感のある光景でしょう。その真下の本堂は、空襲で焼け落ち、その後、慶長年間に京都東本願寺八尾別院本堂として建てられたお堂が移築されたものです。境内には、

善福寺の背後には元麻布ヒルズが建つ

樹齢七五〇年とされる親鸞上人ゆかりの「逆さ銀杏」（天然記念物）もありますが、私たちの目的はここに葬られた福沢諭吉の墓です。善福寺は、福沢家の菩提寺なのです。

しかし、説明板によると、福沢の墓がここに建てられたのは、死後七〇年以上経《た》った一九七七年のことだったそうです。福沢が一九〇一年に六六歳で死去した際、葬儀は善福寺で執り行われましたが、遺体が葬られたのは品川区上大崎の常光寺でした。福沢は、高台にある常光寺からの眺望がひどく気に入り、浄土宗のこの寺に自分で墓所を購入したのです。しかし、埋葬されてから七〇年以上も後、常光寺では浄土宗信徒しか墓を持てないという決まりができてしまい、福沢の遺体は改めて菩提寺である善福寺に改葬されたという経緯のようです。

ドラマチックなのはここからです。福沢が亡くなった当時はまだ土葬が一般的で、福沢の遺体も土葬されています。長い年月の中で土中で白骨化しているはずでしたが、墓を掘り起こしてみたら、なんと福沢諭吉はついこの前亡くなったばかりのような姿でミイラになっていたのです！　遺体に抗菌作用のある茶の葉が大量にまぶされていたこと、また棺《ひつぎ》の中に冷たい伏流水が流れ込んでいたことが影響したようです。明治日本を代表した思想家のミイラが一九七〇年代の日本に出現したのですから、ニュースにならないはずはありません。とても貴重なミイラでしたが、残念なことに遺族の意向で早々に荼毘《だび》に付されてしまいました。

この話のどんでん返しが、後日の街歩きにあるのですが、ネタバレになるのでここではしません。さて、午前中から歩いてきて、そろそろ昼食の時間です。善福寺門前の麻布十番商店街で店を探します。名店が多いので、ネットで調べて行くのがいいでしょう。

ところで、先ほど歩いたがま池からの流れは、今は六本木ヒルズが建つ元毛利家上屋敷内の池からの流れと合流し、麻布十番商店街の十番大通りの下を通り古川に注ぎ込んでいました。昭和初期まで十番大通りと網代通りの交差点に網代橋という橋がかかっていたのですが、その親柱は、近辺の麻布十番稲荷に移されています。ちなみに、この稲荷では、がま池に関連するカエルのお守りやお札も授与しているので、時間があれば立ち寄ってみてください。

もともと、麻布十番一帯は、古川沿いに広がる低湿地帯でした。その後、河川改修などで一八〇〇年代ごろから商業が発展し、明治大正を経て都内でも有数の盛り場となったのです。舶来の珍しい品々が並んでいることも麻布十番商店街の魅力で、これは周辺の高台に富裕層や外国人が多かったことの影響でしょう。長らく鉄道駅がなかったため、都電廃止後は芸能人がお忍びで訪れるのにぴったりの趣がありましたが、二〇〇〇年の東京メトロ南北線・都営大江戸線「麻布十番駅」開業後は、新規出店が相次ぐエリアです。一方、江戸や明治大正の時代から続く老舗も健在です。

麻布十番のモニュメントは、野口雨情の童謡「赤い靴」に出てくる女の子のモデルとなった「きみちゃん」の像です。中心部の道路の真ん中にありますから、誰でもすぐに気づきます。歌詞とは異なり、実際のきみちゃんは結核に冒されたため、「異人さん」に連れられての渡米はせず、鳥居坂教会の孤児院で息を引き取りました。幸薄かったきみちゃんを憐《あわ》れんでか、いつしかこの銅像に浄財が置かれるようになり、日本ユニセフ協会などを通じて世界中の子どもたちへのチャリティーに活用されているそうです。

（5）三田《みた》小山町《こやまちょう》で「瀕死の街」と遭遇する

麻布十番商店街から古川対岸の三田小山町（現三田一丁目）に渡ります。その南側は三田台地（白金・高輪台地北東の突端）で、江戸時代、大名屋敷が集まり、明治以降は政財界・華族の邸宅街となりました。現在も、その台地の上には綱町三井倶楽部、イタリア大使館、オーストラリア大使館などが並びます。

しかし、そのすぐ裏の北側の低地は、「ここが港区なのか？」と疑ってしまうほど、「三丁目の夕日」的な庶民の街並みが広がっていました。狭い路地の両側に密集した古い木造アパートは、慶應生のための下宿屋などが前身だったようで、古い写真でも下宿屋街を確認できます。大正時代に造られた大きな銭湯「小山湯」が存在感を放ち、東京都心のエアポケットのように生き残ってきた街でした。小山湯は二〇〇七年に廃業してしまいましたが、出桁《だしげた》造りの町家風建築はまだ残っていると聞き、私たちはそれを楽しみにこの街に足を踏み入れました。

ところが、小山橋を渡ってから、どうも様子がおかしいことに気づきます。古い木造住宅だけでなく、まだ新築と思《おぼ》しき一戸建てまで、もれなく建物のポストがテープで封じられているのです。つい最近まで営業していたような豆腐店やクリーニング店にも閉店を告げる紙が貼られ、住人の気配がまったくありません。まさにゴーストタウンの不気味さです。

調べると、この一帯は再開発の対象となっており、私たちが街歩きをした二〇二三年四月に目撃したのは、息の根が完全に止められる直前の瀕死の街の姿だったのです。まさにスペイン人によって全面的な破壊が行われようとしていた直前のアステカやインカの街を目の当たりにしたようなものです。中南米を征服したスペイン人たちが真っ先に行ったのは、それまでの集落の形を完全に変えることでした。この改造により、先住民たちは営々とつないできた生活様式や集団の記憶を失ってしまったのです。そして実際、同年八月には、三田小山町のほぼすべての住宅が取り壊されてしまいました。街歩きの後、取り壊しが急展開していることを知って確認に行きましたが、もう見るも無惨な状態となっていました。

小山湯の情緒ある建物はどうなるのでしょうか。再開発計画では、路地や裏道までも潰した後で、四二階建ての高層ビルに住戸やオフィス、商業施設などが集まる複合施設が建設されるようです。先行して開発された隣地にはかつて小山町のシンボルだった銀杏の大木がありましたが伐《き》り倒され、不愛想なタワーマンションが建っています。おそらく、同様の景色がここにも広がりそうです。いずれ、かつての街を覚えている人は誰もいなくなるでしょう。

事実、この取材からさらに一年三カ月後の二〇二四年七月、私たちは小山湯の情緒ある建物

2023年4月の三田小山町

2023年8月の三田小山町

2023年4月の三田小山町

2024年7月の三田小山町

がどうなったのかを確かめに、再び三田小山町を訪れました。恐れていた通り、小山湯は跡形もなく取り壊され、小さな町家が路地に建ち並んでいた風景は完全に消えていました。広々とした更地で工事車両だけが忙しく動き回る光景から、かつての三田小山町を想像することは不可能です。このように街を破壊し、超高層マンションを建てた先に生まれるのは、フェイクの記憶、そしてマネーと空虚な都会生活の幻想でしかありません。人口減少社会なのに、今も巨大再開発を東京は続けているのです。時代を超えて営々と継承されてきた街の記憶をこうまで跡形もなく破壊する暴挙に、「街の殺戮《さつりく》」という穏やかでない言葉が頭をよぎります。

(6) 狸穴坂《まみあなざか》を抜け、麻布台ヒルズへ

三田小山町での衝撃が冷めやらないまま、私たちは日本一の超高層ビルがそびえる麻布台ヒルズへ向かいます。実は、この麻布台ヒルズは最初の取材時にはまだ完成していませんでしたが、後日、追加取材をしました。麻布一の橋交差点で芝公園方向に屈曲する古川を越え、麻布台ヒルズが見える丘を目指して住宅街の中を歩いていくと、噴水のある児童遊園（狸穴公園）を見つけました。きれいに整備された園内の一角に、赤い鳥居が連なる小山に小さな祠《ほこら》が祀られていますが、祠の前の鳥居の扁額《へんがく》に「狸穴稲荷大明神」とあるだけで、由来も何もありませ

ん。今も町名に残る「狸穴」という地名につながりがあるのでしょうか。三方を崖で囲まれた窪地は、狸やアナグマの類いとなんらかの関係があったかと想像します。

公園を出て、細い道を進んでいくと、鼠坂《ねずみざか》と名づけられた上り坂が見えてきます。左手は駐日米国公使公邸（旧石橋正二郎邸）の裏にあたります。そして、鼠坂の右手の細い道をジグザグ進んで突き当たりが狸穴坂になります。その狸穴坂を左に上っていくと、道の右側に広がっているのが駐日ロシア大使館です。つまり、この何本かの細い坂道を挟み、米露が対峙《たいじ》しているわけです。駐日ロシア大使館の前身は、もちろんソ連大使館だったわけで、大使館内に見える建物もどこかソ連風です。そうすると、これらの細い坂道は、かつて米ソ冷戦を東京都心に持ち込んだかのような境界線だったようにも思え、なかなかスリリングです。

しかも、この冷戦構造の只中《ただなか》にあるかのような狸穴坂を上りきった先、外苑東通りを渡ったところにあるのは、まさに現代の不動産資本主義の頂点に立つような麻布台ヒルズの入口なわけです。ですからこの狸穴坂の頂上は、ここ数十年の歴史の縮図のような場所です。

二〇二三年一一月に開業した麻布台ヒルズは、かつて我善坊谷《がぜんぼうだに》と呼ばれ、狭小住宅が軒を連ねていた東西に細長く伸びる窪地を組み込んだ大規模再開発によって誕生しました。ここには今日、私たちが歩いてきた、がま池そばの窪地、あるいは三田小山町のような窪地が徹底的に再開発されたらどうなるかという、その完成形のような風景が広がるのです。

　麻布台ヒルズの再開発によって、我善坊谷を東西に貫いていた落合坂は「桜麻《さくらあさ》通り」という名称の広い道路に変えられ、「この坂で転ぶと三年以内に死ぬ」という不吉な言い伝えがあったとされる三年坂も、そんな伝承を想起させようもない、きれいな階段に整備されています。何もかも、ここにあった記憶の地景は、きらびやかな「ヒルズ」空間の意匠へと塗りかえられていったのです。「緑に包まれ、人と人をつなぐ『広場』のような街－Modern Urban Village－」というコンセプト通り、ガラス張りの超高層ビルがそびえる下にはモダンアートを配したおしゃれな「ガーデン」があり、人々は思い思いにくつろいでいます。

　こうした風景は、たしかに「Green & Wellness」という麻布台ヒルズのテーマを象徴しているのでしょう。しかし、この空間はあくまで人工化された自然を埋め込んだファッショナブルなテーマパークでしかありません。街の記憶を捨象し、周囲の街並みからも切り離された、閉鎖的な「街」のデザインが、近年の東京の大規模再開発に共通しているのです。

　実際、この虚構の「街」にいると方向感覚が働かなくなります。麻布台ヒルズの中には我善坊谷跡の史跡があると聞いたのですが、どこかはわかりません。我善坊谷の南の際に位置する西久保八幡神社は太田道灌の江戸築城時以来、この地に鎮座していますが、それ以上に存在感を放つのは、某宗教団体の巨大建築です。一度、大通り（国道1号線）に出て、この建物の横側に回ると、ぐっと庶民的な街並みが現れ、思わずほっとします。突き当たりの雁木坂《がんぎざか》の石段を半分ぐらい上ると、左手に細い道が伸びているので、そちらに進んでみます。古い町家やアパートが並ぶ一角は、周辺の再開発を奇跡的に逃れたエアポケットのようです。住人の気配は薄く、ここにもやがて開発の波が押し寄せ、記憶が失われていくのかもしれません。

（7）東京タワーの周縁に残る紅葉館の痕跡

小道の突き当たり、外苑東通りを左折して、すぐ間近に見える東京タワーを目指します。飯倉交差点から東京タワー通りを行くのが近道ですが、この街歩きではやはり裏道を歩きたいと思います。瑠璃光寺《るりこうじ》、新心院などお寺が並ぶ道を進むと、ゆるやかな上り坂です。東京タワーが建っている場所が、江戸時代、楓山《もみじ》と呼ばれていたことを思い出します。

一九五八年の建設以来、東京タワーは東京のシンボルとして人々に親しまれてきました。その建設を仕切ったのは、産経新聞の創始者で大阪の「新聞王」前田久吉《ひさきち》でした。日本のテレビ放送は一九五三年に開始されましたが、先行局のＮＨＫ、日本テレビ、ラジオ東京テレビ（現ＴＢＳ）それぞれがテレビ塔を建てており、さらなる開局で電波塔の乱立が懸念されたことから、すべてを統合する総合電波塔建設計画が持ち上がりました。建設地には複数の候補が挙げられ、最終的に前田が買収した芝公園楓山一帯が選ばれます。この計画に最後まで反対したのが前田のライバル、読売新聞社主・日本テレビ社長の正力《しょうりき》松太郎で、日本テレビのみ一九七〇年まで自社のテレビ塔を使用し続けました。

最初にお話ししたように、戦前まではこの楓山一帯には紅葉館が建てられ、名士のサロンとして賑わっていました。たとえば、ここに出入りしていた尾崎紅葉の代表作「金色夜叉《こんじきやしゃ》」のお宮のモデルは、紅葉館の給仕の少女だったそうです。ところが戦後、まさにその場所が前田によって購入され、東京タワーの用地となっていったのです。

紅葉館の中心部は東京タワーになってしまいましたが、周縁部は残されています。それが今もタワーの麓にある、もみじ谷と呼ばれる小さな渓谷です。ここは知る人ぞ知るパワースポットだそうで、遊歩道周辺には蛇塚や古い地蔵、観音堂などがあり、日本の公園設計の先駆者長《なが》岡安平《おかやすへい》がここで意図した「深山渓谷の趣のある逍遥《しょうよう》空間」も多少は想像できます。しかし、遊歩道を下りた先にあるのは殺風景な広場で、「もみじの滝」もまるで迫力なしです。

（8）将軍家霊廟のゆくえと芝丸山古墳跡

もみじ谷の前の道路を渡り、次は増上寺に向かいます。右手に子育て地蔵がずらりと並ぶ道を脇に入ると、徳川家康も崇敬したという秘仏の黒本尊を祀る安国殿があり、その奥が「増上寺御霊屋《おたまや》（徳川将軍家墓所）」となっています。「拝観冥加料《みようがりよう》」五〇〇円（高校生以下無料）を払って中に入ります。ここには二代秀忠《ひでただ》、六代家宣《いえのぶ》、七代家継《いえつぐ》、九代家重《いえしげ》、一二代家慶《いえよし》、一四代家茂《いえもち》と、六人もの将軍とその妻や生母、側室、子どもたちなどが眠っています。ところが、歴代の徳川将軍やその妻たちが眠っているにしては、妙に窮屈で暗い空間です。

なぜ、徳川家の歴代将軍の眠る芝の墓所は、これほどに狭く、暗いのでしょうか？ 維新の敗者とはいえ、上野寛永寺にある徳川将軍たちの墓はずっと立派です。谷中霊園に葬られた慶《よし》喜《のぶ》の墓ですら、もっと趣があります。芝の墓所は、いつからこんななのでしょうか？

実は、かつて増上寺には、秀忠とその妻、お江与《えよ》の方を祀る南御霊屋、六代家宣らを埋葬した北御霊屋、徳川綱重（家光第三子）の霊廟が広大な面積を占めていました。つまり、もっとはるかに豪壮な将軍家霊廟が存在したのです。その杉の大木に囲まれた壮麗な御霊屋は日光東照宮も凌《しの》ぐと言われたほどで、戦前は御霊屋全体が国宝指定を受けていました。その一端は、墓所入口の元文昭院殿《ぶんしょういんでん》（六代家宣）宝塔前中門（鋳抜門《いぬきもん》）、「ザ・プリンス　パークタワー東京」敷地内の旧台徳院殿（二代秀忠）霊廟「惣門《そうもん》」（国重要文化財）、東京プリンスホテル敷地内の旧有章院殿（七代家継）霊廟「二天門」（国重要文化財）などに見ることができます。

明治維新以降、将軍家霊廟は徳川家が所有することになり、そのほとんどは一九四五年三月一〇日及び五月二五日の空襲で焼失してしまいました。つまり、明治維新後も壮麗な将軍家霊廟が芝の地に残っていたのですが、その国宝の霊廟群を失わせた直接の下手人は米軍です。彼らは昭和天皇のいた皇居の空襲を意図的に避けましたが、徳川将軍たちが眠る墓所は平気で焼き払ったのです。戦後の米軍統治にとって天皇と皇室は有用でも、徳川家は過去の存在でしかなかったのでしょう。しかしそれでも、石造りの墓は残ったし、史料はいくらでもあったのですから、戦後、かつての霊廟を再建することも、本当はできたはずです。

ところが徳川将軍たちの遺骸を、さらなる不幸が戦後に襲います。北御霊屋部分と南御霊屋部分は西武鉄道に売却され、やがて、東京プリンスホテルが開業します。この売却に伴い、土地を購入した西武鉄道は、埋葬されていた徳川将軍たちの墓を掘り起こし、墓ごと現在の場所にまとめて改葬し、さらに土葬されていた歴代将軍の人骨も、学術調査の後、焼いてしまったのです。言うまでもなく、この歴史に対する犯罪的な行為全体を指揮していたのは、プリンスホテル創業者で、西武鉄道グループの総帥・堤康次郎でした。

歴代将軍たちの墓所にしてはあまりに質素で狭く、暗い一角は、そうした歴史の殺戮の犯行現場が証拠として残っているようなものです。ですからここで確認していただきたいのは、実は中央にある小さな説明板です。将軍家霊廟がどれだけ広大であったか、そして失われた霊廟の敷地が今どうなっているのかが地図で示されています。それを見れば、まさに徳川秀忠が眠っていたその場所が掘り返され、丸ごと現在の場所に移転させられ、その跡にプリンスホテルの施設群や西武鉄道が経営するゴルフ練習場が建設されていったことがわかります。とんでもない死者への冒瀆《ぼうとく》と歴史の破壊が、戦後復興の中で行われていたのです。

さて、墓所を出ると増上寺の三解脱門（三門　国重要文化財）が、江戸初期に増上寺が大造営された当時の威容で現れます。境内の他の建物は戦災でほぼ焼失しましたから、この門がかつての寺の威容を伝えるほぼ唯一の痕跡です。門をくぐって日比谷通りを右折し、芝東照宮に寄ることにします。

私たちは以前、上野東照宮の絢爛《けんらん》な社殿や見事な石灯籠の参道に接しました。しかし芝東照宮は、明治維新の神仏分離令で増上寺から切り離され、郷社という低い社格に列せられました。そして一九四五年の空襲でほぼ焼失し、今も残るのは「寿像」と銀杏の神木のみです。参道は駐車場と化し、その先に見える鳥居はなんとも侘《わび》しげです。これはもう歴史の残骸とすらいえない惨状です。

ここから日比谷通りを離れてやや西へ進み、芝丸山古墳・貝塚を探します。貝塚は縄文時代中期後半あるいは後期のものと推定され、その時代からここには集落があり、この地の豪族が五世紀ごろには東京湾の交易や海上交通を支配していたようです。道路に面した公園の奥に小高い丘があり、登っていくと丘の中腹に「丸山貝塚」の説明板があります。さらに登ると、やっと「芝丸山古墳」の説明板が見つかります。

これは都内最大級の規模の前方後円墳なのですが、増上寺建造以来、原型は損じられ、明治にすでに古墳の主体部（埋葬施設）は失われていたそうです。周辺にあった七世紀ごろの円墳群は、西武鉄道によるゴルフ練習場建設で破壊されました。その一部は現在、ザ・プリンス　パークタワー東京の敷地内です。東京都心は、実に何層もの破壊の痕

プリンスホテルによって隅に追いやられた徳川将軍家の墓所

跡を露出させています。

(9) 芝新網町跡地から浜松町再開発の現場へ

増上寺から浜松町方面に向かう大門通りはゆるやかな下り坂です。関東大震災のころまで、増上寺大門のところには、北から桜川という水路が流れ、南方向の将監橋《しょうげんばし》あたりで古川と合流していました。大門の先、左手にある芝大神宮はかつて芝神明宮と呼ばれ、一〇〇五年に伊勢内外両宮の御分霊を祀り、創建された由緒ある神社です。とりわけ江戸時代には、伊勢神宮へのお参りの代わりとして、庶民による参詣も盛んでした。

当時、芝大神宮周辺には、そうした参詣客をあて込んだ茶屋や遊興施設、芝居や見世物小屋、岡場所などが造られています。また天明年間(一七八一~八九)には、娯楽絵本の版元で地本問屋としても知られた和泉屋《いずみや》市兵衛が店を構えるなど、この界隈はメディアの拠点にもなっていました。今は中小のオフィスビルや飲食店が並ぶありふれた街の風景ですが、数軒の老舗ががんばっており、そこかしこに江戸の賑わいを伝える碑が建てられています。

そして、将監橋からさらに河口寄りの金杉橋から北側の一角が、かつての芝新網町です。江戸時代初期には、「新網」の名の通り、芝浦の漁師たちが住んでいたエリアで、今もこのあたりには船宿が軒を連ね、屋形船がつながれています。しかし、幕末のころから願人坊主と呼ばれる乞食《こつじき》僧侶などの貧民が流入し、流民たちを対象とする木賃宿が密集、今でいうドヤ街のようになっていきます。関東大震災でその貧民窟は壊滅し、街は変貌を遂げていきました。

今日、この一帯を歩いても、ごく普通の駅前の街にしか見えません。かすかに残る痕跡と言えば、讃岐小白《こはく》稲荷という、ビルの谷間にひっそりたたずむごく小さな神社にある、江戸時代の力石ぐらいでしょうか。こんな小さな神社の玉垣に明治座、鶴田浩二、伴《ばん》淳三郎など芸能関係者の名が記されているのは、いったいどのような縁なのか、謎が深まります。

今日の街歩きもそろそろ終わりです。最後は、浜松町の再開発現場を見ておきましょう。ランドマークだった高さ一六〇メートル四〇階建ての世界貿易センタービルディングはすでに解体され、約二〇〇メートルのツインタワーの建設が進んでいます。それに伴い、東京モノレール浜松町駅、JR浜松町駅も建て替えとなり、芝離宮恩賜庭園の先にあるオフィスビルと接続する歩行者デッキが造られ、竹芝埠頭《ふとう》までバリアフリーで行くことができます。

浜松町駅隣にある芝離宮恩賜庭園はビルに囲まれ、閑散としていますが、ロンドンのハイドパークのような都心の憩いの場所としてもっと活用できるのではないかと、もどかしく思います。周囲の超高層ビル群は、現代資本主義そのものです。その中央に開いている大きな水と緑のボイド空間から、どう巨大な均質空間群を見返せるのか。答えはまだ出ませんが、東京を改造し続ける巨大資本のパワーにたじろぎつつ、今日の街歩きを終えることにしましょう。

《第二日のまとめ～「開発」という名の街殺し》

今日の街歩きで、私たちは都心開発によって破壊された、あるいは今、まさに破壊されている都市の残骸を次々に目の当たりにしてきました。そうした再開発が及んでいない地域がまだ残る都心北部に比べ、都心南部の破壊はより徹底的です。しかもこの破壊の始まりは、戦後復興のころまで遡ると思われます。とりわけ今回歩いた一帯で、堤康次郎がプリンスホテルのためにしていったことは、文字通り犯罪的と言ってもいいほどでした。

当然、この堤康次郎の行為は、何人もの作家の興味をかき立ててきました。一九八〇年代半ば、プリンスホテルの「プリンス」という言葉が隠す裏面史を赤裸々に暴いたのは猪瀬《いのせ》直樹の『ミカドの肖像』（小学館、一九八六年）でした。この本の前半、猪瀬は康次郎が戦後、どのような手口で皇族たちから広大な所有地をかすめ取っていったかを暴いています。康次郎は敗戦後、経済的に困窮していた皇族の足下を見透かし、その家の財産管理をしていたマネージャーたちを取り込みました。彼らを西武の社員に迎え、その生活を保障したのです。

同時に彼には、皇族たちが巨額な土地売却代金よりも、当面の生活に必要な十分な額の定期収入を望んでいる事情がわかっていました。そこで、それなりの内金と毎年、購入額に応じた利息を支払うことで売買を成立させてしまったのです。生活に困る皇族からすればそれで十分で、それなら長期で収入が保証されるように思われたのでした。しかし康次郎は、戦後、地価が継続的に上昇していくであろうことはわかっていました。ですから利息を支払い続ければ、もともとの土地代金は変わらないので、二束三文で広大な土地が手に入るわけです。

おそらく康次郎は、この詐術まがいの方法で、朝香宮家や北白川宮家から軽井沢や高輪の土地を奪ったのと同じように、徳川家から芝の土地を奪ったのでしょう。これらはすべて、彼がその狡猾《こうかつ》な計算を基に合法的にしたことです。しかし、徳川家の場合に他の皇族たちと少し違っていたのは、その奪った土地に、徳川秀忠ら歴代将軍が眠っていたことでした。しかし、その程度のことで土地開発への野望を諦める堤康次郎ではありません。彼は芝の将軍家霊廟の土地が自分のものになると、その下に眠る将軍たちの墓を次々に掘り起こし、遺骨を狭い墓所に押し込めて、記憶を失った土地に堂々とホテルやゴルフ練習場を建設します。しかもそのホテルの名は、「ショーグンホテル」ではなく、あくまで「プリンスホテル」でした。

堤康次郎のビジネスの狡猾さを赤裸々に暴いたのが猪瀬直樹だったとするなら、より深く、小説という方法で康次郎のメンタリティに切り込んだのは石川達三の『傷だらけの山河』（石川達三作品集第十六巻、新潮社、一九七三年、原著一九六四年）です。東京オリンピックの年、つまり日本全体がまだ「開発」こそが日本を豊かにすると思い込んでいた一九六四年に、石川はそうした開発主義を真正面から問う小説で、康次郎を開発主義者のパーソナリティの極限形として描いたのでした。この小説では、康次郎は「西北電鉄」会長の「有馬勝平」として登場し、堤清二や堤義明をモデルにしたと思われる「勝平」の「妾《めかけ》」の子の「片山竹雄」（堤清二）や「横田平次郎」（堤義明）の暴君たる父との闘いも繊細に描かれます。しかし、ここで注目したいのは「勝平」の徹底した開発主義です。

この開発主義の概要を、勝平自身が自社の重役たちを前にこんなふうに説明しています。

私の言いたいのは、この沿線一帯の綜合開発ということだよ。ひとたび電車に乗った乗客はひとり残らず、その人がどこへ行こうと、何を食べようと、何をして遊ぼうと、すべて吾々の関係事業から外へは出さないということだ。団地に住むこと、野球を見ること、猿山を見物すること、農園で花を買うこと、マーケットで食糧を買うこと、……その人が何をしても、そのかねはことごとく吾々の会社にはいって来るという、そういう綜合計画が必要だということなんだ。（中略）いわば日常生活のコンビナートだね。生活上の一切を綜合した、合理化計画だよ。吾々ももうかるが、沿線の居住者も大変に便利だということになるんだ。

勝平たちは電車敷設と地域開発を連動させながら周辺の土地を買い漁《あさ》りましたから、その流れに便乗しようとする不動産業者の買い占めもあって、開発計画が向けられた地域の地価は急騰していきます。そして、この急騰自体により、勝平たちは巨額な儲《もう》けを得て、それによって鉄道の建設資金を賄うことができました。しかしこのことにより、「郊外に小さな土地を買って小さな住居を建てたいと念願していたつつましい月給生活者たちの望みは、永久的に遮断される」のでした。ところが、「有馬勝平は、そういう風には考えない」のです。彼は、土地の値上がりのために庶民は自分で家を建てることができなくなっているから、その庶民のために団地を造り、アパートを造ってやることは、大いに「公益的」な事業だと公言していたのです。そもそもの土地の値上がりを勝平の事業がもたらしているのだという認識は皆無でした。

そうして開発事業が本格的に動き出すと、このプロセスの暴力性は露骨なものとなっていきます。すなわち、事業者は「一方では各町村ごとに説明会をひらいて住民の諒解をもとめながら、ほとんどそれと並行して、会社側は測量班をおくり込んで行く。測量器械をかついで、赤と白のだんだらに塗った棒と巻尺とを持って、地下たびにゲエトル巻の男たちが、他人の所有地に無遠慮にはいり込んで行く」。そして、彼らの打ち込んだ「その赤い杭の線が、畑を横切り小川にまたがり、谷を越え山を越え、えんえんとして滝山町から野見川、戸根島を通り間手木に延び、越原まで、三十七キロも続くころになると、もはや会社側の行動は積極的になり、無遠慮になり、民家の軒下にまで器械をすえて測量をはじめ、大きな声を張りあげて呼びあうようになってくる。それにつれて住民の抗議の声は次第に弱くなり、ただ手をつかねて見物しているより仕方がなくなる」。そして最後に、住民たちは「自分の所有地が、あるいは先祖伝来の家屋敷が、強制的に買上げられるのに対して、もはや何の抗議をすることも許されない。どうかすると先祖の骨をうずめた山裾の墓地までも取りあげられてしまう」のでした。

　こうして東京は、戦後復興から高度成長にかけての時期を通じ、「西武」と「東急」の二大電鉄資本を枢軸とする「郊外世界」に再占領されていったのです。これは戦後、米軍の東京占領の後になされたもうひとつの「東京占領」でした。しかしこの占領は、米軍のように空爆によるものでも、徳川軍や薩長軍のように西南からの進軍によるものでもなく、徹底して「金」

の力によるものでした。勝平＝康次郎は、この「金」のパワーを熟知していました。つまり彼からすれば、「かねというものはどんな風にでも働くものであった。かねを払って女を自分のものにする場合もあり、かねを払って女と縁を切る場合もある。かねを払って罪をのがれることもあるし、かねを払って罪に問われる場合もある。要するにかねそのものには意志も性格もないのだが、しかしエネルギーだけは多分に備わっている。そのエネルギーは利用の仕方によってどんな風にでも使い得るものらしい。勝平は有りあまるかねを惜しげもなく使う男だった。結局そのかねが有効にはたらいて、相手側が勝平の意志のままに動いてくれる」のです。

石川達三が『傷だらけの山河』で描いたのは、東京郊外の農民たちの土地が、そのようにして有馬勝平＝堤康次郎のような開発主義者によって「傷だらけ」にさせられていった過程でした。しかし猪瀬直樹が示したように、康次郎による東京占領は、すでに米軍占領期から始まっていたのです。勝平＝康次郎は、女たちに対してとまったく同様に、土地に対しても徹底的に貪欲でした。彼は狡猾かつ明晰《めいせき》な計算で、東京郊外の農民たちの土地を合法的かつ冷酷に奪ったのと同じように、すでに占領初期から、東京都心の華族たち、またかつての将軍家の土地を合法的に奪っていたのです。そして彼は、その奪った土地にあった祖先の墓を破壊し、その死骸を掘り起こし、その土地の記憶を徹底的に抹消し、その記憶を失った更地の上にホテルやゴルフ練習場から駅やデパート、遊園地、野球場、団地やアパートまでを建設していきました。この徹底ぶりは、相手が農民であっても、将軍家や天皇家であっても同じでした。

おそらく現代世界は、こうした開発主義者を、有馬勝平(＝堤康次郎)から今日のドナルド・トランプに至るまで繰り返し目にしてきたように思います。この種の人物からすれば、世界は細部に至るまで「ディール」によって構成されています。しかも、このパーソナリティは大衆を自らの「ディール」の世界に狡猾に巻き込んで、そうした巻き込まれた無数の大衆のささやかなエゴイズムを自らの力にしていきます。この種の資本家の多くが不動産で巨大な富を築いていたのは特徴的で、これは勝平自身が述べていたように、鉄道、駅、郊外住宅地、デパート、ホテル、娯楽場といった地域の諸施設全体を総合的に手に入れてしまえば、つまり「住民の人口を操作し物価を操作し交通機関を操作することが出来れば、その地域全体の住民の生殺与奪《せいさつよだつ》の権能を握ったとおなじこと」になるからです。

問題は、この勝平＝康次郎の物語が過ぎ去った戦後復興期だけの話なのかという点です。一九八〇年代以降、森ビルなどの巨大不動産資本は、かつての堤康次郎とは違った仕方で、都心の小規模な土地を徹底的に買い集め、その地区全体がそれまでとはまったく異なる超高層ビル街に変貌する事業を拡大させてきました。日本型ジェントリフィケーションと言えますが、今日ではそのような開発戦略の中で、次々に古くからの都市の記憶が失われています。社会全体の格差拡大が進んでいますから、今では貧困層は都市周縁部にはじき出され、比較的収入のある層が、そうして再開発された地区のタワーマンションを買い、再開発を通じて美しく演出されたショッピングモールで買い物をしたり食事をしたりしています。これは、かつて有馬勝平＝堤康次郎が「綜合開発」と呼んでいたことと本当に異なるのでしょうか。

結局のところ、方法は大きく変化しても、現代資本主義は「土地＝金」の公式をどんどん複雑化させながら、常に高さを求め、土地を買い増し、その力により低地の生活や土地の記憶は圧殺され、消去させられてきたという点はそれほど変化していないのではないでしょうか。がま池そばの窪地のコミュニティーと高台の高級住宅地など、私たちは今日、そうして失われる直前の高低差の強烈な対照を繰り返し目にしました。もちろん最大の衝撃は、三田小山町のゴーストタウンです。私たちが思いがけず目撃したのは、無人化した街で都市の記憶が消されていく、つまり「街の殺戮」の現場でした。

東京は、こうした「殺戮」が何度も繰り返されてきた都市です。そしてまさしく、芝公園一帯や将軍家霊廟はその現場でした。今日の街歩きで、私たちは戦後すぐに行われた記憶の殺戮の現場と、今まさに行われている殺戮の現場を目の当たりにしました。今日、私たちが見た街区の再開発からもわかるように、街を殺し、高さに向かう資本の論理はとどまるところを知りません。その先にあるのは、広大な文化的廃墟です。東京は、寺院が維新の動乱の中で焼き払われ、さらに米軍の空爆によって破壊されただけでなく、その後の戦後復興から都心再開発までにより、すっかり記憶を失い、空虚化する巨大な廃墟へと向かっているようです。

第三日　目黒川上流域のふたつの「川」と「まち」の地層

東北沢駅
START
ザ・スズナリ
下北沢駅前市場
下北沢駅
池ノ上駅
ミカン下北
京王井の頭線
駒場東大前駅
森巖寺
池尻大橋駅
東急田園都市線
首都高速3号渋谷線
東急世田谷線
三軒茶屋駅
GOAL
昭和女子大学
三角地帯
世田谷韓国会館

第三日 地図

下高井戸駅
新代田駅
東松原駅
松原駅
世田谷代田駅
羽根木プレーパーク
梅ヶ丘駅
世田谷区立代田
富士356広場
豪徳寺駅
小田急小田原線
豪徳寺
井伊家墓所
松陰神社
世田谷城跡
桂太郎墓所
松陰神社前駅
上町駅
世田谷駅

《冒頭講義〜世田谷の「まち」とふたつの「川」》

(1) 下北沢と三軒茶屋：北沢川・烏山川から目黒川へ

本書ではこれまで、都心南部の渋谷川沿いに歩きながら、川筋と台地の高低差が街のあり方に大きな影響を与えてきたことや、近年、川筋に若者たちの新しい街が形成されていること、そしてそのような長い時間をかけて培われてきた街の地景が、近年の大規模都市再開発により根底から失われつつあることなどについて考えてきました。その延長線上にあるこの章では、これまで歩いてきた渋谷川とその下流の古川の川筋から西に移動し、目黒川上流のふたつの川、北沢川と烏山川の川筋を歩いてみたいと思います。目黒川というと中目黒から下流をイメージしがちですが、実は「シモキタ」も「三茶」も目黒川の上流域の街なのです。

地図を見ると、ふたつの川は三軒茶屋の北で合流しますが、そこまでの流路では尾根と谷が複雑に交錯しています。井の頭線の池ノ上までは台地上で、そこから急峻《きゅうしゅん》な崖があり、下北沢には北沢川に合流する小川や水路が折り重なり、深い谷筋ができています。まさに池ノ上は

新宿
神田
四ツ谷
代々木
東京
千駄ヶ谷
信濃町
笹塚
原宿
明大前
新橋
下北沢
渋谷
北沢川
浜松町
恵比寿
田町
烏山川《からすやまがわ》
三軒茶屋
中目黒
高輪ゲートウェイ
目黒
品川
蛇崩川《じゃくずれ》
五反田
目黒川
大崎
都立大学
自由が丘

北沢川〜目黒川

水辺の「上」、下北沢は「沢」なのです。その北沢川が烏山川と合流したのが目黒川です。

一九七〇年代以降、新宿から追い出された演劇や音楽などの若者文化を下北沢が吸収し、「シモキタ」と総称される文化圏を形成してきたのは偶然ではありません。谷間の迷路性や群島性を基盤とする下北沢には、車の侵入を拒む路地や坂が縦横無尽に張りめぐらされ、そのことで「歩いて楽しい」地域の空間秩序が守られ、若者たちの街を支えてきました。

たとえば、二〇〇六年に下北沢で開催されたカルチュラル・タイフーンでは、その「シモキタ」という街の界隈性を活かす仕方で、大学人とアーティスト、社会活動家が幾重にも交わっていきました。このイベントは、それ以前から毎年、アジアの批判的文化論者たちをつなぎ、大学キャンパスで催されてきたのですが、「大学」という枠の外に出る試みとして、この年は下北沢の街場での開催に踏みきりました。街場のさまざまな空間、高校や映画館を使いながら現代文化について論じ、下北沢のオルタナティブな将来についても検討していったのです。

こうしたシモキタの魅力に早くから気づいていたのは、大正から昭和初期にこの街で暮らした文学者たちでした。彼らが残したエッセイには下北沢の迷路性が活写されています。たとえば萩原朔太郎《はぎわらさくたろう》は、戦前の下北沢がモデルとされる『猫町』（岩波文庫、一九九五年、原著一九三五年）で、この街では道幅は「概して狭く、大通でさえも、漸く二、三間《げん》位であった。その他の小路は、軒と軒との間にはさまれていて、狭く入混《いりこ》んだ路地《ろじ》になってた。それは迷路のように曲折しながら、石畳のある坂を下に降りたり、二階の張り出した出窓の影で、暗く隧道《トンネル》になった路をくぐったりした。南国の町のように、所々に茂った花樹が生《は》え、その附近には井戸があった」と、迷路性に満ちた裏街の様子を生き生きと描写しています。同時にこの街では、「硝子窓のある洋風の家が多かった。理髪店の軒先には、紅白の丸い棒が突き出してあり、ペンキの看板にBarbershopと書いてあった」というように、モダンな風景もあちらこちらに浸透していたのです。

こうした風景は、一九二七年に小田急線が開通し、そのすぐ後の三三年に京王井の頭線が開通することで急速に形成されたものでした。それ以前、つまりまだ鉄道がなかったころの下北沢は、「まったくただひろびろとした武蔵野で、一方に丘がつらなり、丘は竹藪と麦畑で、原始林もあった。この原始林をマモリヤマ公園などと称していたが、公園どころか、ただの原始林」だったと、そのころにここで小学校の代用教員をしていた坂口安吾は回想しています（『風と光と二十の私と』坂口安吾全集4、ちくま文庫、一九九〇年、原著一九四八年）。当時、坂口が教えていた分校は、「横に学用品やパンやアメダマを売る店が一軒ある外は四方はただ広茫かぎりもない田園」だったそうです。昭和初期、そんな近郊農村にすぎなかった下北沢が、郊外電車の開通で都会化します。したがって下北沢は、自然地形と深く結びついて街が形成され、細い道が網の目のように発達しているという点では都心北部の谷中と似ていますが、その形成の時期はかなり新しいのです。

他方、三軒茶屋の場合、大山街道沿いの茶店の形成は江戸時代まで遡れますが、都会化という点では、日清戦争後、この一帯に駒沢練兵場をはじめとする陸軍施設が開設されていったのが決定的でした。それから約半世紀にわたり、大山街道の南、目黒川以西、蛇崩川《じやくずれがわ》以北、大橋から三軒茶屋に至る一円は広大な駒沢練兵場と砲兵隊の兵営となります。他方、大山街道の北、池尻から三軒茶屋に至る一帯には、近衛《このえ》大隊や騎兵隊の兵営が連なっていきました。したがって、三軒茶屋も渋谷と同様、根本は「軍隊の街」として発達したのです。

三軒茶屋と渋谷の間に広がっていたこの広大な軍用地は、戦後、駒沢練兵場が自衛隊駐屯地になった他は、昭和女子大学をはじめとする諸学校の用地や公園になっていきました。「軍隊の街」から「学校の街」への転換です。玉川電車の走っていた旧大山道、今日の国道246号線と世田谷通りで挟まれた一角には、今日まで残る闇市が形成されますが、それ以外の一帯も、最盛期には五軒もの映画館の集まる盛り場として発展していきます。私は子どものころ、母か祖母に連れられて三軒茶屋に来たおぼろげな記憶が残っています。そのころの三軒茶屋は、下町的な雰囲気を残したかなり賑やかな街だったような気がします。

このように、三軒茶屋は基本的には街道沿いの、軍隊の街ですが、実はこの街の北で北沢川と烏山川が合流するだけでなく、街の南を蛇崩川という、中目黒付近で目黒川に合流するもうひとつの川が流れています。三軒茶屋の中心部は街道筋なので尾根ですが、その両側の谷筋にそれぞれ川が流れ、すべて目黒川に合流していくのです。そしてその蛇崩川の対岸には、祐天寺、学芸大学といった東横線沿線の街が続きます。ですから、たとえば祐天寺から蛇崩川沿いの道を北に歩けば、旧駒場練兵場、現在の自衛隊駐屯地にぶつかり、やがて三軒茶屋に出ます。今日では、私たちは東横線、田園都市線、小田急線といった郊外に向かう私鉄沿線で街と街のつながりを考えがちですが、下北沢から祐天寺まで、街は川筋で結びついてきたのです。

(2)「シモキタらしさ」と「三茶らしさ」のゆくえ

下北沢も三軒茶屋も、「懐かしい」街と表現されることがありますが、そうした街を残すことは単なるノスタルジーではありません。下北沢や谷中の迷路性や小さな個人店がなくなり、三軒茶屋の商店街がショッピングモールに置き換わったとしたら、それぞれの街の「らしさ」は完全に失われます。一方、私たちが渋谷川・古川の街歩きで目撃してきたように、東京のあちこちで、営々と紡がれてきた多くの街が、再開発の波に抗しきれず消滅しています。

戦後日本の街のエネルギーの源泉を考えるとき、手がかりは闇市です。狭い路地に小さな店がひしめく闇市の雑多で混然とした雰囲気は、下北沢や三軒茶屋の「らしさ」に通じます。三軒茶屋の「三角地帯」は闇市のたたずまいを今も濃厚に伝えていますが、下北沢の闇市の流れを汲《く》む「下北沢駅前食品市場」は、二〇一七年、駅前再開発で取り壊されました。この再開発は、茶沢通りから西側へ二六五メートルの区間で計画されている都市計画道路補助第54号線（補助54号）に伴うものです。この道路が計画されたのは一九四六年で、すでにそれから八〇年近くが経ち、時代状況も防災技術もすっかり変化しているのに、まだ日本の行政は、交通の円滑な処理や防災機能を謳《うた》い、すでに化石化した制度を変えようとしません。

しかし、そうした直線的で広い都市計画道路の建設は、小さな道が複雑に交差する下北沢の街の文化を分断し、破壊します。下北沢では一九六〇年代から駅前再開発をめぐって住民の反対運動が活発に行われてきました。二〇〇三年に駅前広場の整備と補助54号をセットにした新たな駅前再開発計画が発表されると、地元住民や商店主、シモキタを愛するミュージシャンや専門家まで巻き込んだ大規模な反対運動が起こり、またたくまに「Save the 下北沢」というグループが立ち上がります。その流れの延長線上に彼らに押される形で誕生したのが保坂展人《のぶと》世田谷区長です。それでも、補助54号の計画は撤回されないまま、駅前は開発され、補助54号線も二〇二八年度の完成に向けて強行されようとしています。「シモキタらしさ」を破壊するであろう都市計画道路をめぐり、今もぎりぎりの攻防戦が続いています。

（3）北沢川と烏山川周辺の凹凸地形

今回の街歩きの三番目のテーマは、目黒川上流の川沿いの凹凸と街の関係です。今日歩くルートはふたつの川に取り囲まれた、複雑な高低差を体感できるエリアですから、川と台地の微細な凹凸を注意深く観察していきます。北沢川と烏山川は昭和後半に暗渠化しましたが、その暗渠の上を世田谷区が緑道として整備しており、川筋をたどることは容易です。

台地の上には支配層の拠点や宗教施設が築かれます。北沢川と烏山川に挟まれた台地にも、かつては小さな城や砦《とりで》があり、台地中央に世田谷城、北沢川と烏山川が合流して目黒川になる台地突端には多聞寺城（現三宿《みしゅく》神社）がありました。現在、世田谷城は世田谷城址公園になっていますが、実は豪徳寺も、もともとは、この城の敷地内に建立された寺です。

これらの城や砦は、徳川家康の江戸入府以降、その役割を終えて寺や神社に姿を変えていきます。他方、世田谷城と烏山川を挟んだ対岸に、やや離れて世田谷を領地とした彦根藩の世田谷代官屋敷が建てられ、また明治以降、三宿の崖の上に駒場練兵場、陸軍輜重《しちょう》兵《へい》第一聯隊《れんたい》、近衛輜重兵大隊などの軍の施設が造られました。丘はいつも支配者のものです。

（4）台地の上の世田谷ナショナリズム

小さな店や民家が並び、人々が肩を寄せ合いながら「まち」を形成していったのが低地の下北沢や街道沿いの三軒茶屋ならば、このふたつの「まち」に挟まれた台地の上は、どちらかというと「まち」よりも、大きな「くに」に関わる場所でした。実際、今日歩くエリアには、いわゆる歴史ドラマ的な人物が目白押しです。

中世の世田谷は、のちに吉良《きら》上野介《こうずけのすけ》を生む吉良家の庶流の領地で、江戸時代の支配者は彦根藩の井伊家です。井伊家菩提寺の豪徳寺には、井伊直弼《なおすけ》を含む代々の井伊家当主の墓が並んでいます。さらに明治時代、そこから近い場所に、井伊直弼による安政の大獄で刑死した吉田松陰を祀る松陰神社が建立されます。この地に松陰の墓碑を建てたのは、門弟のひとりだった木戸孝允《たかよし》でした。また、日露戦争時に首相を務めた桂太郎の墓も近くにあります。井伊直弼、吉田松陰、木戸孝允、桂太郎は、国家を背負い、ナショナリズムを体現した人々です。

その意味で、烏山川緑道に沿った場所に国士舘大学のキャンパスがあるのは興味深い一致です。国士舘の開学にあたっては、右翼団体「玄洋社」の創始者、頭山満《とうやまみつる》による多大な支援を受け、日本という国のためにはたらく「国士」の養成を掲げました。さらに三宿から下馬にかけての一帯は、数多くの軍の施設が集中していました。世田谷は住民運動が盛んなリベラルなイメージも強いのですが、実は日本のナショナリズムとも深い関係があるのです。

《街歩きと路上講義》

(1) 開発はシモキタらしさと両立するか

下北沢駅で降り、まずは「下北沢駅前食品市場」があった場所を見にいきましょう。演劇青年だった私は、若いころ、下北沢の小劇場によく足を運びましたが、そのころにぶらついた「下北沢駅前食品市場」は、シモキタを象徴する場所のひとつでした。

しかし、生活感あふれる庶民的な店から古着屋、飲み屋までが雑多に集まり、新陳代謝を繰り返していたこのマーケットは、私たちが街歩きをした二〇二三年五月時点、すでに更地で、闇市から続いてきた「まち」の記憶は蜃気楼《しんきろう》のように消えていました。残っているのは空虚さだけです。今後、マーケット跡地の下北沢駅東口駅前はバスターミナルとタクシー乗り場を含むロータリーとなり、北側に建設予定の補助54号と接続するそうです。濃密な歴史の記憶を残していた空間はきれいに抹消され、どこにでもある陳腐な駅前に変貌するのです。

この駅前広場の他にも、小田急の線路地下化に伴い、下北沢駅周辺でさまざまな開発が進められ、駅前の風景はずいぶんと変わりました。かつてのシモキタを知る人は、「ここはいったいどこなのか?」と、途方に暮れることでしょう。

市場の近くにあった「開かずの踏切」も消え、井の頭線高架下には二〇二二年三月に商業施設「ミカン下北」が開業、駅前から茶沢通りに抜けるアクセス街路も整備されました。高架下の空間に、アジアン・エスニックの飲食店や古着屋、TSUTAYA BOOKSTORE併設のシェアラウンジ、コワーキングプレイスなどが集まっています。私たちは「ミカン下北」をのぞきながら、アクセス街路を抜けてあずま通りを南下し、下北沢の街に分け入ります。今は昼間ですが、人気飲食店や有名なライブハウスが点在するこの界隈、夜にはかなり賑わうようです。

歩いていて気づくのは、駅がある丘側からいくつもの下り坂が延びていることです。昔、台地の池ノ上の住人が下北沢の低地を「崖下」と呼んだのも納得です。これらの下り坂に、網目状に張りめぐらされた複雑な地形、そしてそこに並ぶ小さな店の集合体が、「シモキタらしさ」

を形づくってきたのです。だからこそ、補助54号のような大きな道路を通せば、こうした自然地形が生み出した細やかさの結果である「シモキタらしさ」は破壊されてしまうでしょう。

あずま通りはやがて茶沢通りと森巌寺《しんがんじ》付近で合流します。そのまま南下すると北沢川緑道と交差し、さらに進めば三軒茶屋に至ります。森巌寺は、灸《きゅう》と針供養で江戸時代から有名な寺でした。その森巌寺や北澤八幡のあたりを左折し、うねうねと曲がった道を進むとすぐに淡島通りに出ます。しかし、この曲がった道は、もともと明治までは駒場を貫く道で、第一日の渋谷で歩いた三業通り、つまり今の裏渋谷通りまで続いていたのです。そして、その通りが道玄坂にぶつかる手前には、今はなき弘法湯がありました。井の頭線

森巌寺川が暗渠化された道

の駅を中心にしか地理を考えられなくなってしまった私たちには想像しにくいことですが、そもそも下北沢と渋谷は、森巖寺の「灸」と弘法湯の「湯」を結ぶ信心深い者たちの道でつながっていたのです。

しかし、今回はもう少し下北沢を満喫すべく、このあたりで引き返します。森巖寺の裏、茶沢通りから一本奥に入ったところの小道は北沢川支流の森巖寺川の暗渠です。寺や公園のある右手は崖になっており、両側の木々や植え込みの緑も豊かで、静かでのんびりした崖下の道を楽しめます。途中、忽然《こつぜん》と現れるテラスは、"Your Neighborhood and Coffee" というコンセプトで展開されているスターバックスの店舗で、住宅地に溶け込む店構えです。この小道沿いには、他にも小さなギャラリーなどがポツポツとあり、裏通りならではの雰囲気です。

川を遡るように、この暗渠の道をたどっていくと、井の頭線の土手の手前の駐輪場で行き止まりです。仕方なく再び茶沢通りに出て、北沢タウンホールを通り過ぎ、シモキタ小劇場文化の嚆矢《こうし》となった「ザ・スズナリ」を訪れます。一階の飲食店街「鈴なり横丁」では、バーの名前は入れ替わっても、どこか怪しげでアングラ感あふれる空気は昔のままで嬉《うれ》しくなります。しかし、シモキタを象徴するこの劇場は、補助54号の建設予定地に入っており、計画が実行されれば立ち退きを余儀なくされる運命にあります。これはザ・スズナリ周辺に建つ、昭和感あ

「ザ・スズナリ」の真下には昔のままにアングラな雰囲気の飲み屋街が広がる

ふれる長屋の飲食店も同じです。

ザ・スズナリが、多くの新興劇団にとってどれほど重要な場所であったかについても、一言触れておきましょう。ザ・スズナリは当初、これも下北沢の劇場文化の要である本多劇場を立ち上げた本田一夫が、古いアパートの二階部分を改築して俳優たちの稽古場としたことから始まり、一九八〇年代以降は本格的な小劇場となりました。記憶に残る公演では、山崎哲が主宰した「転位・21」の「うお傳説」や「砂の女」、生田萬《よろず》による「ブリキの自発団」の「ユービック」、竹内銃一郎による「秘法零番館」の「戸惑いの午后《ごご》の惨事」等々、いずれも八〇年代前半に小劇場演劇の新しい流れを告げる公演が次々にここでなされ、当時はまだ演劇に片足を突っ込んでいた私もよくここに足を運びました。それぞれの芝居のストーリーは忘れましたが、たとえばブリキの自発団の女優だった銀粉蝶《ぎんぷんちょう》や片桐はいりの演技は今も印象に残っています。その後もザ・スズナリは、流山児祥《りゅうざんじしょう》の「演劇団」、横内謙介の「善人会議」、北村想の「彗星《すいせい》'86」、石橋蓮司《れんじ》と緑魔子の「第七病棟」等々、名だたる劇団の公演場所となってきました。最近では、坂手洋二の「燐光群《りんこうぐん》」がここを常打ち的な公演場所にしています。

さて、ザ・スズナリの裏手はカトリック世田谷教会の敷地で、ペパーミントグリーンの屋根のかまぼこ型の建物が目を引きます。これは米軍から放出された「かまぼこ兵舎」で、日本では現存物が数少ない貴重な建築物です。一九四六年に開かれたこの教会では、当初、このかまぼこ兵舎でミサを行っていたそうで、現在は災害時の避難所やチャリティーイベントなどに使われているとのことです。

聖堂が建つ丘を上ると、奇跡の「ルルドの泉」を模した洞窟と草が生い茂る小さな庭が現れます。エネルギー渦巻くザ・スズナリの真裏に、こんなに静謐な空間があることに驚きますが、ここもまた補助54号建設が実行されれば消滅してしまいます。二〇〇六年、この庭で補助54号建設反対をアピールするキャンドルイベントが行われ、数百人もが参加しました。違う時間が流れているようなこの庭にたたずんでいると、こうした素晴らしい場所を破壊し続ける都市計画の暴力性をまざまざと感じます。
次に茶沢通りを北上し、小田急線線路跡を開発した「下北線路街」を歩きます。「線路街」は、東北沢駅から世田谷代田駅の先の環七を越えたところまで続く、約一・七キロメートルの「街」です。さまざまな商業施設や飲食店、ホテルに加え、イベントスペース、賃貸住宅、学生寮、保育園なども設置されています。事業主の小田急電鉄は、ここでは地域住民の声を取り入れる「支援型開発」の手法を採用、計画への地域住民の参加を実現しています。
これは、粘り強く展開してきた下北沢の市民活動のひとつの成果と言えるでしょう。かつての私の大学院のゼミ生で現在は書籍編集者をしている久山めぐみさんは、下北沢の魅力にはまり、一連の再開発反対運動に深く関わった経験の持ち主です。久山さんに「Save the 下北沢」などの住民運動がどのように変化していったのか聞きました。

吉見　僕も当時、都市デザインの専門家である小林正美さんとライターの高橋ユリカさんが中心になって活動していた「下北沢フォーラム」に関わっていましたが、「Save the 下北沢」以外にもいろいろなグループがありましたよね。

久山　二〇〇四年にできた「下北沢フォーラム」は、交通ネットワーク上の必要性の他、

「防災」や「バリアフリー」を前面に出す世田谷区の都市計画案へ専門家の客観的な立場から提言し対案を示す集団という位置づけだったと思います。他にも、音楽関係者を中心にしたグループなどいろいろありました。「Save the 下北沢」は、ある時期まで人々が再開発反対運動に入ってくる上で最初の入口になるようなプラットフォームとして機能していたんですけど、だんだん「Save the 下北沢」のそうした人を集める力は低下していき、「まもれシモキタ！行政訴訟の会」「グリーンライン下北沢」などがそれぞれに人を集めて活動していったと理解しています。

私はもともと、下北沢のお店が好きだったので、「Save the 下北沢」で店舗を対象に署名集めをしたとき、地域のお店の署名を五〇〇筆ぐらい集めて、「下北沢商業者協議会」という団体が立ち上がってからは事務局を担っていました。「下北沢商業者協議会」は、お店の再開発反対の団体を作るという戦略上の意図から立ち上がりました。お店の人に働きかける上で私が感じたのは、「Save the 下北沢」は新参者に開かれた団体だったので、とにかくお店に顔を出して信頼関係を築くのが大事ということでした。立ち上がってからは、「Save the 下北沢」とは連携しながら別に動いていました。「下北沢商業者協議会」は、多くがテナントなので、なかには大家との関係、立ち退きの不安といった問題に直面している店があったり、少人数経営なので活動する時間がとりにくかったりしました。「Save the下北沢」はメーリングリストを合意形成手段として駆使して、誰でも参加できる会議で侃々諤々《かんかんがくがく》議論していましたが、「下北沢商業者協議会」は、地縁というか、お店同士、お店の人とお客さんといった、対面でのつながりから地道に仲間を増やしていきました。

吉見　地域住民、活動家、それから僕も含めた学者など、それぞれのグループに多様なバックグラウンドがあったということですね。シモキタの再開発反対運動はやがて変化していきますが、久山さんから見て、その節目はいつだったと思いますか。

久山　世田谷区の都市計画の事業認可差し止めを訴えた行政訴訟の立ち上げ（まもれシモキタ！行政訴訟の会）、そして東京都が都市計画を認可したことだったと思います。二〇〇六年の九月に行政訴訟を提起して、カトリック世田谷教会の庭でキャンドルイベント、一〇月に事業認可があったんですが、そのころが運動の一番の盛り上がりで、後は少しずつ下がっていくみたいに感じていました。

キャンドルイベントをやったのは、活動に参加していた人たちの中に反対っぽい反対で人々に有効にアピールできるのか、というムードもあったんです。それで、教会の庭でアコースティックライブをして、その後、キャンドルを持って静かに街を歩き、平和的に反対の意思表示をするというデモンストレーションをしました。それまでのシモキタの再開発反対運動のイベントでは、たぶん一番人が来たんじゃないでしょうか。

吉見　ちなみに、行政訴訟は勝てる目算があったんですか。

久山　いえ、行政訴訟で勝つのはなかなか難しいですが、訴訟の場で行政との対話が可能になりますし、おかしいことについて主張できる場でもあり、やるしかないという感じでした。私自身は、行政がまったく話に耳を傾けない中、事業認可をひっくり返す最後の手段なのかなと捉えていました。運動に参加していた人で原告になった人はけっこういて、私もそのひとりです。

訴訟ではいろいろな問題を明らかにすることができましたし、二〇一五年に保坂区長が再選され、翌年訴訟は和解になり、実りある結果になりました。ただ提訴後、小田急線跡地利用の問題が争点になる中で、運動が行政との対立一色になっていき、跡地利用の検討に関われないのが街の将来にどれだけ役立つのか、懐疑的な人もいました。意見が大きく分かれる中で、運動に動揺が生まれていったということはあると思います。

行政との話し合いを重んじる人たちは、道路問題ではなく跡地利用を対象にする「小田急線跡地を考える会」を作って活動をしていき、訴訟グループとの間には距離が生まれていきました。

吉見　じゃあ、保坂区長が誕生した二〇一〇年代前半は必ずしも運動の最盛期だったということではないんですね。

久山　そうですね。私が知っている時期については、何年か二〇〇六年までの盛り上がりの余波でもちこたえたというふうに見ています。その間に、保坂さんが二〇一一年に区長になったのが、次の節目かもしれません。事業認可以来久しぶりに、「跡地」の人たちも訴訟をやっている人たちもみんな集まって、保坂さんを区長にするため力を合わせましたから。

吉見　跡地の開発は保坂区長の下で地域住民の声を取り入れる方向に進みましたが、道路問題は未解決のままです。保坂さんももう四期目です。

久山　保坂さんの任期中に補助54号の問題をなんとかしてほしいですね。

久山さんの話を聞きながら、私たちは「線路街」を小田急線世田谷代田駅のほうへと向かいます。ゆるやかに蛇行する遊歩道の途中には芝生の公園や園芸が楽しめるスペース、さらには小ぶりな店で囲まれたテラス的な広場もあり、楽しく散歩できます。また、いくつかの店舗ユニットの上階は住居で、お店をやりながら住まう人々を育成していこうという意図も理解できます。この線路街に開設された温泉旅館「由縁別邸　代田」はかなりの人気のようです。久山さんや私のように、かつての雑多なシモキタの魅力を知る人間にとっては、ちょっと整然としすぎるというか、どこか違和感のようなものを覚える光景かもしれません。しかし、こういうおしゃれな雰囲気が、これまで下北沢とは縁がなかったファミリー層にも人気を呼んでいるようです。彼らには、この線路街が「シモキタらしさ」になっていくのでしょう。

(2) 羽根木公園の丘から北沢川緑道へ

世田谷代田駅を過ぎたところで、環状7号線を渡ります。といっても、ここは環七が歩道の下を通っているので、歩行者は駅前広場からそのまま対岸に渡れます。つまり、地上の歩道の下を環七の車道が通り、さらにその下の地下を小田急線が通っているのです。人間のための街路という点でこの方式が正しく、都内の他の交差点もこのようにしてほしいですね。

そして、環七を渡ったところには、東京農業大学が経営する「農大ショップ『農』の蔵」という農大ゆかりの商品のアンテナショップがあります。アンテナショップ自体は、桜丘の農大キャンパス内にもあるのですが、あえて線路街と連結した場所に大学が出店し、全国の美味《おい》しい日本酒や食品を売っていくのはいいアイデアだと思います。こういう「農」と「食」の全国展開は、やはり農大でないとなかなかできませんね。

私たちはそのまま赤堤通りを少し行き、小田急線のトンネル上に整備された「代田富士356広場」のあたりで右折して住宅街に入ります。代田小学校のT字路を左折すると、「せたがや梅まつり」で知られる羽根木公園です。入ってすぐの「羽根木プレーパーク」は、地域住民を中心に運営する子どもの自由な遊び場の草分けで一九七九年に開設されました。奥の広場は、一九七〇年代、アングラ演劇を代表した「黒テント」がテント公演をし、地域の人々と演劇ワークショップを行うなど、演劇人にはよく知られた場所でした。黒テントの芝居は一種の革命スペクタクルで、斎藤晴彦さんや服部良次《よしつぐ》さんの名演技をよく覚えています。

このアングラ演劇の公演と地域の人々とのワークショップ、それに子どもたちの自由な遊び場の形成という結びつきは、一見、それぞれ独立しているようにも見えます。しかし、当時、黒テントでこの羽根木公園での公演に関わっていた及川均《ひとし》は、「黒テントは世田谷の羽根木公園というところで、毎年テントを張って公演をやっていたんですけども、羽根木公園って世田谷区立の公園ですから、その公園を借りるためにいろんな手続きがあると。一九八一年に新しい作品を羽根木公園でやるってときに、なかなか簡単には貸してくれないっていう中で、じゃあ黒テントの演劇をやるだけじゃなくて地域の人たちを巻き込む形で何かお祭り的なことはできないか、といったところが最初の始まりだった」と後に回想しています（「決してひとりで生きてきたわけではなく　その2」出版舎ジグ　https://jig-jig.com/）。

黒テントは佐藤信をはじめ、野外の公共空間を〈劇場〉としていくことにこだわっていましたから、場合によってはその公演が裁判を引き起こしてしまうこともありました。そうした中で、世田谷では地域の協議会との話し合いが必要になり、その「協議会の人たちと黒テントが一緒になって『太陽の市場』をやっていこうという話になった」そうです。一九七〇年代から八〇年代にかけては、こうした公有地を使ったテント芝居は今よりも盛んで、地域の側にもそれを受け入れていく素地があったのではないでしょうか。寺社境内では、今も当時と変わらぬ芸能に開かれた〈公共性〉が維持されていると思いますが、逆に行政管轄下の公園が、今日でもそうした〈公共性〉の基盤たりうるのか疑問もあります。「市民」という言葉が、時としてそれ以外の要素を排除する論理として使われてしまってはいないでしょうか。

羽根木公園では、すぐそばの北沢川の低地との対照をなす地形も確認しましょう。かつてこの一帯に「六郎次」という野鍛冶《のかじ》が住んでいたことにちなみ、このあたりは「六郎次山」と呼ばれていました。大正時代に入り、一部が根津財閥の根津嘉一郎《かいちろう》の所有となったことで「根津山」という呼称が加わったそうです。八万平方メートルほどの広い園内は起伏がある丘で、その片隅の梅林には、星辰堂と日月庵という茶室もあります。おそらく、ここが茶人として知られた根津嘉一郎のものだった時代の遺産でしょう。とすれば、ここは南青山の根津美術館ともつながりが深いはずで、世田谷区はこうした文化的背景も考えた活用もしてほしいですね。

羽根木公園から再び赤堤通りに出て、梅ヶ丘駅方面に向かうと、北沢川緑道に出ます。北沢川は代田川とも呼ばれ、現在の松沢病院内の池（通称「将軍池」）を含む上北沢の湧水を水源とし、桜上水、赤堤、宮坂、代田、代沢などを流れ、三宿付近で烏山川と合流して目黒川になります。北沢川は江戸時代から農業用水として活用されていましたが、昭和初期に小田急線開通に伴う都市化が進み、生活排水路になってしまいました。渋谷川と同じ運命です。昭和五〇年代に暗渠化され、赤堤から池尻まで四・三キロの緑道が造られました。北沢川緑道の「代沢せせらぎ公園」周辺は、「せせらぎ復活」を目標に人工の小川が流れています。しかし、私たちが歩いている豪徳寺方向では、光明橋、松竹橋などの橋の名前が残るのみです。

豪徳寺駅付近で緑道を左折、南下して豪徳寺を目指します。駅前商店街を抜け、住宅地が交じり出すところの飛び地に、唐突に道路建設予定地の看板が立てられ、かなり広い敷地が空き地になっています。どうやらこれは、またまた都市計画道路の補助52号線予定地のようです。

日本の都市計画行政は、今もこんなところにまで何が何でも道路を通そうとし続けているのですね。今回、世田谷の街を歩く中で、もう半世紀も前に策定された都市計画道路の予定地をあちこちで見かけましたが、自動車中心の時代はとっくに終わっています。

(3) 招き猫が外国人観光客を呼び寄せる豪徳寺

世田谷線の線路が見えてくれば、豪徳寺まであと一息です。豪徳寺駅からそう遠くないはずが、私たちはうっかり曲がるところを間違え、約五万平方メートルの豪徳寺境内の縁を一周してしまいました。これは失敗で、どこまでも塀の向こうに森閑とした針葉樹の林が続き、なかなか中に入れません。結果的に、豪徳寺がいかに広大な敷地の寺かを実感しました。

ようやく山門にたどりつき、境内に入ります。豪徳寺はもともと、弘徳院という名で一四八〇年に現在の地に建立され、彦根藩井伊家が世田谷を所領とした一六三三年に井伊家の江戸菩提寺と定められました。現在も大名家墓所の威容を伝える格式ある寺院で、一六七七年建立の仏殿や一六七九年鋳造の梵鐘《ぼんしょう》と共に、戦後に建てられた立派な三重塔や本堂が、緑豊かな境内に整然と配置されています。

左手にある井伊家墓所を訪れると、墓所の入口近くに井伊家に仕えた藩士たちの小さな墓が集まる一角があり、その奥に六人の歴代藩主や正室、側室、その子息子女の墓が並んでいます。しかし、墓所の周囲に木々が鬱蒼と茂っているためか薄暗く、さびしい雰囲気です。この墓所は国指定史跡になっていますが、お参りする人はあまりいないようです。

豪徳寺の招き猫には海外からの観光客が集まる

ところが井伊家墓所を出ると、向こうから外国人観光客がどんどんやって来ます。境内に日本人はほとんどいないのに、寺の参道は多数の外国人が並んで歩いています。さらに、外国人観光客を乗せたバスまで来ています。驚きです。まさか、井伊直弼が海外でこんなに有名なはずはありません。どうしてこの寺にこんなに外国人が集まるのでしょうか。

答えは、招き猫です。寺の仏殿と井伊家墓所の間にある招福殿が招き猫の「聖地」になっていて、それを目指して大勢の外国人観光客が押し寄せているのです。彼らがスマホで盛んに撮影するのは、招福殿にびっしりと居並ぶ大小の招き猫とその間に立つ自分です。その写真がＳＮＳを通

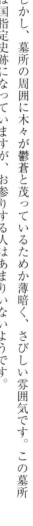

じて全世界に拡散され、今やここが世界的観光スポットとなっているのです。

豪徳寺は招き猫発祥の地という説があるそうですが、真偽のほどはわかりません。今ではブームにあやかり、世田谷線が招き猫のラッピング電車を不定期で運行させたり、豪徳寺駅に招き猫のモニュメントが設置されたり、地域全体が招き猫を地域キャラにしています。とはいえ、このキャラをローカルという以上に一挙にグローバルなものにしていったのは、圧倒的にSNSの力です。壁いっぱいに並ぶ招き猫の中で、自分もまるで「招き猫＝かわいいキャラ」になる。そんな自己イメージがネット空間で全世界的にブレイクしたのです。

（4）世田谷城址から烏山川緑道を歩く

豪徳寺境内は、室町時代には世田谷城の一部でした。豪徳寺の前身、弘徳院は、もともとこの地を支配していた吉良家が建てた寺院です。足利将軍家の流れを汲む世田谷吉良氏は、小田原北条氏と姻戚関係を結び、その居城の世田谷城も「吉良御所」と呼ばれて栄えました。豊臣秀吉の小田原攻めの後、吉良氏は新たに関東の支配者となった徳川家康の家臣となり、世田谷城は廃されます。今は南東端の郭周辺が世田谷区立世田谷城址公園になっています。

世田谷城が築かれていたのは、烏山川を望む丘の上です。この城跡に上るには、城山通りまで下りて公園に行くしかありません。けっこうアップダウンが激しい道のりですが、城跡に上っても、堀の跡はともかく、掲示板もなく、土塁や郭の跡ははっきりしません。かつては、この郭から烏山川の向こうを見渡し、敵の襲来に備えていたのでしょう。

烏山川緑道の横に流れる小川らしき人工水路

余裕があれば、烏山川の対岸、世田谷線を越えたところにある世田谷代官屋敷に足を延ばすのもよいと思います。都内に現存する唯一の大名領の代官屋敷で、代官を務めた大場家の住宅主屋及び表門の二棟は、近世中期の代表的上層民家の旧態を保存しているそうです。

さて、ここからしばらく烏山川緑道を歩きます。烏山川は北烏山にある高源院の弁天池を水源のひとつとし、玉川上水からも水を引いて、北沢川と同じく昭和初期まで農業用水として活用されていました。北沢川と同じころに暗渠化され、その後、緑道が整備されるのですが、その長さは北沢川緑道よりさらに長く約七キロもあります。

私たちは世田谷城址公園近くの城下橋から歩き始めたの

ですが、歩道の両脇に四季折々の草花が植えられ、幅も自転車も通り抜けられるほどです。かつてここには、比較的広い川がずっと流れていたのだろうと想像します。城山小学校付近からは人工の小川が流れていますが、二〇〇メートルほどで途絶えてしまいました。「小川」らしき水路はさらに下流の太子堂付近にもありますが、飛び飛びの水路では、「川の復活」とはお世辞にも言えません。

緑道を進み、国士舘大学のキャンパスに挟まれたところまで来ると、大学がある高台と緑道の低地との高低差がはっきりしてきます。緑道も蛇行し、両側には烏山川が暗渠になる前からあったと思われる古い家が軒を連ね、いかにも川沿いの風景です。国士舘付属中学や高校の敷地の手前の道路で不自然に分断された緑道を杉大門橋跡のところで右折し、世田谷区立若林公園を通り抜けて、松陰神社に向かいます。地図では公園から神社に通り抜けられそうなのですが、神社とはフェンスで隔てられ先に進めません。

ようやく公園を出ると、左手に「桂太郎墓」があります。長州出身で日露戦争時の首相を務めた桂太郎が亡くなったのは一九一三年で、松陰神社のすぐそばの現在地を墓所としたのは、「平素崇拝する松陰神社隣接地に葬るべし」という遺言によるものでした。とはいえ、墓地でもなんでもない場所に突然墓が現れるのは、やや違和感のある光景です。

（5）松陰神社から世田谷線に乗って三軒茶屋へ

松陰神社が建立された場所は、もともと、長州毛利家の抱屋敷で、毛利家当主（毛利大膳大《だいぜんのだい》夫《ぶ》）にちなんで大夫山《だいぶやま》（長州山《ちょうしゅうざん》）と呼ばれていました。一八五九年一一月、安政の大獄で刑死した松陰は、いったんその刑死した伝馬町《てんまちょう》の牢《ろう》から北方の小塚原回向院《えこういん》に葬られますが、一八六三年、松下村塾の門人だった高杉晋作や伊藤博文らによって大夫山に改葬されます。しかし、翌年の禁門の変、長州戦争を受けてこの抱屋敷は幕府に没収され、松陰の墓も破壊されました。明治維新後、同じく松陰の門弟の木戸孝允が藩命を受けて松陰の墓を建て直し、一八八二年、旧藩主も含めた長州出身者によって、松陰の霊を祀る神社建立に至ります。

松陰神社の境内には伊藤博文や山縣有朋《やまがたありとも》、井上馨、桂太郎、乃木希典《のぎまれすけ》ら長州出身者が寄進した三二基の石灯籠、松下村塾を模した建物などがあり、歴史好きには見どころが多い神社です。社務所の手前を左に入って小さな鳥居をくぐり、そのまた先の松陰墓域の入口に建つ木戸孝允寄進の鳥居の奥を見ると、簡素な墓石が並んでいます。中央が松陰のもので、安政の大獄で刑死した長州の志士たちも一緒に葬られています。榊《さかき》や花が供えられ、掃き清められた墓所は、荒れた気配だった井伊直弼の墓とは対照的です。都心北部を旅した時に何度も目にした維新の勝者と敗者の対照についての記憶が蘇ります。

この後、烏山川緑道に戻って、北沢川との合流地点を目指すこともできますが、私たちは松陰神社前から東急世田谷線に乗り、三駅先の三軒茶屋へと向かいます。三軒茶屋と下高井戸を結ぶ世田谷線は、都電荒川線と共に、東京にわずかに残る貴重な路面電車です。もともとこの路線は、渋谷からの玉川電車の支線でした。すでに世田谷は十分都会ですが、低層住宅や小さな商店街の間を走る車窓に流れる風景から、どこか昔の沿線風景が呼び起こされます。

もし時間があれば、三軒茶屋のひとつ手前の西太子堂で下車し、駅から徒歩五分程度のところにある太子堂八幡神社を訪れてもよいでしょう。平安時代に建立されたと伝えられる古い神社ですが、最近、神社の御朱印マーケティングの成功例として注目されています。カラフルな絵柄の御朱印や御朱印に押される白鳩の社紋が「かわいい」と人気を呼び、行列ができるほどだそうです。ちなみに、太子堂八幡神社も、烏山川を望む高台に位置しています。

(6) 旧日本軍施設から三軒茶屋の「三角地帯」へ

「三軒茶屋」の地名は、新旧の大山街道(現国道246号線と世田谷通り)の辻に「角屋」「信楽《しがらき》」「田中屋」の三軒の茶屋があったことからきています。現在、三軒茶屋の街は、246号線と

東京世田谷韓国会館。木造平屋の壁からは歴史がにじむ

その上を走る首都高速3号渋谷線によって分断されてしまっています。もちろん、三軒茶屋の成り立ちに街道は欠かせなかったわけで、川筋の微地形が魅力の源泉になっている下北沢とは、道路の持つ意味が異なるとも言えます。

実際、国道２４６号線の大通りは三軒茶屋の発展にとって大きな意味を持ちました。明治後半、渋谷周辺には次々に軍の施設が置かれ、池尻大橋から三軒茶屋にかけて、広大な駒沢練兵場をはじめ、都心から移転してきた多数の陸軍施設がひしめきました。この地域全体の軍都化の結果、かつて大山詣で栄えた街道は、軍の施設をつなぐ軍道の性格を強めていったのです。

たとえば、三軒茶屋駅から２４６号線を渡った下馬には明治後半以降、砲兵部隊（近衛野砲

昭和の面影を残す三軒茶屋「三角地帯」

兵聯隊、野砲兵第一聯隊、野戦重砲兵第八聯隊）の駐屯地が移転してきます。戦後、近衛野砲兵聯隊の跡地は昭和女子大学や世田谷区立三宿中学校に、野砲兵第一聯隊の兵舎や食糧倉庫は、満州からの引揚者や戦災者のための住宅を経て、都営住宅や公園に転用され、「軍の街」の記憶は忘れられていきます。

この記憶の痕跡を再発見するため、三軒茶屋駅から足を延ばしてみます。昭和女子大学のキャンパス内や都営住宅の周辺には、馬魂碑など、当時を偲ばせる碑がひっそりと残されていました。現在進められている都営住宅の建てかえに伴い、今はそれらの一部が都立青鳥特別支援学校仮校舎の片隅に移転するなど、現状を確認するのはなかなか困難です。

しかし下馬には、東京世田谷韓国会館（在日韓国民団東京世田谷支部）という、ものすごい「遺構」が残っています。瓦屋根が今にも崩れ落ちそうな木造平屋は、野砲兵第一聯隊の兵舎だった建物で、まるで戦時の亡霊がまだそこにたたずんでいるかのような異様な空気を湛《たた》えています。板張りの壁の隙間から雑草が生え、ここまで老朽化した建物は逆に存在感が半端でないです。そもそもなぜここが在日韓国民団東京世田谷支部となったのかはわかりませんが、歴史を伝える遺産として、ここはなんらかの仕方で保存してもらいたいと思います。

旧軍施設を前に、なんだかタイムマシンに乗ったような気分でしたが、今日の旅のゴールの「三角地帯」に向かいます。東京世田谷韓国会館のすぐそばに、昔ながらの東京の銭湯の風情を残す「弘善湯」がありますから、ちょっと汗を流しに寄ってもいいかもしれませんが、私たちはそのまま246号線に抜ける道を進みます。この道は、とても活気のある商店街で、買い物をする人々で賑わっています。その先、246号線と世田谷通りが交差するところが、「三角地帯」と呼ばれる駅前の飲み屋街です。以前、この「三角地帯」には、「千代の湯」という古い建物の銭湯があったのですが、現在は休業してしまい、トタン塀が張りめぐらされた中をのぞくこともできません。それを除けば、狭い路地が交差するこの一角にひしめく飲み屋はどこか隠れ家めいて、その猥雑なエネルギーは今も〈闇市的なるもの〉に通じています。大通りからちょっと入ったところに、このような場所が残っているという奇跡に感動します。

三軒茶屋は一九九六年竣工のキャロットタワーを除けば、まだ下北沢ほど開発が進められていません。しかし、「三角地帯」のような奇跡的空間が現在の姿を保ってきたのは、ここを残す強力な働きかけがあったからというよりも、偶然なのだと思います。ですから早晩、「三角地帯」を再開発して新しい超高層ビルにし、そのビルの内部に偽物の「三角地帯」を「復活」させようなどという悪だくみを誰かがしないとも限りません。ご用心ご用心です。

《第三日のまとめ～川筋がつなぐ世田谷の街々》

今日は、北沢川と烏山川という、今は暗渠になっているふたつの川の緑道に沿って街歩きをしながら、この一帯の凹凸地形について考えてきました。実際に歩いてみると、このふたつの川が、当初思っていた以上に長い距離を流れており、この一帯にあるさまざまなものを広域的につないでいることがわかりました。豪徳寺、世田谷城址、国士舘、松陰神社、太子堂八幡神社、そして目黒川合流地点手前の台地の突端にある三宿神社や旧日本軍の施設まで、川はそれらの多様なものをつなぎ、その点と点の間の移動を可能にしています。

実際、私たちは歩きながら、台地にはフェンスや壁が多く、目と鼻の先に行くにも乗り越えられない壁に阻まれてしまうことにも気づきました。豪徳寺から世田谷城址、若林公園から松陰神社など、すぐ近くにある場所でもなかなか通り抜けられません。それらの壁に孔を開けているのが川で、世田谷にはそうした孔がたくさん走っています。ですから、川筋を歩けば、さまざまな異なる空間が全部つながってくるのだということを、改めて感じました。

しかし、歩けることは歩けるのですが、今は北沢川も烏山川も蓋をされ、そこがもともと川であるとは感じられなくなっています。緑道は散歩道として親しまれているようですが、とってつけたような人工のせせらぎだけで「川辺」の風景を復活するのは無理です。洪水や川の悪臭は防がなければなりませんが、暗渠の蓋を取って開渠にすることは、封じ込められた街の記憶を蘇らせ、川筋の重要性を再発見する可能性につながるはずです。

それにはまず、一般道から暗渠の緑道へのアクセスを総合的にデザインしていくことが必要です。緑道と一般道の交差地点に、外に開かれたカフェや緑道上を上手にテラスとして使うレストラン、あるいは小劇場やギャラリーのような施設を積極的に誘致していく政策を進めていくべきです。そうしたちょっとした空間が住宅地の中にあることが、川筋をより開かれたものにしていくのです。緑道にさまざまなデザインのベンチを置き、そこが語らいの場所になっていくことも大切でしょう。そうした努力の積み重ねを通じ、いずれ市民の間から、この川を開渠で復活させていくべきだという声が上がってくることを期待したいと思います。

もうひとつ、今日の街歩きの大きなテーマは、スタート地点の下北沢とゴール地点の三軒茶屋での再開発の対比でした。下北沢は「開発後」、三軒茶屋の「三角地帯」は「開発前」というコントラストが顕著です。補助54号計画は時代遅れで暴力的な開発ですが、「下北線路街」は、「MIYASHITA PARK」や渋谷ストリームに似て、周辺環境に溶け込む新しい公共空間を形成しています。「線路街」の評価はいろいろあるでしょうが、私自身はポジティブに捉えています。保全か開発かの二項対立ではない、第三の可能性を示しているからです。

駅前の「闇市」の痕跡は下北沢では失われ、三軒茶屋には残っているわけですが、〈闇市的なるもの〉と再開発の関係は、そう簡単に最善の答えが出ないと思います。それが暴力的なものでも、ソフトなジェントリフィケーションでも、開発は「まち」の「らしさ」を変えていきます。「下北線路街」が「シモキタらしさ」を体現する場所になるか、三軒茶屋「三角地帯」が「サンチャらしさ」を維持できるか、その答えが出るまでにまだ時間がかかります。

それにしても、今日の街歩きでは、いろいろなところで半世紀以上前に策定された都市計画道路のために用地が買収される現場に遭遇しました。本来、都市計画は街の文化や生活の豊かさを実現するための方法なのですが、戦後日本においてはむしろ逆でした。高度成長期以降、多くの都市計画が、街のたたずまいや文化を破壊してきたのです。その根本は、一九六〇年代に最も華やかな時代を迎えた戦後都市計画が、東京を「より速く、より高く、より強い」都市へと改造していくことを目指してきたことに由来します。人口も減少し続け、社会全体がその価値軸を「成長」から「成熟」へ転換していかなければならない、つまり下り坂を注意深く歩いている二一世紀の日本は、この考え方を一八〇度転換させなければならないのです。

一九六〇年代のますます自動車交通が増加していくことが疑われていなかった時代に計画された都市計画道路は、すでに過去の遺物です。もちろん、下北沢や豪徳寺で計画されている補助道路も、すでに大局的な意味を失っています。それにもかかわらず、行政は過去の政策からのしがらみが捨てられていないのです。けれども本当は、今後、そのような都市計画道路が見直され、廃止になっていく先で、すでに買収された用地や、計画が施工されれば道路になるはずだった用地の乱開発を防ぎ、そこにどのような街の「らしさ」のための空間を形成していくのか、私たちは、その構想やデザインを今から始めておくべきなのです。

第四日　三田用水沿いに織りなされる軍都と自然

首都高速3号渋谷線
都営大江戸線
麻布十番
東京メトロ南北線
広尾駅
東京メトロ日比谷線
都営三田線
首都高速2号目黒線
白金高輪駅
JR山手線・埼京線
自然教育園
白金台
東京都庭園美術館
常光寺
旧福沢諭吉墓所
泉岳寺
泉岳寺駅
JR山手線
東禅寺
GOAL
光福寺
目黒駅
東急目黒線
池田山公園
高輪台交差点
都営浅草線
JR東海道本線
東海道新幹線
荏原畠山美術館
品川駅
京急本線
五反田駅
東急池上線
不動前駅

第四日 地図

京王井の頭線
駒場東大前駅
神泉駅
渋谷駅
馬神の碑
目黒川起点
大橋ジャンクション
START
池尻大橋駅
東急田園都市線
水車跡
菅刈《すげかり》公園
西郷山公園
猿楽塚古墳
代官山駅
旧朝倉邸
恵比寿駅
合流点遊び場
防衛装備庁
艦艇装備研究所
中目黒駅
目黒川船入場
中目黒公園
東急東横線
祐天寺駅
首都高速中央環状線
学芸大学駅

《冒頭講義〜地形に見る都心北部と南部の対称性／対照性》

（1）川と用水の関係：目黒川と三田用水

今日は、東京の地形的対称性という話から始めます。第二日の冒頭講義で述べたように、都心北部と南部の地形は対称をなします。江戸城のやや南を東西に貫く軸を挟み、武蔵野台地の北を流れる隅田川、石神井川、神田川は、南の多摩川、目黒川、渋谷川・古川と、川の間の台地も含めて線対称の関係にあるのです。

ある意味で、これは当たり前で、江戸・東京という都市は武蔵野台地の東端の微地形を利用して建設された都市であり、この地形はちょうど手の甲を東に向けて置いたような形になります。中指にあたるのが麴町《こうじまち》台地と麻布台地で、小指が上野台地、薬指が本郷台地、人差し指が白金台地、親指が荏原台地です。本当の人の手の形とはずいぶん違いますし、台地は先端でもっと細かく分かれていますから、これはあくまで模式的なものです。それで、この中指部分を軸にすれば、それより南北にある川や台地は、当然ながら線対称になるのです。

このことを念頭に置く今回の街歩きは、目黒川と三田用水沿いをめぐります。都心北部、石神井川に沿って流れていたのは千川《せんかわ》上水、都心南部を流れるのが三田用水で、どちらも玉川上水からの分水ですが、幕末維新期の東京ではとても重要な役割を果たしていました。

三田用水は一六六四年、江戸の水需要を充たすために建設された水路で、現在の世田谷区北沢で玉川上水から分水し、第一日でも少し歩いたように、代田、代々木、目黒、白金台、高輪、三田、芝に配水されていました。江戸時代を通じ、飲用だけでなく農業用にも使われていたのですが、明治以降、都市化が進んで農業用水の役割が失われていきます。ついに一九七四年、取水門は閉鎖され、暗渠は私有地に組み入れられ、現在ではその跡すらたどりにくくなっています。一方、都心北部で三田用水と同じ位置にあったのは千川上水で、目黒川と三田用水の関係と石神井川と千川上水の関係が似ています。自然河川と違い、用水は尾根伝いに一定の高さを保つよう設計されましたから、低地を流れる川との高低差が生まれます。

幕末維新期、この高低差は動力源になると目をつけたのが、幕府のテクノクラート小栗《おぐり》上野介忠順《こうずけのすけただまさ》でした。高低差を活かして水車を回せば相当な動力になり、大砲をくり抜いたりできます。産業用でも、紡績産業や発電に使えます。それで、石神井川と目黒川、千川上水と三田用水に沿って軍用施設や産業施設が発達したのです。つまり、石神井川沿いと目黒川沿い

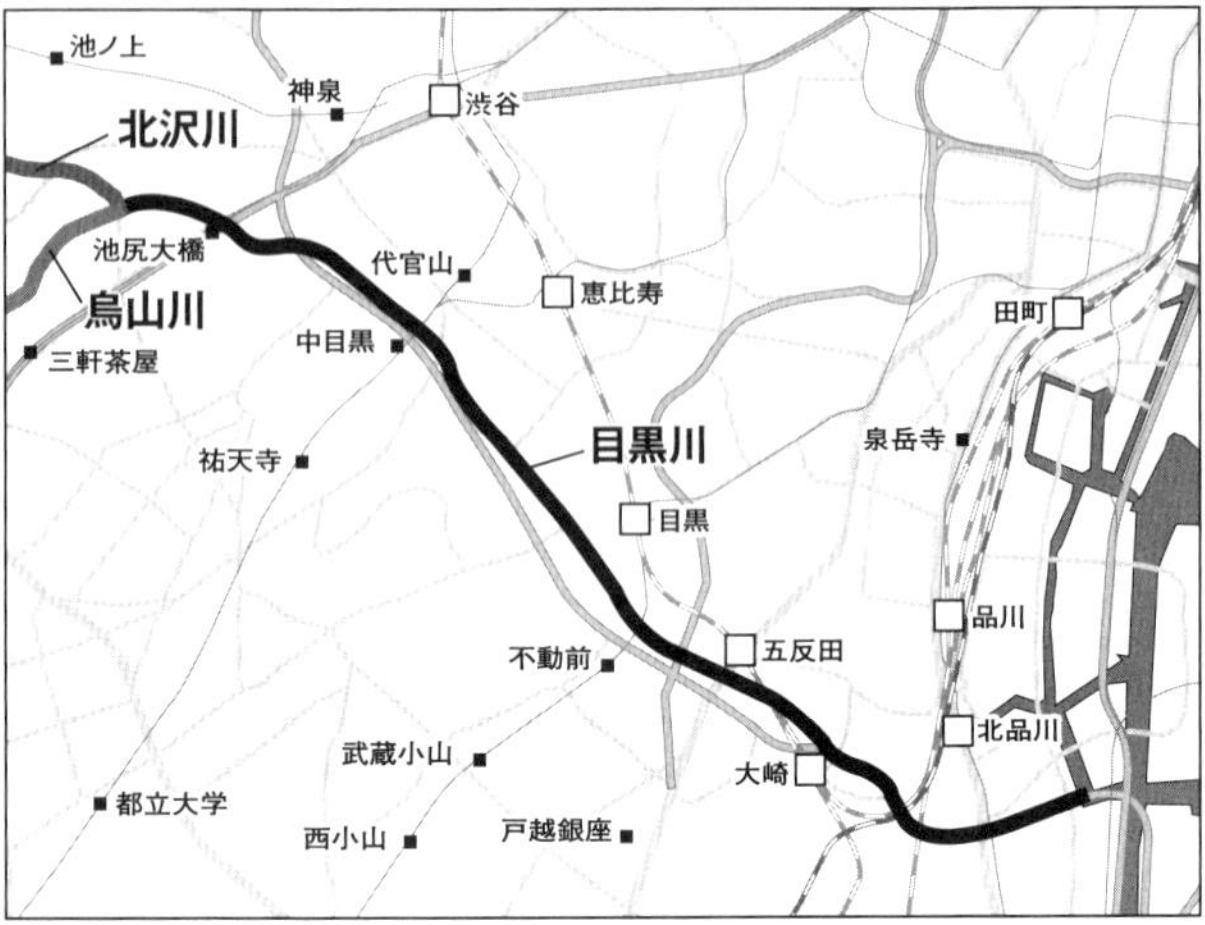
池ノ上
神泉
渋谷
北沢川
池尻大橋
代官山
恵比寿
烏山川
三軒茶屋
中目黒
田町
目黒川
泉岳寺
祐天寺
目黒
品川
五反田
不動前
北品川
武蔵小山
大崎
都立大学
西小山
戸越銀座

目黒川

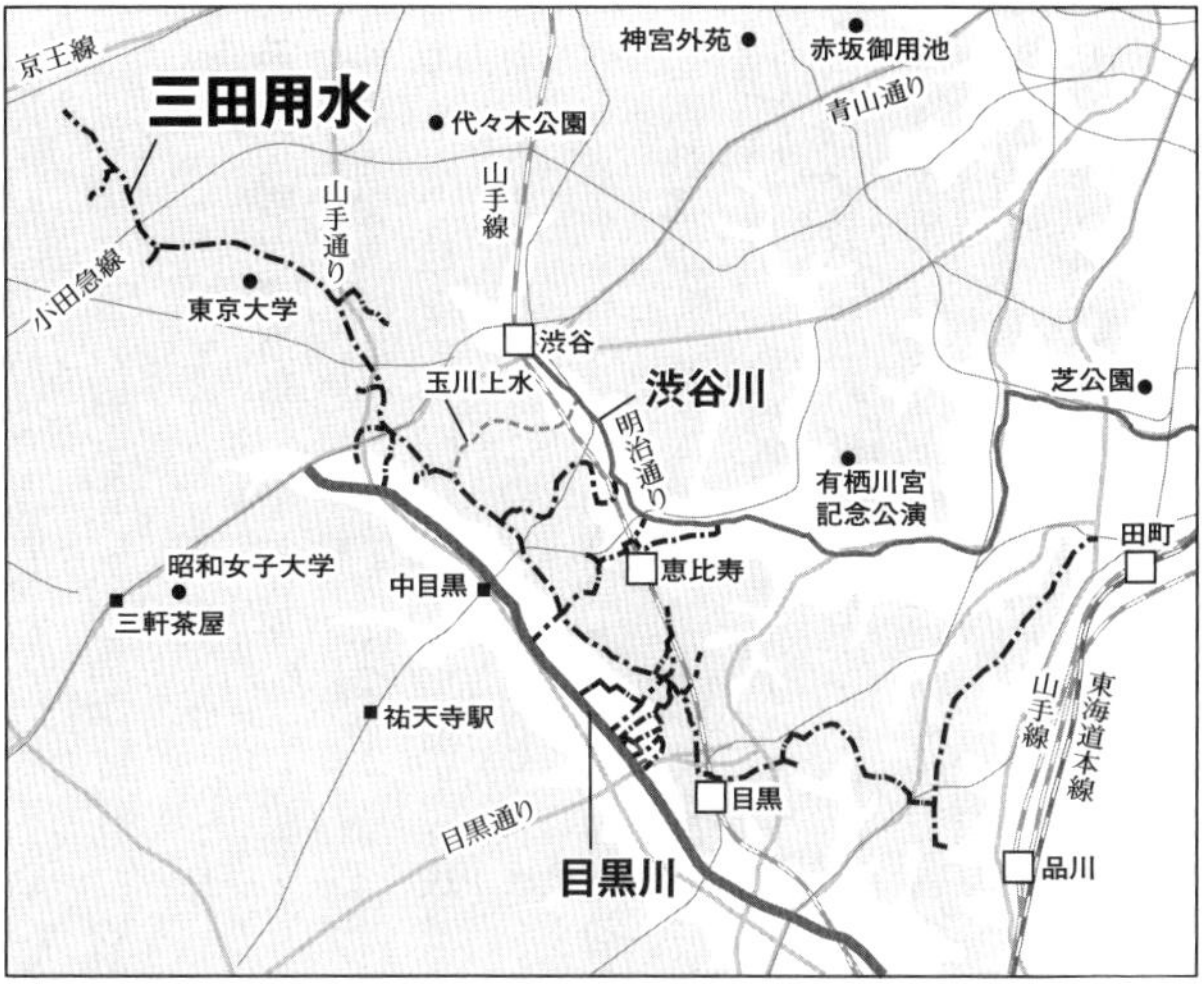
京王線
三田用水
代々木公園
神宮外苑
赤坂御用池
青山通り
山手線
山手通り
小田急線
東京大学
渋谷
玉川上水
渋谷川
明治通り
芝公園
有栖川宮
記念公演
昭和女子大学
三軒茶屋
中目黒
恵比寿
田町
祐天寺駅
山手線
東海道本線
目黒
目黒通り
目黒川
品川

三田用水

の軍事施設や産業施設は、東京の地形的構造と、そこに人工的に用水が引かれていたことで類似性を持ったのです。今日の街歩きで、まず注目したいのはこの対称性です。

(2) 寺社と明治の有力者屋敷の混在領域

かつての石神井川流域と目黒川流域の対称性を何よりも顕著に示すのは、この流域一帯に集まっていた数多くの寺社です。今日歩く目黒川下流域も、前著『東京裏返し』に歩いた旧石神井川の下流域も、もともと寺町なのです。同じことは、もう少し内側の渋谷川・古川や神田川の流域についても言えるわけで、東京は本来、その川筋と尾根筋の境界域に、広大な寺社境内と墓地を擁する宗教都市でした。そうした雰囲気は、今日歩くルートの中でも白金や高輪の一帯に濃厚に残っています。武蔵野台地東端の複雑に凹凸のある地形と寺社境内がマッチしているその風景は、私たちが谷中や根津の街歩きで目にした風景ととても似ています。

明治以降、東京は寺社の都市から軍隊の都市に大転換します。とはいえ軍都になっても、東京は千川上水や三田用水も含め、自然地形を巧みに活かし続けました。池尻大橋周辺には駒場の騎兵営や広大な駒沢練兵場が隣接し、中目黒付近にも用水と川の間に細長く火薬製造工場が続いていました。この火薬製造工場は、三田用水の利用をめぐって周辺農家と軋轢《あつれき》を生じさせたようですが、それでも白金火薬庫（現在の国立科学博物館附属自然教育園）と共に日清・日露戦争による需要増で規模を拡大させました。これらの施設は大規模で、そこで働く軍関係者も相当数いたため、彼らの存在が渋谷や目黒の地域経済の発展にも寄与したのです。

その例は、一九三一年、目黒川のほとりに開業し、「昭和の竜宮城」と謳われた目黒雅叙園《がじょえん》（現在のホテル雅叙園東京）です。宴会場や料亭、中国料理のレストランを備えた雅叙園は海軍御《ご》用達《ようたし》で、長門《ながと》や金剛など軍艦の名前をつけた座敷を並べ、その前の廊下は「軍艦通り」と呼ばれたそうです。戦時中は海軍病院の分院となり、戦後はGHQ将校宿舎として一九五四年まで使われました。軍関連の施設では、目黒駅からそう遠くない場所に、軍馬改良を目指して目黒競馬場が一九〇七年に造られています。競馬場は、当時は軍事関連施設だったのです。

また、今日歩くエリアには、西郷従道《つぐみち》が館を構えた西郷山がありますが、これは都心北部の渋沢栄一邸のあった飛鳥山《あすかやま》と似ています。都心北部を歩いたとき、私たちはいたるところで渋沢の影に遭遇しました。他方、西郷従道の影響は、渋沢ほどには明らかではありませんが、台湾出兵を指揮し、海軍大臣などを歴任した従道は、薩摩を代表する政府の有力者でした。今回歩くエリアには、都心でも有数の高級住宅地も含まれますが、維新の元勲たちは、大名屋敷だった広大な土地を次々と取得し、回遊式庭園を造って楽しんでいたのです。

こうした大名屋敷から明治の元勲たちの屋敷地への転換は、目黒川下流の高輪や大崎周辺ではもっと顕著です。今日、訪れることになる白金台の国立科学博物館附属自然教育園と東京都庭園美術館はもともと讃岐高松藩の屋敷、東五反田の池田山公園は備前岡山藩の屋敷です。さらに戦後に堤康次郎が買い取ってプリンスホテルにしていく高輪の海沿いの一帯にも大名屋敷が連なり、戦前、そこは北白川宮の広大な敷地でした。東京の多くの台地とその窪地が、大名屋敷→元勲や富豪の屋敷→宅地分譲やホテルという経緯をたどってきたのです。

とはいえ、このように明治以降、広大な屋敷地が政府要人によって整備されていくのは、都心北部にはあまり見られない現象でした。都心北部各地で事業展開をした渋沢栄一はどちらかというと例外的で、むしろ多くの明治の有力者たちは都心南部に屋敷を構え、庭園を整備し、やがてその土地が堤康次郎のような開発者の手に渡っていったのです。

都心北部と南部の対称性は、高度成長期以降壊れていきます。都心北部は開発から取り残され、都心南部に開発が集中していきます。とりわけ港区高輪あたりの開発を見れば明らかですが、一九七〇年代までのプリンスホテルに代表されるような、かつての大地主からかすめ取った土地を開発していくスタイルから、八〇年代以降は森ビル型の、それまで開発から取り残されてきた地域で中小の地主から集めた用地を統合し、大規模な再開発を進めるスタイルにシフトします。旧大名屋敷地の再開発から旧町人地の再開発に重心が移行したわけです。

どちらの再開発でも、失われるものは小さくありません。それでも、長い時間をかけて地域の景観を形成してきた東京の地形の作用は残ります。その地形的レジリエンスの都心南部での代表は、今のところ白金です。この台地もかつて東京湾に張り出していた岬でしたが、その入り組んだ地形は、実際に歩けばどれだけ繊細なものかがわかります。

近年、第二日の街歩きで目撃した三田小山町のように、大規模再開発による破壊も広がっていますが、それでも寺社地周辺には地形と街の繊細な関係を見出せる場所が残っています。近代化や開発と、寺社地やその周辺の町家の昔ながらの風景は対照的です。谷中ほどではありませんが、今日歩く中でも、港区白金や高輪のあたりの寺社の連なりは必見です。

《街歩きと路上講義》

（1）目黒川起点と分断される川筋

今日の街歩きは、前回歩いた目黒川上流の北沢川と烏山川の合流地点からスタートします。

目黒川の起点

東急田園都市線池尻大橋駅から徒歩一〇分くらいのところに道標《みちしるべ》と地図があり、ここが目黒川の起点であることが示されています。合流後の暗渠の上に造られた緑道は目黒川緑道と名前を変え、世田谷区と目黒区の区境の国道246号線まで続きますが、人工の小川に流れているのは、高度処理された下水です。花壇の草木や水生植物が茂る緑道は整備されていますが、ここが本来は「川」であるという印象はすっかり薄められてしまっています。

むしろここで立ち寄るのは、合流地点を背にして左側の崖です。その縁の階段の上には城のような超高級マンションがそびえています。この台地は騎兵山とも呼ばれ、かつて旧日本陸軍の施設（輜重兵第一大隊、近衛輜重兵大隊、騎兵第一聯隊など）が置かれていました。かなり段数のある階段を上った丘からは、三宿・池尻方向を遠くまで見渡せます。その眺望はとても壮観なので、筋力トレーニングのつもりで階段を上ってみてください。そしてその背後には、戦没馬などを慰霊する馬神碑や日清・日露戦争戦没者慰霊碑（戦死病没者表忠碑・騎兵第一聯隊址）などの碑が点在しています。超高級マンションの壁の向こうには入れませんが、ここに住まう大金持ちは、毎日、はるか遠くまで庶民の街を見下ろしているのでしょう。

さて、目黒川緑道まで長い階段を下り、そのまま246号線に出ると、コンクリートの巨大な円形建造物が目に入ります。これは、首都高3号渋谷線と首都高中央環状線の約七〇メートルの高低差を結ぶループ状のジャンクション（大橋ジャンクション）で、建設に伴い、立体都市公園が整備されました。

私は東京の街を壊した主犯は首都高速道路だと思っています。今、首都高は日本橋で地下化計画が進んでいますが、それだけやっても巨額な予算がかかるだけです。むしろ都心部で、高架になっている道路を公園化できる区間があります。これなら、それほどお金はかかりません。さらに本当は、都心のいくつかの場所で高架の道路自体を撤去できるはずです。川を塞いでいる高速道路は、その川筋全体で地下化をして川筋を復活させるべきです。そのようにして首都高速の姿を東京都心から減らしていくのと、高速道路はそのままにして、ジャンクションに蓋をして屋上部を公園にするのとでは意味が違います。

この立体都市公園には「目黒天空庭園」というしゃれた名前がついていますが、中身はまったく感心しません。公園も道路にあわせてループ状ですが、空間のデザインはお役所的な味気ないもので、せっかくの形状を活かせていません。

目黒区に入ってから、目黒川は暗渠ではなく「川」となって流れていきますが、水はやはり高度処理水で、水量もそれほどありません。大橋ジャンクションと抱き合わせで建っているタワーマンションの下、目黒川にかかる常盤橋の近くに「水車跡」の説明板があり、かつて目黒川・三田用水の水車が地域産業を支えた歴史をわずかに伝えています。

川沿いに遊歩道が整備されていますが、歩き始めてすぐ菅刈《すげかり》陸橋が立ちはだかり、ひどく興《きょう》醒《ざ》めです。遊歩道を造ったのなら、歩行ルートを遮断する道路橋は撤去すべきです。まちづくりにまるで総合性がありません。山手通りを渡り、再び目黒川沿いに遊歩道を歩いていくと、南部橋のたもとに多くの人で賑わう一角があります。ここは、STARBUCKS RESERVE® ROASTERY TOKYOというスターバックスの新業態で、世界に六店舗しかない有名店です。

せっかくなので、ちょっと寄っていくことにしましょう。四階建ての一階には、大きなコーヒー豆の焙煎機《ばいせんき》があり、一般のスターバックスでは売っていない希少なコーヒー豆や限定グッズが買えたり、サイフォンで淹《い》れたコーヒーを楽しめたりします。二階は紅茶の専門ブランド、三階はコーヒーや紅茶をベースにしたカクテルが飲めるバー、四階はセミナーなどが開催されるイベントスペースで、休日には数時間待ちの行列ができるほどだそうです。

こうした特別感のある店舗の立地にここが選ばれたのも、今の時代、トレンドの舞台が丘の上から川筋に向かって展開していることの一例でしょう。もともとの大橋から中目黒にかけては、このような店が建つ「おしゃれな街」ではありませんでしたから、キャットストリートが原宿の延長線上なのと同様、中目黒一帯が代官山の延長になったのだと思います。この「原宿化」や「代官山化」を媒介しているのは、もちろん渋谷川や目黒川の川筋です。

(2) 西郷家と朝倉家〜代官山の大地主と三田用水

ここから南部橋を渡り、目黒区立菅刈公園へと向かいます。広々とした芝生や遊具があり、今は児童公園の体裁ですが、ここはかつて西郷従道邸の敷地でした。江戸時代、この公園がある一帯は豊後《ぶんご》岡藩中川家抱屋敷で、回遊式庭園の大名屋敷は風光明媚《めいび》な江戸名所として知られていました。それが明治に入り、西郷従道の邸宅が建てられたことから、以来、西郷山と呼ばれるようになったのです。

当初、ここでの彼の邸宅は別邸で、政府の要職にあった従道は、各国外交官をもてなすため、景観に優れたこの地に二階建て洋館を建てました。戦災でも奇跡的に焼け残った洋館はフランス人建築家ジュール・レスカスの設計とされ、当時のフランス建築の特徴が見られる他、屋根を軽くして重心を低くした耐震仕様の工夫などが貴重とされたのですが、愛知県明治村に移築されてしまいました。貴重な建物を現地保存できなかったのは、誠に残念です。

また、三田用水から水を引いた二段の大滝や大小池、広大な芝生を配した庭園は「東都一の名園」とも謳われたそうですが、今では想像が困難です。菅刈公園には、明治天皇の行幸を記念する碑が「西郷従道邸跡」として残っています。

従道は征韓論で下野していた兄・隆盛のためにこの土地を入手したとの説もありますが、彼はその後、周辺農地を買い足し、明治末に所有地は一四万坪に及んだようです。従道の死後、西郷家が売却した土地も含めた一帯の約二八万坪は堤康次郎の箱根土地株式会社によって「西郷山文化村」として分譲されていきます。

またしても堤康次郎です。彼がこの分譲をしたのは一九二八年のことですが、康次郎はすでにこれ以前、二二年に近衛侯爵家から下落合の土地取得、目白文化村の分譲、二三年に渋谷道玄坂の中川伯爵邸跡地の分譲開始、本駒込の水戸侯爵邸の取得、白金台の三宮男爵邸の取得、麻布の井上侯爵邸の取得というように次々に華族の土地を手に入れ、宅地として分譲する開発を重ねていました。ですから、西郷山文化村の開発もその一環だったことは明らかです。この流れで、従道の邸宅が置かれていた敷地の大半も東電ＫＫ（現在の東京電力）に売却され、東京急行、日本国有鉄道へと所有者を変え、戦後は職員住宅などに使用されました。邸内にあった大きな池も、戦時中に食糧増産のために埋め立てられてしまいました。

西郷山公園の横の三叉路からは三田用水の痕跡を感じる

菅刈公園から一本、通りを挟んだ向こう側にあるのが、西郷山公園です。しかし、ここは公園には入らず、三田用水の痕跡を探しましょう。菅刈公園と西郷山公園に挟まれた道を突き当たりまで進んで右に曲がるとゆるやかな上り坂で、不思議な三叉路に行き当たります。この真ん中の道のところに、東大駒場キャンパスの脇から神泉を抜けて流れていた三田用水の水路があったはずで、おそらくここから西郷邸の庭園に水を引いていたのでしょう。三田用水は、西郷山公園を出てすぐの旧山手通り沿いを流れ、現在は陸橋の西郷橋もかつて水道橋でした。ここから見下ろすと、目黒川までの高低差がかなり急峻なのがわかります。

西郷と並んでもうひとり、この一帯で大地主だったのが朝倉家で、旧山手通りも朝倉家が私有地を寄付して造られた道です。明治初め、三田用水の水車を利用して米穀業を始めた朝倉家は、米の賃搗《ちんづ》きで得た現金収入を元手に地租改正で維持できなくなった付近の農地を次々に買い、取得した土地は二万坪を超えたと言います。ここに一九六七年に始まるプロジェクトとして代官山ヒルサイドテラスが建てられたことで、代官山にファッショナブルな大人の街というイメージが生まれます。設計者の槇《まき》文彦は三〇年以上の月日をかけて、高層化する東京に対する対抗的な提言とも呼べる地区を実現させました。立派な街路樹の緑といまだ古びないヒルサイドテラスのギャラリーや店舗は、代官山の文化的な核であり続けています。

そんなヒルサイドテラスに、東京の古層を感じる場所が残っています。テラスC棟とE棟に囲まれた一角にある猿楽塚古墳です。小さな神社が設けられた小山は、槇が『見えがくれする都市』（鹿島出版会、一九八〇年）で示した都市空間の「奥」そのものと言えます。これは六〜七世紀の円墳で、ふたつあったうちの主墳にあたり、いつごろからか「猿楽塚」と呼ばれるようになりました。「奥」は時間軸を含んでいるのです。

三田用水には一七カ所の分水があったと言われ、旧山手通り沿いを流れていた三田用水は、西郷橋のあたりで鉢山口分水、猿楽塚のあたりで猿楽口分水に分かれて渋谷川につながっていました。明治時代、猿楽口分水付近で製綿所が稼働しており、その動力源として直径二丈五尺（七・五メートル）の大きな水車（角谷《すみや》水車）があったそうです。このふたつの分水も埋め立てられていますが、東急東横線が地下化する前にあった踏切のところに、新坂橋という、分水にかかっていた橋の遺構が残っています。

一方、旧山手通り沿いの用水は、明治以降に造られた、鎗《やり》ケ《が》崎《さき》交差点の崖と駒沢通りを挟んだ中目黒の台地を接続する水路橋を通って流れていました。コンセプトとしてはローマ帝国の水道橋と同じです。この水路橋も一九八二年に撤去され、その名残はもはやありません。

このまま駒沢通りから目黒川に下りれば近道ですが、旧山手通りを代官山交番前の交差点まで戻って左折し、旧朝倉家住宅（国重要文化財）に寄りましょう。代官山ヒルサイドテラスなど周辺の建築物と共に日本イコモス（ユネスコの諮問機関イコモスの国内委員会）の「日本の二〇世紀遺産二〇選」に選ばれている建物です。戦前、東京府議会や渋谷区議会の議長を歴任した朝倉家当主、虎治郎が一九一九年に建てた和風住宅とその庭園は、戦後売却され、二〇〇二年に存続の危機に直面したことから保存運動が起こり、現在は文化庁が所有、渋谷区の管理下で一般公開されています。意匠を凝らした和洋の接客スペースの他、西渋谷台地の崖線という地形を活かした回遊式庭園もよく保存されています。西郷邸同様、庭の池には三田用水から水が引

保存運動を経て、国重要文化財になった旧朝倉家住宅

かれていたと思われます。

旧朝倉家住宅の前の細い道は旧鎌倉街道で、現在は目切坂と呼ばれる急な下り坂です。かつてこの道の向こう側には岩倉具視《ともみ》の別邸があり、後に実業家の根津嘉一郎邸となりました。クランク状になったあたりに、地蔵の道標や広重の名所江戸百景にもなった目黒元富士跡（江戸時代の富士講の富士塚跡）の説明板があり、往時をわずかに想像させます。

そして、坂を下る途中に現れるのが、東京音楽大学の真新しいキャンパスです。都心北部の雑司《ぞうし》ヶ谷《がや》を歩いたときも、私たちは東京音大のキャンパス（池袋キャンパス）の前を通ったので、なんだか縁を感じます。こちらのキャンパスは二〇一九年に開校したそうですが、代官山や中目黒が至近距離とは思えない閑静で落ち着いた環境に、ちょっとほっとします。学内のカフェ、DEAN & DELUCAで一休みするのもよいでしょう。

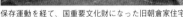

（3）三田用水が呼び寄せた軍の施設

東京音大のキャンパスを抜けて目黒川の遊歩道に戻り、中目黒に向かいます。目黒川沿いには飲食店やファッションの店など、若者が集まりそうな店がたくさん並んでいます。昼間なのでよくわかりませんが、こじゃれた飲み屋も多いようです。あまり目を引く店がなかった渋谷川沿いとは異なる風景ですが、目黒川では遊歩道が整備され、川に沿って歩けることが大きいと思います。目黒川と言えば春の桜が有名ですが、この川沿いの桜は、昭和初期、洪水が多かった目黒川をまっすぐにし、運河として整備したとき、その護岸工事完成の記念として地元の有志が植えたのが最初だったそうです。

中目黒駅の高架をくぐると、目黒川と世田谷区弦巻を水源とする蛇崩川の合流地点で「合流点遊び場」と名づけられた殺風景な広場があります。時々、イベントスペースとして活用されているようですが、公共空間の使い方としてまったく不十分です。お役所仕事は、いつまで経っても「お役所仕事」でしかありませんね。もっと創造的な使い方があるはずです。

第三日にも触れましたが、蛇崩川は三軒茶屋の南から東横線の祐天寺駅の北をかすめ、中目黒へと抜ける川で、これも現在は暗渠の上が緑道です。ですから、目黒川上流では北沢川、烏山川、蛇崩川の三つの支流が西から東に流れ、尾根筋に小田急線、田園都市線、東横線などの私鉄が走っているのです。そのため、北沢川や烏山川の緑道に似た風景が蛇崩川沿いにも広がっています。しかし、この川と国道246号線の間には、旧駒沢練兵場の広大な軍用地があったわけで、現在も世田谷公園とかなり広い自衛隊施設があります。

さて、そのまま目黒川の遊歩道を進んでいくと、駒沢通りに遮られ、歩道橋を渡らないと進めません。ここでも道路が川筋を分断しています。実は、この先にはいろいろお薦めのレストランがあり、歩道橋など使わずに渡れれば、中目黒駅周辺にいる人々がもっと緑道を使うはずです。どう考えても、東京は自動車交通を優先させすぎています。世界の多くの都市が歩行者中心の「ウォーカブル」を目指す中で、日本はまるで価値転換ができていません。

さらに先へ進むと、川幅が少し広くなったところに船入場があります。昭和初期、沿岸に工場が増えたことから、ここは船着場として材料の運搬に利用されていました。現在は、治水目的の調節池が設置され、その上はがらんとした広場です。イベントスペースとしては使われているようですが、もっと川との関係を活かす活用法があります。日本の行政は前例や規則を守ることばかりにとらわれ、思考停止しているとしか思えませんね。併設の川関連の資料を集めた「川の資料館」は二〇一二年に閉館したままです。そもそも「資料館」という発想自体に問題があったわけで、船入場と連動させるもっと創造的な発想があり得たはずです。

　まったく歩いていて腹が立つことが少なくありませんが、街歩きは楽しまないといけないので、そんな気持ちは抑え、その先の田楽橋を渡り、目黒区立中目黒公園へと向かいます。広々とした公園の丘を上ったところに建つ「花とみどりの学習館」には「川の資料館」の資料の一部が移転されましたが、見る人はほぼいません。ただ、パネル展示の地形図からは、目黒川を挟んで三田用水側の崖が対岸の台地と比べてかなり急峻なことはわかります。

　二〇〇二年の開園前、この公園は海軍技術研究所を前身とする旧科学技術庁金属材料技術研究所の敷地の一部で、今も三方を陸上自衛隊目黒駐屯地、防衛装備庁艦艇装備研究所などに囲まれています。中目黒側の東京共済病院も、かつては東京海軍共済組合病院で、今の清掃工場敷地も軍用地でした。つまり、中目黒もまた渋谷一円の軍都の一部だったのです。

広い川辺の空間が活かされていない目黒川船入場

これらの軍関連の施設の始まりは、一八五七年に幕府が砲薬製造所を建てたことで、三田用水の動力を火薬製造に活用できたことが大きかったようです。明治維新後も火薬製造は続けられましたが、周辺の都市化や三田用水の水を使っていた付近の農家との軋轢もあり、一九二八年に工場は移転、そこに海軍技術研究所が築地から移ってきて、戦艦大和などの研究が行われたそうです。占領期、この地は「エビスキャンプ」として英連邦軍に使用されていました。今は人々の憩いの場として親しまれる普通の公園にそんな海軍と結びついた歴史があったことは、園内の片隅にある説明板からしかわかりません。

公園のすぐ裏手は自衛隊の目黒駐屯地ですが、塀に囲まれているので目黒川遊歩道に戻って新茶屋坂通りを上っていかないと、その様子をうかがうことすらできません。途中、道の右に「三田用水跡と茶屋坂隧道跡」の記念碑があります。一九三〇年に恵比寿へとつながる新茶屋坂通りを通したとき、三田用水の下を開削したのが茶屋坂隧道で、隧道のプレートの文字は西郷従道の息子の従徳《じゅうとく》が揮毫《きごう》しています。隧道は道路拡張に伴い二〇〇三年に撤去されました。

坂を上ったT字路の交差点を反対側に渡ると、立ち入り禁止のプレートがかかったフェンス越しに、防衛省の施設が見えます。緑の屋根の細長い建物は、海軍技術研究所時代から使われている大水槽でしょう。ここでも三田用水の水が、大水槽に必要だったはずです。

ここが火薬製造所だったころ、製造した火薬や物資を運搬する軽便軌道の引き込み線がありました。行き先は、現在は国立科学博物館附属自然教育園になっている白金火薬庫です。少しだけ三田用水から離れ、一九一一年まで使われていたこの軌道の跡を追いましょう。

交差点を戻って、斜めに入る脇道を行き、茶屋坂児童遊園のところで左折、住宅街の中の道を進むと左側に数段の階段があり、そこに陸軍境界石が少し頭をのぞかせています。このあたりに軌道が通っていたのです。この先の目黒三田通りを渡って南方向に進むと、日の丸自動車学校の前に、三田用水跡の説明板が江戸時代の用水の遺構と共に設置されています。この辺で三田用水は白金分水などに分かれていたようです。自動車学校の向かいは、かつて千代ヶ崎と呼ばれ、そこの肥前島原藩の二万坪余りの抱屋敷は、滝や池を配した庭園から望む景色のよさで有名でした。この庭園にも、三田用水が引かれていたはずです。

ちなみに、「三田」という地名は天皇の直轄領地「屯田《みた》」に由来するもので、一〇世紀初めに編纂《へんさん》された『倭名類聚抄《わみょうるいじゅしょう》』にその名があり、港区の「三田」と共に「御田郷」に属したと考えられています。その後、「三田」は目黒区の「三田村」、港区の「白金村」、港区の「三田村」に分かれ、かつて同じ地域だったことはほとんど忘れられてしまっています。

（4）歴史の地層が折り重なった都会のオアシス、自然教育園

これ以上軌道跡をたどるのは難しいので、自然教育園へと向かいます。自然教育園は古川と目黒川の浸食でできた台地上にあり、一帯からは旧石器時代や縄文時代の遺跡が見つかるなど、古代から人が住み着いていた場所です。中世になると、ここに土塁や堀などの防御施設も備えた豪族の館が築かれます。この豪族は「白金長者」と呼ばれるほどの富を誇り、その名の「白金」は今も周辺の地名に残っています。

江戸時代に入ると、白金長者の末裔は一帯の村名主《むらなぬし》となり、館があった場所は芝増上寺管理下に置かれた後、御料所（幕府直轄地）に、さらに水戸徳川家の血筋にあたる讃岐高松藩の下屋敷として下賜されます。明治維新でこの下屋敷は接収され、海軍省と陸軍省の火薬庫になりました。ここにあった薬園は廃されましたが、後に牧野富太郎が調査に入り、南方の植物が移植されていた可能性を指摘していることからみると、下屋敷時代に平賀源内が作ったとされる薬園の植物でしぶとく残ったものもあるようです。

一九〇九年に大阪で起きた火薬庫爆発事故の影響により周辺住民からの移転要望が出され、火薬庫を管轄していた陸軍は、火薬庫を移転して八万坪の跡地を売却し、軍備増強費に当てよ

うとしました。しかし、買い手はなかなか現れず、結局、宮内省用地（白金御料地）に無償献納され、帝室林野局の所轄となり、明治神宮造営では敷地内の樹木が約五〇〇〇本も献納されています。他方、宮内省から陸軍へは下賜金一三五万円余りが交付されます。敷地の一部（九八〇〇坪）は、一九二一年に朝香宮鳩彦王《やすひこおう》に下賜され、パリ帰りの宮が自ら設計した美しいアールデコの邸宅が建てられました。

第二次世界大戦末期、白金御料地の自然林は荒れ果て、草地部分には帝室林野局によって食糧増産用の畑が作られただけでなく、食糧難が激しくなった終戦後には、付近の住民も交えて開墾が行われたと言います。終戦に伴い、白金御料地は他の皇室苑地（新宿御苑、皇居外苑、京都御苑）と共に大蔵省（現財務省）に物納され、一九四九年に天然記念物及び史跡に指定され、一般公開されることとなりました。

一方、朝香宮邸の運命は数奇です。まず政府施設として借り受けられ、一九五四年まで吉田茂外相・首相の公邸として使用されます。しかし、平民となった朝香宮は経済的必要から邸宅を堤康次郎に売却してしまいます。その後も赤坂迎賓館が完成するまでは白金迎賓館として使用されましたが、やがてここは白金プリンス迎賓館となり、プリンスホテルの本社としても利用されていきます。またしても堤康次郎です。私たちは、こんなに都心南部のあらゆるところで堤康次郎に遭遇するとは思っていませんでした。ですから、本来であれば、ここに白金プリンスホテルが建っていたはずなのですが、周辺住民の反対により計画は頓挫、朝香宮邸は東京都に売却されて一九八三年、東京都庭園美術館に生まれ変わり、現在に至ります。

こうした数奇な運命をたどった自然教育園や東京都庭園美術館に、過去の痕跡はどれくらい残っているでしょうか。それを確かめるのに、本来ならば庭園美術館も寄りたいのですが、自然教育園の入園は一六時までなので、今回はスキップして、自然教育園にのみ入ってみることにします。約二〇万平方メートルの広大な敷地に木々が生い茂る園内は、車の音も聞こえず、周囲の高層ビルは樹影に遮られ、まるで奥日光の景勝地にいるようです。都心の一等地に、これほど都会の喧騒から隔絶された自然豊かな場所が残っていることに驚きます。

入口から続く道を鳥がさえずる中、そのまま進んでいくと、微妙な高低差があり、下り坂の行き止まりに大きな池（ひょうたん池）があり、江戸時代の石積みや松の古木など、大名屋敷の回遊式庭園の名残が見られます。園の北側には雑木林や湿地帯が広がりますが、その外側を通っていた三田用水の白金分水からも、池に水が引かれていたことでしょう。しかし、その跡を見つけるのは困難です。

困難と言えば、御料地になった際、火薬庫時代の施設は壊され、軽便軌道のレールも取り外されたと思われ、当時のことを偲ばせる痕跡は残っていません。火薬庫に使われていたと思しきレンガ片が散見されるくらいです。園の西側の藪の中に、「陸軍用地」と彫られた標柱が確認されているそうですが、一般客でそこまで探索するのは無理でしょう。

一方、度重なる所有者の変遷にもかかわらず、中世の豪族の館跡の土塁はしっかりと痕跡を残しています。園内はできるだけ人の手を加えず、自然の生態系を保つようにしているとのことで、戦中から戦後にかけての荒廃が嘘《うそ》のように、貴重な野生植物や生き物たちが生息する豊かな自然が広がっています。自然のしたたかな生命力を感じます。

こうした生き物たちの楽園を脅かしているのが、西側を走る首都高速2号線で、そのそばのいもりの池、水鳥の沼あたりでは、さすがに車の音が聞こえます。戦後、御料地時代、御料地を南北に縦断する幹線道路が計画されていました。園内の貴重な自然を破壊するとして反対の声が上がっても、東京都は計画を変更せず、首都高の建設と抱き合わせにする形で首都高速が園西側外周に沿って走る案となり、道路の一部は園の上にかかっています。自然教育園の管轄をめぐり、建設省、厚生省、文部省（いずれも当時）の間で駆け引きがあり、結局文部省に任されました。もし、建設省管轄になっていたら、園内に道路が走っていたかもしれません。ますます都市の開発が進む中で、自然教育園の価値を改めて痛感します。

（5）福沢諭吉の墓と高台の見晴らし

そのまま自然教育園でのんびりしたいところですが、もう少し三田用水の跡をたどります。自然教育園の向かい側、斜めに崖を下る細い脇道があるのですが、これは三田用水の妙円寺脇口分水の跡と思われます。坂を下りきったあたりの低地は両側を高台に挟まれ、道はゆるやかに蛇行します。分水はこの道を崖に沿うように流れていたのでしょう。一帯には、庶民的な古いアパートや小さな家が並んでいて、丘の上の高級住宅地との対照は明瞭です。

左側の崖の上は、江戸時代、増上寺下屋敷で、現在も浄土宗の寺が密集しています。そのひとつの常光寺には、福沢諭吉の墓が、一九七七年に麻布の善福寺に移転するまで長く置かれていました。その後、福沢家の宗旨が浄土真宗で、浄土宗の常光寺では浄土宗信徒しか墓を持てないことになり、宗旨替えをするか墓を移転するかの決断を迫られたとの話でした。

しかし、実はそう単純な話ではなさそうです。常光寺の墓地に行くと、真正面に慶應義塾による「史蹟 福澤諭吉先生永眠の地」という記念碑と福沢の胸像が建てられています。きれいに整備され、真新しい花も生けられている様子は、慶應義塾はあくまで福沢が遺言で定めたこの地を墓所とみなしているかのようです。生前、福沢はこの寺からの眺望が気に入って、家の宗旨とは違っても常光寺を自分の墓所と決めたのでした。今ではマンションと高層ビルでかなり遮られていますが、それでも見晴らしがよい常光寺の墓所に立つと、福沢が生きていた当時はさぞ素晴らしい眺めだっただろうと想像できます。そもそも個人の自立を尊んだ福沢にとって、家の宗旨など取るに足らないものだったのでしょう。

かつて福沢諭吉の墓があった常光寺。慶應義塾は善福寺ではなく、この地を墓所とみなしているかのようだ

常光寺から坂を下り、次は品川区立池田山公園に足を延ばします。「池田山」は、高級住宅地の代名詞になっている「城南五山」のひとつで、美智子上皇后の実家、正田邸（現在は品川区立ねむの木の庭）も建っていました。その名の由来は、江戸時代、ここに岡山藩池田家の下屋敷が置かれていたことにあります。一万坪以上あった下屋敷は、昭和初期に堤康次郎の箱根土地株式会社により高級住宅地として分譲され、現在、池田山公園がある場所は、東京電力社長邸、荏原青果社長邸を経て品川区の所有となり、一九八五年に回遊式庭園を活かした形で開園しました。入口から上り坂になっていて、丘の上から

は窪地の湧水池が見下ろせます。

余談ですが、すぐ近くのＮＴＴ東日本関東病院のホスピスに私の亡き母がお世話になり、東京メトロ南北線白金台駅からこの公園の脇を通って日々面会に通ったのを思い出します。

病院に併設する「ふれあいガーデン和《なごみ》」のところの交差点を渡り、細い坂道を上っていきます。坂の途中からスリバチ状の地形が見て取れ、向こう側の丘はさっき訪れた常光寺などがある増上寺子院群の台地です。しばらくすると、右手に上り階段があるので、そこを進みます。四つ角を越えると、一区画すべてを占める豪壮な白亜の邸宅が現れます。その名を誰もがよく知るＩＴ長者の住まいだそうですが、とても閉鎖的な外貌で、城砦《じょうさい》のようです。

そして、この豪邸の奥に見えるのが、茶道具の美術館として有名な荏原畠山美術館です。昭和の初め、寺島宗則伯爵邸跡約三〇〇〇坪を荏原製作所創業者の畠山一清《いっせい》が取得、私邸「般若《はんにゃ》苑《えん》」を建てました。「般若苑」は戦後まもなく、石橋湛山《たんざん》大蔵大臣の公邸として使用された後、売却され、料亭「般若苑」となります。三島由紀夫の『宴のあと』（新潮文庫、一九六九年）の舞台としても知られるこの料亭は二〇〇五年に閉店し、その跡地が件《くだん》の豪邸に姿を変えたのです。

一方、料亭以外の敷地には、一九六四年に畠山一清所蔵の貴重な美術品を公開する目的で畠山記念館が開館しました。私立美術館ですが、国宝六件、国重要文化財三三件を含む一三〇〇件の収蔵品を有しています。同館は、二〇一九年から五年をかけた改修後、二〇二四年一〇月五日、つまり最初の開館からちょうど六〇年後にリニューアル・オープンしました。私は本書の事後取材のつもりで再オープン当日に訪れましたが、展示されている茶器や掛軸、山水画は、日本の安土桃山時代から江戸時代にかけてのものだけでなく、一二、一三世紀の南宋《なんそう》のものや一六世紀の朝鮮半島のものも少なくありません。茶の湯には素人の私でも、それぞれの茶器の多様な表情に見入ります。また、一清は相当の文人で、能にも没頭し、自らも舞台で演じる傍ら、多くの能面や衣装を集めており、それらも展示されています。館内では、一九六四年の開館時のパーティの記録映像も上映されていますが、佐藤栄作をはじめ当時の政財界の大物が勢ぞろいしており、それはそれで興味深いです。美術館入口には、私たちがそのアトリエを谷中で訪れた平櫛田中《ひらくしでんちゅう》による一本彫りの一清像が置かれ、建物の横にも落ち着いた茶室が残されています。畠山一清の美術館は、かつて日本に、経済人が文化に深い理解と思い入れを持っていた時代があったことを思い起させます。今日の私たちは、隣のＩＴ長者の成金趣味としか言いようのない白亜の城が象徴するように、そうした時代からはるか隔たってしまったようです。

（6）三田用水の遺構と環状4号線問題

荏原畠山美術館から白亜の城を通り越し、その先のT字路あたりまでくると、古い木造住宅なども見えるぐっと庶民的な家並みになります。右折して、最初の辻に赤い屋根の地蔵堂（元禄今里地蔵）が建っています。「今里」は、かつてこのあたりが今里村だったことが由来です。お堂の前に立つと微妙な高低差があり、低い方の右手の道が三田用水の跡です。地蔵堂を背にしてこの道を進むと、マンションの脇に三田用水跡の説明板が立っています。

説明板のところにあるのは、三田用水の水路を通していた築堤の断面で、三田用水の数少ない貴重な遺構です。マンション脇の歩道には三田用水の水路跡の記念としてタイルが埋め込まれています。この階段を上ると左側に児童遊園があり、その先に、今里橋の跡がわずかに地表から姿を見せています。ほとんど崩れそうなコンクリートの遺構は、気をつけていないと見落としてしまいそうです。

今来た道を戻り、国道1号線（桜田通り）の高輪台交差点に向かいながら、三田用水の跡をたどります。歩いていて気づくのは、あちこちの住宅に「環状4号線反対」ののぼりやポスターが掲げられていることです。戦災復興計画の一環として策定された環状4号線は現在、目黒通りの白金台交差点付近で行き止まりです。それを延伸し、高輪台交差点、さらにその先の第一京浜から旧海岸通りまでの貫通が計画されているのです。私たちが歩いているあたりは道路用地となる予定で、さっき通った三田用水の貴重な遺構もそこに含まれるようです。

二〇二〇年、この区間が事業着手に向かおうとしているのは、品川や高輪ゲートウェイ駅周辺の再開発も関係しているようです。しかし、道路建設で高輪の多くの住宅で立ち退きが生じるため、住民は測量をさせまいとの意思表示をしているのです。下北沢同様、ここでも時代遅れの道路計画が人々の慣れ親しんだ街を根底から破壊しようとしています。

都営浅草線高輪台駅に近づくにつれ、住宅街に商店や飲食店が混じり始めます。桜田通りにぶつかった高輪台交差点付近が、三田用水の終点です。三田用水の水は、ここから先は地中に埋められた木樋が二本榎《にほんえのき》通りから芝・三田を抜け、赤羽橋付近で古川に流れていました。

のっぺらぼうのような「ゆうれい地蔵」（子安栄地蔵尊）

二本榎通りの両側には江戸時代から多くの寺社があります。そのひとつ、光福寺に寄っていきましょう。光福寺は明治に入ってからここにあった相福寺と芝源光寺が一緒になってできた寺で、ゆうれい地蔵（子安栄地蔵尊）で有名です。言い伝えでは、江戸の昔、毎日、高輪二本榎の飴屋に飴を買いに来る母子を怪しんだ店の主人が後をつけると、この地蔵の前にたどりついたそうです。しかし、もうひとつの言い伝えでは、品川沖から上がった地蔵が死んだ母親に代わって子どもを育てたとも言われています。それ以外に、風雨にさらされて摩耗したという説もありますが、いずれにせよのっぺらぼうの顔に骨が浮き出たような「地蔵」の姿はなんとも異様で、「ゆうれい」の異名がついたのも納得できます。

（7）東禅寺の路地裏に別世界を見る

最後の目的地は、幕末に英国公使館が置かれた東禅寺です。地図を見ると、ゆるやかに傾斜している光福寺の墓地の向こうに東禅寺があるのですが、墓地を通り抜けてショートカットすることはできず、二本榎通りに再び出て高輪三丁目のバス停の先の角を左折します。角の大きな建物は、味の素食の文化ライブラリーです。このまま直進するとまた行き止まりなので、仕方なくグランドプリンスホテル高輪の前の道から遠回りすることにします。

環状4号線が計画通りに進めば、この道もその予定地です。左手に廃墟と化した建物が二棟並んでいますが、これはホテルの職員寮に使われていたようです。ボロボロに荒れ果てた様子に、西武資本の運命が重なります。建築が好きな人は、現在はグランドプリンスホテル高輪の貴賓館となっている、片山東熊《とうくま》設計の旧竹田宮邸の洋館を見学してもいいでしょう。グランドプリンスホテル高輪、同新高輪の敷地は、薩摩藩島津家下屋敷の跡に居を構えた後藤象二郎の広大な邸宅で、後藤の死後、御用邸となり、さらに複数の宮家に下賜されました。戦災で唯一焼け残った竹田宮邸洋館は建築史的な見どころはもちろんですが、戦後、困窮する旧宮家の邸宅を堤康次郎が次々とかすめ取っていった経緯が再びここでも思い起こされます。

二股に分かれる道の左側に細い下り坂があり、進んでいくと高輪公園に出ます。窪地に造られた広い児童遊園で、公園を抜けて左折し、最初の道を右に進むと東禅寺の門前です。山門の前には、日本最初の英国公使館跡であることを伝える説明板と石柱があります。

木々の緑に囲まれた窪地の境内は、深い静寂を感じられる素晴らしい環境です。イギリスの初代駐日公使オールコックは幕末日本について綴った『大君の都』で、東禅寺を「江戸にある最大かつ最良の寺」と称賛し、境内の庭のしつらいについて事細かに書きとめ、「海上禅林」と謳われた高台からの眺望の見事さも含めて「あまりにも完璧」とたいそう気に入っています。

実は、米国公使館となった麻布の善福寺も英国公使館の候補だったのですが、予定されていた善福寺下見を取りやめるほど、オールコックは東禅寺を一眼で気に入ったのです。

東禅寺が英国公使館に選ばれたのは、諸大名家の菩提寺であったという格式の高さに加え、東海道や海に近いという地の利もありました。しかし、外国人が忌み嫌われていた当時、英国公使館に定められたことは、東禅寺にしてみれば歓迎すべからざる事態でした。実際、攘夷派の浪士たちから二度も襲撃を受け、殺傷沙汰になったことで、「穢《けが》れた寺」とされて檀家の離檀を招き、山門の修理もままならないほど経済的打撃を受けたと言います。

なお、現在の山門は一九七一年に建てられたものです。苦難の歴史を経ながらも、東禅寺は心洗われる静謐なたたずまいを維持しています。一九九二年に建てられた三重塔など境内の建物も品格が感じられます。本堂は昭和初期の建造ですが、その玄関は一九世紀のものです。ただ、オールコックが使用した奥書院や、江戸時代から残る池泉回遊式庭園、大名家の墓を含む墓所は非公開で中に入れません。三重塔を右手に境内を進んでいくと、先ほどの高輪公園を出たところの道に行き当たりますが、道幅が狭くなっています。そのまま境内の外周に沿うように歩いていくと、左側は長い塀です。窪地から抜け出るような上り坂は、右手に東禅寺境内の緑が広がり、まるで別世界のトンネルを抜けているかのようです。途中、右側に一軒家が建っていますが、都心の隠れ家のようで非常に魅力的です。住人が心から羨ましいと思います。坂を上りきる手前で狭小住宅が密集し始め、古い長屋が寄り集まるような一角を見つけ、つい足を踏み入れます。街歩きの醍醐味はこういう瞬間にあります。

今日の街歩きもそろそろ終点です。ここまで来たら、有名な泉岳寺にも寄っていきましょう。泉岳寺は一六一二年に徳川家康が今川義元の菩提を弔うため創建した曹洞宗の寺で、曹洞宗の江戸三寺（青松寺《せいしょうじ》・総泉寺・泉岳寺）のひとつとして崇敬され、赤穂藩《あこう》浅野家の菩提寺だった縁で、赤穂四十七士の墓所が設けられました。桂坂を渡り、曲がりくねった道を行くと泉岳寺の中門で、これは天保年間のものです。門をくぐると数軒の土産物屋と大石内蔵助《くらのすけ》の銅像、赤穂義士記念館（拝観料大人五〇〇円）があります。

奥に赤穂義士墓所があり、入口で線香代三〇〇円を払って、中に入ります。浅野内匠頭《たくみのかみ》とその夫人の瑤泉院《ようぜんいん》、四十七士の墓が整然と並びます。熱心にお参りしている人もおり、今でも四十七士の物語には信奉者が少なくないようです。境内には、吉良上野介の首を洗ったとされる首洗い井戸、浅野内匠頭切腹の際に血がかかったという血染めの梅、血染めの石なども見られます。観光的な聖地ですね。

泉岳寺を後にし、第一京浜の大通りに出ると、ＪＲ高輪ゲートウェイ駅周辺の再開発が進行中です。これは巨大な敷地の再開発で、高輪一帯の風景を大きく変えてしまうことになりそうで心配です。東京都心南部は今、巨大再開発バブルです。

《第四日のまとめ〜用水と川筋のネットワークからの都市再生》

今日はかなり長距離の街歩きとなりましたが、実際に歩いて、東京都心南部で三田用水の存在感がどれだけ大きかったか、痛感することができました。三田用水は、住民の飲用水として、また農業用水として、さらには大名庭園の池にも活用され、その多くはやがて維新の元勲や宮家、実業家の邸宅へと移行していきました。そしてもちろん、明治日本の兵器製造や軍事施設、ビール工場や製綿工場などを動かす動力も三田用水を使った水車でした。

都心南部の歴史に三田用水がこれほど重要な役割を果たしてきたことに、私たちはこの街歩きを始める前には気づいていませんでしたが、用水の重要性にかなり前から注目していた人もいます。最近、神宮外苑再開発問題で奮闘されている都市計画の専門家の石川幹子《みきこ》さんたちです（牧寛・石川幹子「旧三田用水が形成した文化的景観の歴史的変遷に関する研究」、社団法人日本都市計画学会編「都市計画論文集」四五－三号、社団法人日本都市計画学会、二〇一〇年）。

石川さんたちは、三田用水に関連して残る約一五〇点の資料から三田用水自体をテーマとする三二点を選定し、これらが捉えた用水沿いの一七地点の文化的景観を解析しました。彼らはこの一七地区について「文化的景観の構造とポテンシャル評価」という大変示唆に富む表も作成されていて、そこでの個々の結果は、私たちの街歩きの印象とも一致します。論文には、今日、三田用水は全域で暗渠化してしまっているが、「用水路によって形成された生活や文化・景観は今なおその地域の基盤となって存在し、影響を与え続けており、そこにまちづくりの核となるその地域らしさが詰まっている」と書かれていますが、私も同感です。

他方、三田用水沿いにいくつもの軍事施設が配置されていたことも、本日の街歩きで確認しました。中目黒から目黒にかけての川筋には、かつて広大な海軍施設があり、今日でもその一部は自衛隊施設として残っています。また、今では自然が実に豊かに保全されている白金の自然教育園も、かつては軍の火薬庫だったのです。ですから軍都としての東京は、渋谷や青山、代々木周辺だけでなく、中目黒から白金にかけても、つまり都心南部全体に広がっていたわけです。戦後、その多くが公園となりますが、その中には代々木公園のようなオープンな緑地が中心のものから、自然教育園のように森林環境を再生させているものまであります。

こうした一方で、今日の街歩きで私たちは、川筋の緑道が頻繁に道路によって分断されていることも確認しました。目黒川が大橋から下流では開渠なのはいいことですが、その川筋は幾度も道路によって分断されています。せっかく川筋が整備されても、実際には船着場はほとんど使われておらず、川べりの公開緑地の利用も問題含みです。つまり目黒川のポテンシャルはまだ十分に活かされてはいないのです。戦後日本の都市計画を貫いてきた道路中心主義から脱するならば、むしろ三田用水や目黒川の川筋を広域的につないで自転車やウォーキング、あるいは舟運のネットワークにより街を活性化していくプランが可能なはずです。

したがって、未来の東京のまちづくりにとって、川や用水が織りなす地域の地形を活かしていくことはとても重要です。渋谷川と三田用水、そして目黒川の三つの水路の関係は、世田谷から品川まで一円の江戸から明治にかけての歴史を理解するキーポイントです。近代を通じ、日本人は都市に張りめぐらされた水路や坂や台地と谷間、窪地などの複雑な地形の豊かさに見向きもしなくなってしまったのですが、そうした近代の価値意識からの脱却が必要です。そして実際、すでに代官山ヒルサイドテラスや白金の自然教育園、いくつかの寺社地は、地形を活かした「まち」の可能性を具体的に示してきました。しかも近年、若者たちはその価値に再び気づき始めています。都心南部で価値ある風景を再発見していくこと、つまり都心南部を「裏返して」いくことは、都心北部での同様の営み以上に、開発主義に対する挑戦なのです。

第五日　蟹川と新宿歌舞伎町の「裏」に広がる風景

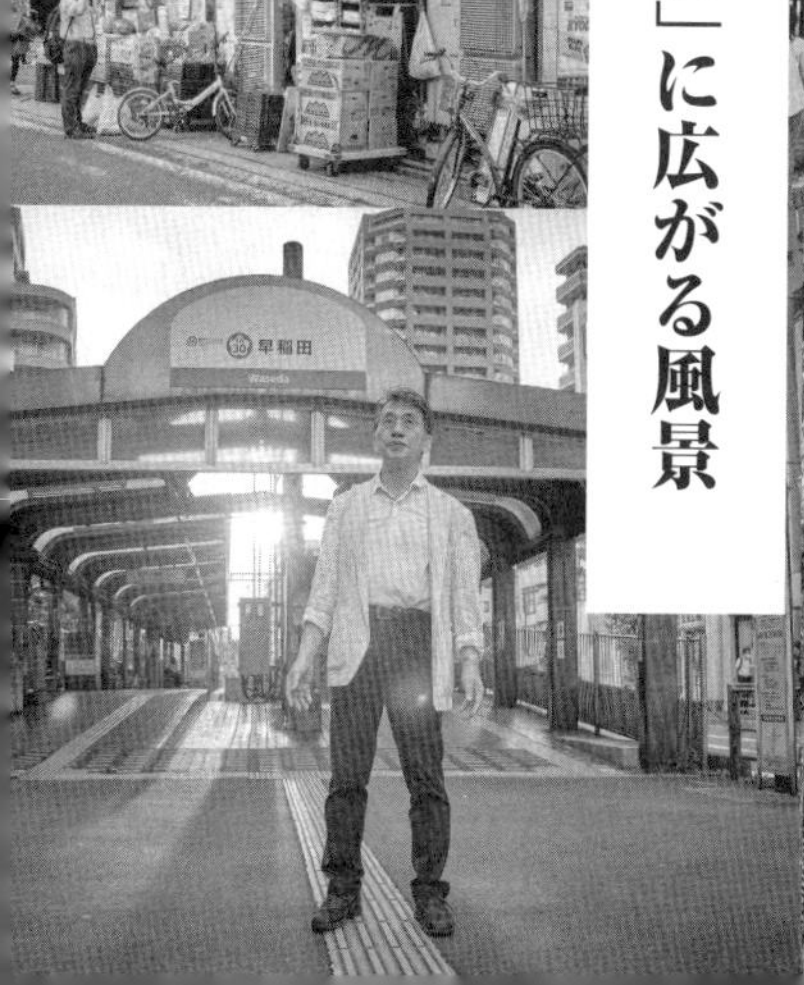

都電荒川線
面影橋駅
早稲田駅
椿山荘
GOAL
首都高速5号池袋線
東京メトロ有楽町線
江戸川橋駅
甘泉園
水稲荷神社
穴八幡宮
早稲田駅
東京メトロ東西線
神楽坂駅
箱根山
牛込柳町駅
都営大江戸線
曙橋駅
富久クロス
都営新宿線
市ヶ谷駅
JR中央線
東京メトロ南北線
四谷三丁目交差点
START
東京メトロ丸の内線

第五日 地図

高田馬場駅
西早稲田駅
JR総武線
JR山手線
東京メトロ副都心線
新大久保駅
大久保駅
WHITEHOUSE
東新宿駅
西向天神社
西武新宿駅
新宿ゴールデン街
王城ビル
西新宿駅
花園神社
新宿西口駅
新宿三丁目駅
都庁前駅
新宿駅
新宿御苑駅

《冒頭講義～新宿という街の「裏」の「裏」》

(1) 都市を理解する三つの次元——歴史・空間・社会

今日の街歩きの舞台は新宿です。新宿はそれ自体、東京の裏街的な面がありますから、その新宿を「裏返す」ということは、東京の裏のさらに裏をかくことになります。

そもそも都市を見る次元には、歴史性、空間性、社会性の三つがあります。軸をなすのは歴史性で、都市は歴史の産物であると同時に歴史を生成する集合的な主体です。この都市の歴史的な主体性は、社会学でこれまでも「革命的群衆」(ジョルジュ・ルフェーブル)、「都市革命」(アンリ・ルフェーブル)、「生活様式としてのアーバニズム」(ルイス・ワース)、「サードプレイス」(レイ・オルデンバーグ)等々、異なる立場からさまざまに解釈されてきましたが、歴史に何らかの変化をもたらす脱規範的なモメントが、都市に内在されているとする点では共通します。そのような意味での都市は、近代の母胎ともなってきました。

そして、歴史的な次元での東京は、まさしくその「近代」を生成し続けたのです。ですから、歴史的に東京を裏返すということは、その「近代」を裏返そうとする試みとなります。

　これを空間的な次元から言うなら、近代とは「より速く、より高く、より強く」を求めた時代で、その結果、東京は超高層ビルや高速道路に埋め尽くされていったのです。これを裏返そうとする私たちは、「より愉しく、よりしなやかに、より末永く」をモットーに、窪地や谷間のような、低いところからの都市の眺望を求めて街歩きをしてきました。すでにお話ししたように、まっすぐの道、広い道、平らな道ではなく、ぐにゃぐにゃした、狭い、凹凸のある道を歩こうとしてきたわけです。そうした条件を一番備えているのが川筋で、谷間や路地もその近くにあります。私たちはそんなふうに都市の谷間、路地を歩き通すことによって、近代の象徴である東京という都市を裏側から眺め返しているのです。

　では、空間性と表裏をなす社会性の次元とは何でしょうか。この次元はジェンダー、エスニシティ、階級の三つの次元を含みます。ジェンダーの次元は、もちろんセクシュアリティの次元を含みますし、エスニシティの次元との関わりにおいて、ナショナリズムやコロニアリズム、人種や民族といった次元があります。また、階級の次元には、労働者文化や貧民窟と山の手といった次元が含まれます。

　東京を、これらの社会性の次元で裏返していくことの含意は明白です。まず、ジェンダーの次元では、近代東京は基本的に男性中心主義、つまり男たちが支配してきた首都です。ですからそれを裏返すということは、当然、女性たちの目線から東京を見ていくことになります。とりわけ、都市におけるジェンダーの問題は、遊郭や花街といった空間を都市論としてどう読み返していくかが枢要のテーマとなります。

この意味で、新宿はなかなかおもしろいところです。実際、今では買い物客で賑わう新宿三丁目の伊勢丹あたりから新宿御苑北側一帯は、江戸時代、内藤新宿の妓楼がずらりと並ぶ場所でした。大正時代、東京が大都市化していく中で、新宿妓楼街は整備され、新宿二丁目から三丁目にかけての新宿遊郭になります。戦後、新宿は赤線・青線という新たな性の街を擁していくわけですが、今のゲイタウンあたりは青線、つまり非公認の売買春エリアで、新宿二丁目から花園神社に続くあたりに公認の赤線地帯が発達していました。さらにその後、新宿の性風俗は歌舞伎町へと移っていきます。

しかも新宿は、こうした「妓楼」「遊郭」「赤線」などで支配的だった性の分割線をさらに裏返し、捻《ねじ》れさせてもいる街です。ここで念頭にあるのは、歌舞伎町のホストクラブや新宿二丁目のゲイタウンのことです。こういう重層的な性の空間が新宿には集中しているのです。最近では、砂川秀樹さんや武岡暢《とおる》さんなど、実際にそうした場所に入り込んで調査を進め、新宿

における ジェンダーやセクシュアリティの境界線について厚い記述をする人類学者や社会学者が増えてきました。街歩きは昼の活動なので、今回は夜の新宿について触れませんが、そこは彼らの仕事に注目してください。

他方、エスニシティや階級の次元でも、新宿はとても興味深い街です。「東京＝近代」は、長らく「西洋」に近づこうと必死になってきた「日本」の中心でした。その「裏」とは、つまり「アジア」への回路になります。アジアが近代東京でどう生きられてきたのか、そして東京がアジアにどう受け入れられてきたのか。このテーマも大久保百人町《ひゃくにんちょう》や新大久保、歌舞伎町にかけてのエリアに集約されています。今、このあたりはコリアンタウン、あるいはアジア各国の店が集まるエスニックタウンとして知られていますが、実は大久保百人町のアジアとの関わりはもっと歴史的で深いものです。

かつて百人町には、孫文をはじめ、北一輝《きたいっき》、幸徳秋水、管野須賀子《かんのすがこ》、大杉栄《さかえ》、伊藤野枝《のえ》といった錚々《そうそう》たる革命家たちが住んでいました。北一輝＝ファシズム、幸徳秋水＝社会主義、大杉栄＝アナキズム、孫文＝中国革命といった教科書的整理では割りきれないのです。百人町という街を媒介に、彼らはもっと深い地下水脈で、とりわけ同じ地域の空気の中でつながっていたと思います。その水脈の片鱗《へんりん》を、今日の街歩きで見られたらと思います。

（2）歌舞伎町・新宿二丁目から神田川へと流れていた蟹川

私たちが本書で一貫して目指しているのは、「川筋と軍都をたどる社会学的街歩き」です。実際、今回の新宿から早稲田に向けての街歩きも、まさしく「川筋」と「軍都」をたどる旅なのです。ここで川筋として注目したいのは、「蟹川」という、今日ではあまり知られていない川です。蟹川は暗渠化されてすでに九〇年以上が経ちますが、水源は西新宿と新宿二丁目付近とされ、そこから現在の戸山公園と早稲田大学付近を通り、江戸川橋のあたりで神田川に注ぎ込んでいました。つまり、今日の街歩きのエリアのほとんどが、実はこの蟹川のかつての流路と重なっているのです。

もう少し詳しく、蟹川の流路を説明しておきましょう。その水源はふたつあったと考えられており、本流は現在、西新宿にある常圓寺《じょうえんじ》の裏、昔は「雷ケ窪《らいがくぼ》」と呼ばれていた場所であろうとスリバチ学会の皆川典久さんは推量しています（皆川典久『東京スリバチの達人　分水嶺東京北部編』昭文社、二〇二〇年）。そこから川はやや北東に流れ、現在の西武新宿線西武新宿駅のあたりから東急歌舞伎町タワーと都立大久保病院の間を通って、歌舞伎町の花道通りを流れていました。戦後、歌舞伎町一帯がすっかり区画整理されたのに、この花道通りだけがくねくねしているのは、ここが昔、川筋だったからです。

現在では、東急歌舞伎町タワーや新宿東宝ビルに囲まれた敷地は実に殺風景な広場ですが、一九九〇年代まで、ここには噴水池がありました。覚えている人も多いでしょう。しかし実は、そのほぼ同じ場所に明治時代にも大きな池があったのです。それが、蟹川の水を引いて造られた大村伯爵邸の鴨池で、文字通り鴨猟ができるほど大きな池だったようです。その池の中の島には、上野不忍池の弁天堂より弁財天が勧請されていました。やがて大正期に池は埋め立てられますが、その弁天堂は残り、後で訪れる歌舞伎町弁財天となっています。

さらに蟹川は、ゴールデン街や花園神社の北側を通り、現在の文化センター通りに沿って流れていました。逆に言えば、花園神社もゴールデン街も、実は蟹川沿いの神社であり飲み屋街なのです。そして、文化センター通りに入ったあたりで、現在の新宿公園、かつての太宗寺《たいそうじ》境内を源流とする南からの支流と合流します。この新宿公園内の源流地点は、今も形を変えながら公園内の池として残されています。

早稲田大学の認知行動学者の細馬宏通《ほそまひろみち》は、「東京なでなで記」という出色のWebコラムの中の「二丁目は川を宿す」で、この太宗寺境内を源流とした蟹川と夏目漱石の幼年時代の記憶について興味津々の考察をしています。漱石は幼いころ、太宗寺の向かいにあった伊豆橋という妓楼に預けられていたことがあり、そこは幼い彼には「天井の付いた町」のように思えていました。漱石はそのころの記憶を『道草』（岩波文庫、二〇〇九年）に書いたのですが、細馬さんは漱石の叙述と古地図を重ね合わせながら蟹川沿いを歩き、かつてこの川が形成していた文化景観を鮮やかに浮上させます。その考察が示すように、蟹川とその川筋の多くの池は、明治大正の新宿・大久保に生きた人々の中に深く記憶の地形を刻み込んでいたのです。

さて、蟹川の物語はまだまだ続きますが、残りは歩きながらにしましょう。蟹川はこの後、東大久保の西向《にしむき》天神社の真下を北上し、新宿七丁目の庶民的な街並みを抜けて旧尾張藩下屋敷、現在の戸山公園に入っていきます。そこにはかつて尾張屋敷の広大な池があったわけですが、現在は跡形もありません。その後、流路は北東に進み、早稲田大学キャンパスの脇を大隈《おおくま》庭園へと向かいます。大隈庭園の池は、もともと蟹川の水を引いて造られたのです。換言すれば、早稲田大学はもともと蟹川の下流に設立された大学だったと言うこともできます。

(3) 大名庭園の壊滅的変化と新宿の「軍都」

他方、今日の街歩きでは軍都の跡も訪れます。これまでの街歩きで、私たちは川筋の台地にはしばしば大名庭園があるのを確認してきました。それらの大名庭園の多くが、やがて明治の元勲たちの屋敷や公園、大学キャンパスなどになっていきますが、なかには不幸にも旧日本軍の軍事施設としてすっかりその様相を変えてしまった庭園もありました。その代表が、今は戸山公園などになっている旧尾張藩下屋敷です。

江戸時代、一三万六〇〇〇坪余の広大な庭園は、蟹川の水を引き込んだ大きな池を回遊しながら楽しむスペクタキュラーな景観が江戸随一とされていました。なかでも小田原宿をモデルに東海道の宿場町を再現した「テーマパーク」が人気で、本陣や問屋、旅籠《はたごや》屋から米屋、絵屋、薬屋、酒屋、植木屋、瀬戸物屋、鍛冶屋までが実物大で作り込まれていました。なんだか革命前のヨーロッパ王宮のようですし、この江戸時代の東洋のテーマパークには、ウォルト・ディズニーもびっくりでしょう。

他にも、庭園内には枯山水、築山、田畑、渓谷、滝、茶屋、社寺が配置され、大名庭園のあらゆる要素が取り込まれていました。小田原宿の他にも、園内には明神社が置かれ、参道に町家風の茶屋が並んでいました。もちろん、すべて作り物です。さらに、築山が園内にいくつもあり、最も高かった玉円峰は今も「箱根山」として残っています。その「山」は、人工なのに高さが四四・六メートルもあります。山の頂上からは周囲四方が見渡せ、かつてはその眼下に広大な池が広がっていたのです。今日は後で、その山登りをしてみましょう。

しかしながら、この豪華な景観は、明治以降の東京の軍都化の中ですっかり失われます。庭園は接収されて陸軍用地となり、ここに陸軍戸山学校をはじめとする施設が置かれていきます。つまり、かつて尾張藩の姫たちが豪華な茶会を催していた庭園は、陸軍兵士たちが射撃や突撃の訓練をする演習場に変貌していったのです。

戦後、陸軍用地は戸山公園や都営戸山ハイツ、国立感染症研究所などの医療機関になっていきますが、一九八九年、ここが軍都との関係で話題となります。この年の夏、旧陸軍用地内の建設現場で多数の人骨が見つかったのです。その場所は、細菌戦を研究した旧陸軍七三一部隊と関係が深い場所でした。鑑定では、土中経過年数は一〇〇年以下で、複数の頭骨にドリルによる穿孔《せんこう》、鋸断《きょだん》、破切等の人的加工の痕跡があり、切創や刺創、銃創の痕跡や四肢骨が鋸断されたものもあったそうです。この話は、戦時中、七三一部隊が生物・化学兵器開発のため中国人らに人体実験をしたとされる話と一致するため、市民団体から真相究明を求める声が上がりましたが、それから三〇年以上を経ても真相は明らかになっていません。

さて、今回の街歩きの終点は、神田川沿いの高台にある椿山荘《ちんざんそう》です。ここは江戸時代、久留里藩黒田家の下屋敷などの大名屋敷で、明治に入り、近代日本の権力者、山縣有朋の私邸となりました。彼が八〇歳になるまで四〇年の間、ここには明治天皇、大正天皇ほか多くの要人が訪れ、いわば表中の表とも言える場所でした。すぐ近くには肥後藩の大名だった細川家の屋敷や宮内大臣などを歴任した田中光顕《みつあき》の屋敷がありました。神田川から椿山荘がある関口台地に上ろうとするとかなりの急坂で、この一帯の崖の急峻さがわかりますが、今日は、そのような高い場所から下界を睥睨《へいげい》していた権力者のまなざしと、川筋の低いところからの眺めに鮮やかなコントラストを感じる一日となるはずです。

《街歩きと路上講義》

(1) 四谷大木戸から高低差の地形を東京監獄へ

私たちはまず、四谷三丁目を新宿の裏に見立て、歌舞伎町を目指します。消防博物館側から新宿御苑方向に進み、ひとつ目の道を右に入ると、大通りから一本奥に入っただけなのに、車の音もあまり聞こえてこないことに驚きます。このあたりは、明治の初めに愛住町《あいずみちょう》と改名するまで四谷北町と呼ばれた場所で、微細な高低差が入り組んだ地形です。たんきり子育地蔵尊の説明板を過ぎた先を左に曲がり、細い道を下ると、廃校の建物を活用した東京おもちゃ美術

愛住町の路地にあらわれる高低差のある階段

館などがある谷間で、愛住公園を左に見てさらに進み、住宅街の中を通るなだらかな小道を左折し、坂を上ります。

すると、微妙な高低差がある一角を走る路地は曲がりくねり、ちょっとしたラビリンスに迷い込んだかのようで、思わず小道に足を踏み入れたくなります。路地の行き止まりを左に進むと大通りにぶつかるのでそこを左折、そのまま大通りを行くのではなく、両側を大きなお寺に挟まれた茗荷《みょうが》坂《ざか》を上ります。外苑西通りを富久町《とみひさちょう》西交差点方向に進んだ先にあるのは、ユニークな再開発を行った富久クロスです。

タワマンがそびえ立つのは、東京のどこにでもある風景ですが、その後ろには三角屋根のペントハウスが並んでいます。これは、バブル期の地上げにも負けずにここに住み続けてきた地元住民が、専門家の助けも借りつつ「まちづくり組合」を作り、住民主導で再開発を進めたからです。しかし、ペントハウス群は低地の密集市街地とは異なりタワマンにしっかり囲まれていて閉鎖的です。住民主導は救いでも、結果だけ見ると、地区全体がかつての低層の庶民的な地域とはすっかり変わってしまったように見えます。

次に東京医大通りを渡り、原っぱのようになっている新宿区立富久さくら公園に出ます。その東側では、妙に幅の広い新しい道路が建設中で、それを隔てて広大な敷地に都立総合芸術高校が建っています。そして、そのやや北に少し行ってみると、いくつか低層の建物が建っているのですが、その街区の中央はずっと空き地になっています。ここでもまた、広い道幅の都市計画道路の建設が予定されているのです。

しかしこのあたりは、かつて一八万坪を占める東京監獄だった場所で、この刑務所は一九三七年に巣鴨《すがも》に移転するまで、帝都東京で思想犯や未決囚が収容される中心的な施設でした。多くの囚人が処刑されましたが、最も有名なのは大逆事件で収監された幸徳秋水ら一二人の処刑です。他方、思想犯ではありませんが、ここで処刑されたもうひとりの有名人は高橋お伝です。彼女の殺人事件は明治前期の新聞メディアや小説、歌舞伎が熱中する性的スキャンダルとなり、お伝の「毒婦」イメージが大々的に語り継がれていきました。

この監獄については、近くに住んでいた永井荷風が、一九〇九年の『監獄署の裏』（筑摩現代文学大系16『永井荷風集』筑摩書房、一九七五年）という短編で、その日々の情景を描いています。荷風は、この監獄の周辺は市街地化が進んだけれども、「変りのないのは狭い往来を圧して聳《そび》え立つ長い監獄署の土手と、其の下の貧しい場末の町の生活」だと書きます。荷風の家の前は、「雨に曝《さ》らされた獄吏の屋敷の板塀が長くつづいて、其れから例の恐しい土手はいつも狭い往来中を日蔭にして、猶其の上に鼬《いたち》さへも潜《くぐ》れぬやうな茨《いばら》の垣が鋭い棘《とげ》を広げて」いました。暴風で獄吏の家の板塀が倒れると、「襟に番号をつけた柿色の筒袖を着、二人づつ鎖で腰を繋《つな》がれた懲役人が、制服佩剣《はいけん》の獄吏に指揮されつつ吹倒された板塀をば引起し修繕して」いたり、夏の盛りには「一隊の囚人が土手の悪草を刈つて居る」のをよく見たそうです。

そんなかつての風景を想像することは、今日ではまるでできません。わずかに残る痕跡は、都市計画道路の用地として空き地になった一帯を北東に数分歩いた先にある区立富久町児童遊園内の刑死者慰霊塔です。大逆事件での刑死者を慰霊するために日本弁護士連合会が建てたようですが、東京監獄での刑死者ははるかに多く、それらの人々の慰霊碑ともなっているようです。とはいえ周囲は殺風景で、ここがかつて監獄だったことも、大逆事件や戦前の多くの事件とこの場所が深く関係していることもあまり知られていません。

(2) 西向天神社下で暮らした曽祖父山田興松《おきまつ》と安藤昇

さて、私たちは東京監獄跡の北側の道から西方向に住宅街を西向天神社へと向かいます。西向天神社の名称は、京都がある西に社殿が向かっていることから来ており、中世にはすでに現在の場所にあったようですから、かなり古い神社です。境内の真裏の東の鳥居から入ると、木々の緑が豊かな境内はけっこう広く、保育園児たちが元気に外遊びをしています。永井荷風の『日和下駄』(『荷風随筆集(上)』野口冨士男編、岩波文庫、一九八六年)には、ここは江戸時代には夕日の名所だったとありますが、周囲よりもかなり小高い場所です。境内に残されている古びた富士塚から眺めると、新宿の高層ビルが間近に迫ってきます。境内には昭和四〇年に建てられた大東亜戦争戦没者慰霊碑もあります。

西向天神社が鎮座する崖の突端と崖下の新宿の街との高低差は、かつて蟹川の流れが作ったものです。ですから蟹川は、太古の昔はかなり大きな川だったはずです。そして実は、まさにこの天神下の蟹川沿いに、大正から昭和にかけて私の母方の曽祖父にあたる山田興松という人物が住んでいました。すでに『敗者としての東京』で書いたように、この人は実におもしろい人生をたどった人で、明治期に二冊の造花術の専門的な本を博文館から出しています。当時、彼は神田小川町《おがわまち》で日本美術女学校という派手な名の手芸専門学校を経営し、まだ小さかった私

西向天神社の東大久保富士に関する碑と著者

の祖母もそこで育っていました。

しかし、やがて曽祖父は西向天神社下に移り住み、そこに自分の造花術研究所を開設します。そして、さまざまな薬品を開発しながら水中花を発明するのです。いくつかの傍証的な証拠から、一九二〇年代半ば、興松は結婚したばかりの私の祖母と祖父を、水中花をアメリカ各地で販売するために開設したニューヨーク支店に送り込んだと思われます。そしてその地で、私の母が生まれています。ところが、まもなく大恐慌が彼らを襲い、曽祖父のアメリカでの事業は失敗してしまいます。それで、祖父母は母とその兄を連れて帰国するのです。やがて祖父母は離婚、母はいろいろな親戚に預けられますが、一九三〇年代半ば、昼間は働きに出ていた祖母が舞い戻っていたこの天神社下の曽祖父の家に引き取られ、しばらくここで暮らしていました。

その八重という私の祖母にはふたりの妹がいました。次女の花枝と三女の智恵です。その三女は二〇年代半ばに横浜ゴムに勤めていた安藤栄次郎と結婚します。そして、このふたりの間に生まれたのが、戦後東京の闇市でその名を轟《とどろ》かせた安藤組組長安藤昇です。安藤昇は、小学校時代から暴れん坊だったようですが、彼の「不良」がある一線を越えてしまうのは、父母が大連に赴任したため、実家の興松夫妻に預けられてこの天神社下に住んだ時代でした。私の母とその兄が預けられていたのよりも数年後に、彼はここに預けられていたのです。

安藤昇は、自伝で東大久保の西向天神社の崖下の家で生まれたことを何度も強調しており、この場所は彼にとって非常に重要な意味を持っていました。敗戦で、特攻兵だった安藤が死に損なって東大久保の家に戻ったとき、一帯は焦土と化していました。安藤は、そのときの天神の崖からの眺めを印象深く語っています。その後、安藤は愚連隊を結成し、新宿や渋谷の闇市に勢力を広げます。現在、かつての興松の家は駐車場で、なんの痕跡も残っていません。

(3) 蟹川を花園神社、ゴールデン街、歌舞伎町へと遡る

興松の家があった場所の住所は今、新宿六丁目ですが、かつてこのあたり一帯は東大久保と呼ばれていました。この「大久保」という地名の由来にはさまざまな説がありますが、地形が大きな窪地になっていて、そこから名づけられたという話が一番しっくりきます。現在の新宿

近年観光客が増加している新宿ゴールデン街

七丁目から戸山二丁目にかけての窪地はかなり大きなもので、これも蟹川によって形成されたものです。やはり、蟹川は大きな川です。

そしてこの蟹川筋を、曽祖父の家があったあたりから暗渠となっている文化センター通りを川上に進むと、明治通りを越えたところに花園神社とゴールデン街があります。家康の江戸開府以前から新宿の地にあったとされる花園神社は新宿の総鎮守で、江戸時代初期、今、伊勢丹があるあたりから現在地に遷座しました。江戸後期、火災で焼失した社殿再建の費用を集めるため、境内で芝居興行をしていたそうです。一九六〇年代末から七〇年代にかけて、その花園神社で行われた唐十郎の紅《あか》テントは新宿アングラ文化の象徴でしたが、この神社にはもともと、そうした興行の伝統があったのです。今も、境内では唐の状況劇場を引き継いだ「唐組」、新宿梁山泊の「紫テント」などがテント芝居を続けています。

花園神社の真裏にあるゴールデン街は、新宿駅前や新宿二丁目にあった闇市の移転先で青線地帯でもありましたが、一九五八年の売春防止法施行後は飲み屋街となり、文化人らが集まる濃密な文化空間として知られるようになりました。バブル期の地上げにも耐えた木造バラックの店舗に数百の飲み屋がひしめく光景は、今、海外からの観光客に大人気で、英語の張り紙を掲示している店も目につきます。私たちが訪れたのは昼間の時間でしたが、それでも狭い路地を歩き回って興味深そうに写真を撮る欧米人を何人も見かけました。

ゴールデン街から歌舞伎町はすぐそこです。この街の開発が始まったのは大正時代で、当初は岡田啓介、平沼騏一郎《きいちろう》、阿部信行といった総理経験者の自宅もある高級住宅街で、府立第五高等女学校の女学生たちが行き交うモダンな地域でした。空襲で焼け野原になった後、「道義的繁華街」としての復興が目指され、歌舞伎劇場の誘致を図ったことから、それまでの角筈《つのはず》一丁目と東大久保三丁目の一部が「歌舞伎町」と改名します。歌舞伎劇場計画は頓挫しましたが、歌舞伎町はコマ劇場や数々の映画館が集まる興行街へと生まれ変わっていきます。同時に歌舞伎町二丁目は、一九四七年に進駐軍兵士の慰安施設「芙蓉館」が設けられたことをきっかけに、住宅街からラブホテル街へと変貌します。売春防止法施行後は内藤新宿の赤線地帯から娼婦《しょうふ》たちが流れ込むなど、歌舞伎町は性風俗のイメージと切り離せなくなっていきます。

歌舞伎町一丁目と二丁目の境界をなす花道通りは、かつての蟹川の流路で、蛇行する道が川の痕跡をわずかに伝えています。しかし今、この道で目を引くのは大きなホストクラブの看板で、なんと歌舞伎町には二七〇店以上のホストクラブがあるそうです。他方、二〇二三年四月に新宿東急文化会館の跡地にオープンした地上四八階建ての東急歌舞伎町タワーは、「国内最大級のホテル×エンタメ施設複合タワー」を謳い文句に歌舞伎町の新たな顔になろうとしています。しかし、その前のシネシティ広場は、家にも学校にも居場所がない一〇代の若者たち、いわゆる「トー横キッズ」（「トー横」は、広場前に建つ高層の新宿東宝ビルの横のこと）が集まり、犯罪に巻き込まれるなどの社会問題になっています。

つまり、現在の歌舞伎町の「表の顔」は分裂しています。東宝や東急は、ニューヨークのタイムズスクエアあたりを念頭に、ここを海外観光客も呼び込める商業施設とシネマコンプレックス、ホテルが集合する場所にしたいのでしょうが、歌舞伎町には行き場のない若者たちの溜《た》まり場のようなところがあり、いくらパトロールをしてもさまざまな犯罪から離れることはできません。それが、この街の戦後の歴史とも深く結びついているからです。だから歌舞伎町は、大資本が描く未来とホストクラブや風俗店が描く未来、若者たちが描けないでいる未来がせめぎ合い、イメージを分裂させているのです。

しかし私は、今一度蟹川沿いから、つまりこの街の歴史的な記憶の深みから裏返してこの街のおもしろさを理解すべきだと思っています。実は、歌舞伎町にも表の「広場」の背後にいくつもの「裏街」があります。花道通りから区役所通りの一本新宿駅寄りを曲がると「思い出の抜け道」があり、さらにそのすぐ横に人ひとりがやっと通れる細い路地があります。そこを入っていくと、ラテン系などさまざまなエスニシティの飲食店がひしめき、上海小吃《シャンハイシャオツー》などグルメに知られた名店の看板やイスラムの礼拝所マスジドが目に入ります。営業は夜からの店が多いようですが、歩いているだけでも、世間一般のイメージとはまた違う歌舞伎町の姿が垣間《かいま》見えます。

ここでぜひ見ておきたいのは、おとぎ話の城のような赤いレトロな「王城ビル」で、一九六四年竣工以来、歌舞伎町と共に過ごしてきました。創業当初は寺山修司や中上健次も常連客だった喫茶店で、その後、地下をキャバレーにし、カラオケ店、居酒屋と業態を変えつつ、二〇二〇年のコロナ禍以降は、イベントスペースなどに使

アート施設に生まれ変わった王城ビル（右）。横では歌舞伎町弁財天が祀られている

われてきました。

この王城ビルで注目すべきは立地です。隣は歌舞伎町弁財天で、この弁財天は、かつてあった大村伯爵家の鴨池が埋め立てられた際、池の島に祀られていた弁財天を移したとされます。場所は移りましたが、これだけ開発が進み、街の姿が激変しても弁財天の敷地は今もエアポケットのように保たれています。境内は、私たちが昼間に訪れたときにはきれいに掃除されていました。この神社が大切にされていることがうかがえます。歌舞伎町の人々はこの弁財天をずっと守ってきたのです。

その弁財天の横で六〇年近い歳月、屹立《きつりつ》してきた王城ビルの姿は、今の歌舞伎町に対する時間的な距離を際立たせます。しかも現在、王城ビルは、歌舞伎町のど真ん中から文化発信をするアートセンターに生まれ変わろうとしています。素晴らしい着眼で、二〇二三年九月二日から一〇月一五日に開催された、アート集団Chim↑Pom from Smappa!Group（以下、チンポム）のプロジェクト「ナラッキー」は、「歌舞伎町アートセンター構想委員会」による「王城ビルアートセンター化」の第一弾で、歌舞伎町のカオスを濃縮したような展示は話題を呼び、延べ一万八〇〇〇人の来場者が訪れました。

後に紹介するインタビューの一部ですが、「歌舞伎町には劇場もライブハウスもあるのに、ミュージアムだけがないんです。これまでいろいろなアートイベントが行われてきたけれど、全部瞬間的に終わるものでした。美術館が建たないというのはきっと何かの理由があるはずで、それがおもしろいと思っています」と、チンポムの卯城《うしろ》竜太さんは語っています。この展示に集まって来た人たちは、普段、夜の歌舞伎町に来る人たちとも、現代美術展に来る人たちともかなり違ったそうです。

歌舞伎町のど真ん中に、こんな現代アートが楽しめる空間が生まれつつあるのは「歌舞伎町タワー」のような再開発に対する風刺でもあると言えるでしょう。そして実は、私を含む何人かが、ここで二〇二五年ごろを目指して再現したいと思っている展覧会があります。一九七五〜七六年に、ニューヨーク近代美術館（ＭｏＭＡ）で、多木浩二、ピーター・グラック、ヘンリー・スミスの三人が企画した「Shinjuku:The Phenomenal City」展です。今から半世紀前、多木先生たちは当時の「新宿」のうごめきをニューヨークの現代美術界に持ち込み話題を呼びました。これを王城ビルで復元できないかと、ジョルダン・サンドさんや初田香成《こうせい》さんと考えています。やがてこの王城ビルが拠点になり、インバウンド観光客もここでアートを楽しんだ後、ゴールデン街で飲むというコースが新宿観光の定番になる日が来るかもしれません。

（4）革命家たちの夢いずこ――大久保・百人町

現代アートは近年、過去のものを引き継ぎ、そこに新しい意味づけをしていく傾向を強めています。「王城」のアートセンター化に挑戦するチンポムの卯城さんたちが手掛けているもうひとつのプロジェクトに、新宿百人町のアートスペース「WHITEHOUSE」があります。新宿区立大久保公園の脇から職安通りを越え、鉄道の線路に向かって最初の角を右折、右に入る私道の奥に蔓《つる》植物に覆われた古い二階建ての家があります。この建物は磯崎新《いそざきあらた》が初めて設計したものだそうで、一九六〇年代「ネオダダ」のリーダー、吉村益信《ますのぶ》の住居兼活動拠点でした。赤瀬川原平や篠原有司男《うしお》も、この家にたむろしていたメンバーでした。

そうした歴史を受け継ぐ形で、卯城さんとアーティストの涌井智仁《わくいともひと》さん、アートギャラリー「ナオナカムラ」を運営する中村奈央さんが、ここを先端的なアートの場にしようとしています。卯城さんに「WHITEHOUSE」にまつわるエピソードをいろいろとうかがいました。

卯城　今は蔓植物に覆われてますけど、建てられた当時、周りが全部茶色い木造の家で、ここだけ白かったので「新宿ホワイトハウス」という名前になったらしいです。

吉見　そうなんですね。外から見ると磯崎さんの作品には見えないけれども、中に入ると「ああ、磯崎さんだ」とわかります。

卯城　僕たちがここを使うようになる前、中もけっこう変わってしまっていたのを、最初のデザインに戻しました。一階からの吹き抜け部分は三間（約五・五メートル）×三間×三間の立方体になっているんですが、これは能舞台を参照したそうです。何か日本人の体にしっくりくるサイズらしいですね。磯崎さんの建築家としての処女作とは別に、アート界的にはここが最初ということになります。

吉見　そもそも、当時は学生だった磯崎さんがここを設計した経緯はどういうものだったのでしょうか。

卯城　吉村さんと磯崎さんはふたりとも大分出身で同郷の関係でした。この家で、ネオダダの人たちが夜な夜なパーティしたり、展覧会を開いたり、パフォーマンスをしたり、いろいろ過激なことをしまくって、それがおも

WHITEHOUSEにて。涌井智仁氏（上段）、著者（中段）、卯城竜太氏

しろいと各界の最先端の人たちが集まっていました。磯崎さんは、そういう場の影響をすごく受けています。

吉村さんはその後、渡米することになって、ここをある画家に売ることになりました。作品はあまり売れなかった人で、たくさん絵が残っていたので、ここで展覧会をやりました。今、その姪でコンテンポラリーダンサーの方がオーナーになっています。不思議なのが、ここを借りて運営する人はころころ変わってきたけれども、ネオダダを参照するような活動が多いんです。やっぱり濃厚な歴史があるので、それがずっと続いているような感じがありますね。

吉見　おもしろいですね。場所になんらかの力があって、そういう人を呼び寄せているのかもしれません。

卯城　最初、ここはチンポムのスタジオとして使っていたんですが、それだけじゃなく、今の美術界になかなかフィットしづらい若いアーティストたちの活動場所を作りたいということで、彼らに声をかけて展覧会やイベントを始めました。僕を含めた三人のキュレーターは、お互いにやりたい放題やっています。

そういうことができるのは、二〇二一年四月に展示を始めたとき、ここを会員限定の非公開の場所にしたことも大きいです。こういうマイクロスペースのＤＩＹの展示であれば、二〇〇～三〇〇人来れば十分な集客と言えるので、年間一万五〇〇〇円のパスポート会員を三〇〇人募集して、その人たちだけが展示を見られるようにしたんです。パスポートも手づくりで作りました。今は会員でない人も来られるようにしていますが、そのころ、あいちトリエンナーレの検閲の問題などもあって、展示を実際に見ていないのに情報だけを知っている「大衆」と、ここに来てくれる「観客」をちゃんと分けたいなと思ったんですよね。「不特定多数の人に向けてわかりやすい言葉で、わかりやすく意義を発信するということはもう、うんざりだ」という気持ちもありました。

吉見　なるほど。どういう人がここの展示を見に来るんですか？

卯城　美術界の人もけっこう会員になってくれたんですけど、人生に悩んでいる若い子とか、本当にいろいろな人が来ますね。下がバースペースになっているので、そこで飲んだりもできますし。あと、ここで個展をするアーティストは屋根裏に泊まったりしているんですが、誰もいないときは、パスポート会員の人にこの建物の共同管理を呼びかけて泊まる人を募集します。リスキーではありましたけど、会員の人は個人情報も提供してもらっているので、わりとうまくいっていますね。一度、「ここは二四時間開いていると聞いたから」と家出してきた女の子が真夜中にひとり、ベッドに座っていたことがありましたけど。

吉見　いろいろなドラマが生まれる場所になっているわけですね。さっきおっしゃったように磯崎さんがこの空間を能舞台をモデルにして作ったとしたら、展示やイベントスペースになる一階部分は舞台で、屋根裏に続く階段が橋掛り、そして私たちが今いる屋根裏部分は墓場になるのだと思います。さっきから感じていることですが、なんだか棺桶《かんおけ》の中にいるようで落ち着くのは、そういうこともあるかもしれません。展示やイベントをするときは、ここからすっと蘇って、出ていくということですね。

卯城　たしかに。僕、コロナ禍のとき、しばらくここに住んでいたことがあるんですが、言われてみるとここは死の空間で、死を感じさせる展示もけっこう行われていますね。

現在の百人町は、韓流を中心とするエスニックタウンですが、ここはかつて多くの前衛的知識人、政治活動家が集まる最先端の知的空間でした。もともとは江戸時代初期、徳川幕府の鉄砲隊百人組がこの地に定住したことが由来で、百人町を歩くと当時の短冊状の地割が今も残っています。明治末まで、このあたりは下級武士が内職で始めたツツジ栽培で有名で、付近は田畑も広がる農村でした。そこを開発して造られた新興住宅地は家賃が安く、お金がない文士や知識人も入居しやすかったのでしょう。また、早稲田に近いことから、東大にとっての本郷や慶應にとっての小山町と似た意味を帯びていったのかもしれません。

冒頭講義で述べたように、こうして百人町は、幸徳秋水、大杉栄、荒畑寒村らの急進的な社会主義者たちの拠点にもなっていきました。すぐ近くの柏木《かしわぎ》（現在の西新宿七丁目付近）にも堺《さかい》利彦や山川均《ひとし》など多くの社会主義者が住み、彼らを警戒した官憲は「柏木団」と呼んでマークしていたそうです。幸徳秋水が百人町に住んだのは一九〇六年九月から翌年の一〇月ですが、ほぼ同時期、すぐ近くに北一輝が住んでいました。彼らふたりにも接点があったかもしれませんし、かつてこのあたりには革命を夢見る青年たちが足繁《しげ》く行き交っていたのです。

百人町には、孫文のスポンサーだった梅屋庄吉の屋敷もありました。長崎出身の梅屋は、シンガポールで写真館を開いて成功していたころに孫文と出会い、以後、ふたりは固い絆《きずな》で結ばれます。後に日活の前身となる映画会社「エム・パテー商会」を興した梅屋は映画興行で得た巨額の財産を孫文の革命資金に提供し続け、その額は現在の貨幣価値で二兆円にも上ったと言われています。犬養毅《いぬかいつよし》や頭山満なども参列した孫文と宋慶齢《そうけいれい》の結婚披露宴は、梅屋とその妻トクが仲人となり、梅屋の屋敷で盛大に催されました。孫文の死後も、梅屋は孫文の志を守り続けますが、ドラマチックな梅屋の人生をＮＨＫの大河ドラマでぜひ描いてほしいと思います。

近代日本と中国革命が、草の根のレベルでどうつながっていたのかの実証となるはずです。

映画スタジオも併設していた梅屋の屋敷は一五〇〇坪と広大でしたが、その跡がどうなっているか、見にいきます。現在の番地で百人町二丁目二三番地、新大久保駅から北方向に歩いて、JCHO東京山手メディカルセンターの先、通りを挟んだ一角にあります。現在は、カトリックの教会とスポーツ施設になっていて、なんの説明板もありません。ロマンあふれる梅屋の人生を思うと、なんとも無惨です。

百人町を訪れる前、私たちは明治、大正にこの街で生活していた革命家たちの記憶が、現代のエスニックタウンとしての百人町になんらかの形でつながっているのではないかと期待していました。しかし、彼らがここで過ごしたことの痕跡を、現代の百人町に感じることはまったくできません。ここまで暴力的に歴史が消去されている現状はショッキングです。本来、新宿区は百人町の記録や記憶を集めた資料館を建設し、今の多国籍な街、百人町のカルチャーとの連続性をアピールするべきですが、まったくしていません。

跡形もないと言えば、現在の番地で百人町二丁目一七番地付近にあった建築家・吉阪隆正《よしざかたかまさ》の自宅兼アトリエも同様です。吉阪が少年時代を過ごした百人町の家は空襲で焼け、復員後、彼は焼け跡にバラックを建て、ル・コルビュジエのもとで修業してきた後に、新たに自邸とU研究室を設計し、そこから多くのプロジェクトが生み出されました。私が見田《みた》宗介《むねすけ》先生のゼミにいたころ、吉阪が設計した八王子の大学セミナーハウスがゼミのいつもの合宿場所でした。見田先生は、このセミナーハウスの空間を大変気に入っていました。それは、明らかにある種の集落、それも逆三角形の中央棟が象徴するように、あり得ないことの想像を可能にしてくれる知的集落のモデルであったと思います。しかし今日、百人町の吉阪邸もU研究室もとっくに解体され、目の前にあるのは赤っぽいおよそ平凡な外観のマンションだけです。

箱根山の山頂につづく急な階段

（5）陸軍時代の痕跡が残る戸山公園

次の目的地は、大久保通りを東に進み、箱根山通りへ左折した先にある戸山公園（箱根山地区）です。このあたりは古くは和田義盛の領地だったことから和田戸の谷と呼ばれた大きな窪地になっていました。蟹川は、西向天神社下から北上し、現在の戸山公園を抜け、穴八幡宮がある馬場下町のほうへと流れていました。江戸時代、この一帯を下屋敷にした尾張藩は、蟹川の水を堰《せ》き止めて二万坪の大きな池を造り、地形の起伏を活かした壮大な池泉回遊式庭園を完成させたのです。池を掘り上げた土を盛ったのが今の箱根山で、標高四四・六メートルは、山手線内で最も高い「山」だそうです。広大な敷地内には川だけでなく田畑や社寺、鎌倉街道も取り込まれ、一種のテーマパークとなっていたことはすでに述べました。

この尾張屋敷は、幕末には大火に遭って荒廃し、明治に入ると窮乏する徳川宗家に譲られ、旧幕臣の開墾の場となったのも束の間《つかのま》、明治七年以降、陸軍用地として戸山学校、陸軍病院、近衛騎兵聯隊、陸軍幼年学校などが次々と建てられていきます。戦後は進駐軍に接収され、上野動物園移転計画もあったそうですが、空襲被災者や引揚者用の都営住宅が建設され、敷地の一部は公園となって現在に至ります。そうしたなかで、敷地内を流れていた蟹川は明治の終わりころから水を抜かれ、昭和初期には干上がっていたそうです。

私たちは、尾張藩下屋敷の名残を残すとされる箱根山に「登り」ます。思った以上に高い山で、本当に「登山」気分になります。頂上は広くはありませんが、「最高峰」だけあって眺望は見応えがあります。木々の葉が落ちた冬にはかなり遠くまで見えるでしょう。戸山公園と箱根山の由来を記した説明板と「登頂証明書」発行案内の看板がありますが、読む人はあまりいなさそうです。草が生い茂る箱根山は放置された状態です。

大名庭園の痕跡はほぼないに等しいのに、ここが軍の施設だった名残はあちこちで垣間見えます。箱根山の北東側の麓にあたる窪地に下りていくと、旧陸軍戸山学校野外演奏場跡の広場があります。ここは野外演劇にうってつけの場所で、一九六〇年代には唐十郎の状況劇場が「腰巻お仙」を上演しています。野外演奏場跡のすぐそばに陸軍の縁故有志による「箱根山陸軍戸山学校趾」の石碑が立っています。箱根山の手前の戸山教会は一九五〇年に建てられたもので古くありませんが、その石造りの土台は戸山学校の将校集会所のものでした。また、箱根山西側の一戸建てが集まる街区の北側の道路の行き止まりが崖を覆うコンクリートの塀になっているのですが、これは戸山学校の射撃場だった跡です。

(6) 穴八幡宮から「高田馬場」、水稲荷神社から神田川へ

戸山公園の早稲田口から出て、「一陽来復」のお守りで有名な穴八幡宮に向かいます。奥州の乱鎮圧後の源義家が八幡宮を勧請し、長く八幡山と呼ばれてきたこの地に、一六三六年、早稲田に住む武士が射芸の練習をするために的場を築き、八幡宮を奉祀《ほうし》したのが穴八幡宮の始まりです。後に山裾に洞穴が発見され、金銅の阿弥陀如来像が見つかったことから、穴八幡と呼

ばれて崇敬を集めるようになったと言います。江戸城北の総鎮護として幕府の庇護《ひご》を受け、八八〇〇余坪の境内に壮麗な社殿が建立されました。

維新後は拝領屋敷などをすべて明治政府に召し上げられて苦難の日々を過ごし、再び参詣者が増えたのも束の間、空襲で社殿は焼失します。現在の社殿は平成以降、江戸時代の絵図を元に再建したものです。今日、商売繁盛や金銀融通のご利益があるとされる「一陽来復」のお守りを求め、大勢の人で賑わいます。この神社が鎮座する高台の麓を蟹川は流れていたのです。社殿に至る階段は急で高低差を実感します。

江戸時代、穴八幡宮に奉納される流鏑馬《やぶさめ》は、高田馬場で行われていました。といっても、現在の高田馬場駅周辺ではありません。馬術の練習場として徳川家光が造らせた高田馬場は、穴八幡宮から早稲田通りを西に進んだ西早稲田の交差点付近にありました。大通りから一本入ったところに茶屋町通りという細い道がありますが、江戸時代、ここに八軒の茶屋があり、馬場に通う旗本や穴八幡と雑司が谷鬼子母神に参詣する人々を相手に繁盛したと言います。今はマンションなどが建ち並ぶだけで、その名残はほとんどありません。

茶屋町通りを右折し、戸塚第一小学校の脇道を通り、水稲荷神社を目指します。創建は九四一年に遡るとされる水稲荷神社は小円墳の冨塚の上に建立されたもので、もともとは、現在の早稲田大学九号館が建つ場所にありました。元禄年間に境内の大椋《おおむく》の根元から霊水が湧き出したことから、眼病治癒のご利益や火除《ひよけ》、水商売の神様として参詣客を集め、また一七七九年には境内に江戸最古の冨士塚（高田富士）が築かれて、富士講の参拝も盛んに行われました。

落ち着いた空気が流れる甘泉園公園。江戸時代、徳川御三卿・清水家の下屋敷だった

蟹川の流れから少し離れ、現在の冨塚も高田富士も復元されたものですが、鬱蒼とした境内の一角の岩山は、一見、古そうな雰囲気を漂わせ、冨塚古墳を彷彿とさせます。なお、高田富士も夏の二日間だけ「開山」されているそうです。

そしてその横の新宿区立甘泉園公園は、江戸時代、徳川御三卿・清水家の下屋敷で、その屋敷地の「甘泉園」は現在の公園よりもずっと広がっていました。甘泉園の名は、庭園から湧き出た水が茶の湯に適していたことから来ています。早稲田には水に縁のある土地が多いです。現在の公園はこぢんまりしていますが、中央にひょうたん池のある池泉回遊式庭園は「日本の歴史公園100選」にも選ばれ、静かで落ち着いた雰囲気を愉しめます。

池のほとりの東屋でしばらくのんびりしたら、甘泉園公園を出てすぐのところにある都電荒川線の終点、早稲田駅に寄っておきます。起点の三ノ輪橋駅には都心北部を歩いた『東京裏返し』で訪れましたが、レトロ調に整備された三ノ輪橋駅に比べるとずいぶん素っ気ない駅です。『東京裏返し』で提言したように、やはり早稲田から飯田橋まで延伸し、都電と他の路線を接続すべきだと思います。新目白通りの交通量は道路の広さに見合うほどではありませんから、都電の線路を引く余地はあるはずです。

現在、大隈庭園になっている場所は、もともと蟹川のほとりで、江戸時代は彦根藩や高松藩の下屋敷でしたが、一八八四年に大隈重信がここを本邸としました。大隈庭園には池や小川の流れがありますが、かつては蟹川の水を利用していたはずです。大隈がここを本邸とするのと相前後して早稲田大学の前身の東京専門学校が付近に設立されているわけで、東大と不忍池、慶応と古川に比せられる関係が、早稲田と蟹川の間にもあったと言えそうです。

その蟹川は鶴巻小学校のあたりで早稲田南町《みなみちょう》のほうからの支流と合流し、山吹町《やまぶきちょう》から文京区との区境を通って、地蔵通り商店街を越え、華水橋《はなみずばし》と掃部橋《かもんばし》の間で神田川に注ぎ込んでいました。そして、神田川を挟み、大隈邸を見下ろすような形の目白台の高台に居を構えたのが山縣有朋で、今はホテル椿山荘になっています。江戸時代、神田上水は椿山荘近くの大滝橋あたりに造られた堰で分水され、そのひとつの上水が水道橋付近に懸樋《かけひ》を架け、神田・日本橋方面へと水を送っていました。明治の終わりには、上水の水は水戸藩上屋敷跡に造られた東京砲兵工廠の工場用水としても使われます。三田用水と同じ構図があったということです。

目白台の高台には昔から椿《つばき》が自生し、南北朝の時代から「椿山」と呼ばれていました。江戸時代になると、神田上水を望む景勝地として、また近隣の目白不動（現在は豊島区の金乗院に移転）への参詣で賑わい、大名家が下屋敷や抱屋敷を構えました。造園を趣味とした山縣は、購入した一万八〇〇〇坪の土地に、三つの丘とY字型の谷を有する起伏に富んだ地形を活かした名園を造り上げました。

やがて山縣が八〇歳になり、小田原の別邸で余生を過ごすことになったため、椿山の屋敷と庭園は同郷の実業家、藤田組二代目当主の藤田平太郎に譲られます。邸宅も庭園も一九四五年五月二五日の空襲で焼失し、現在のホテル椿山荘の庭に配された樹木などのほとんどは戦後のものです。この庭には宿泊客以外も出入りできます。高層ビルが建ち並ぶ現代では、山縣が楽しんだ眺望は望むべくもありませんが、起伏を活かした造園は素晴らしく、都会とは思えない豊かな自然に心が癒やされます。

《第五日のまとめ〜革命家たちの街の記憶はどこへ》

今日の街歩きで、実際に歩く前の期待を大きく裏切ったのが百人町でした。あれほどの歴史的蓄積を持つ地域であるにもかかわらず、その記憶をまるで活かせていない、もっと言えば、私たちは活かすことを可能にする痕跡や手がかりを見つけることができませんでした。その理由を考えてみると、結局、この街は歴史の時間の流れや開発に対する抵抗力を十分に持っていなかったということなのだと思います。

その脆弱《ぜいじゃく》さの大きな原因は、百人町の地形が平坦で谷間がなく、道路もまっすぐで路地らしき路地もなく、曲がり角も少ないことにあったのではないかと思います。百人町は、今回で言えば愛住町や東大久保で目にしたような複雑な凹凸地形の街ではありません。そもそもここに鉄砲組が住むようになったときから、百人町は都市計画的に整備された空間でした。この空間構造は、別の機能が入ってきたときに、街が一気に変わりやすいことを意味します。だから、梅屋庄吉の広大な撮影所兼邸宅も、かつてそういうものがあったという記憶すら、見えなくなってしまったのかもしれません。

百人町には、左翼革命主義から右翼ナショナリズムまでの前衛的なイデオロギーが混在していましたが、それらは近代思想という点では共通するわけで、要するにここは、モダニズムの先端を生きた街だったのです。梅屋庄吉が映画撮影所を置いたのも象徴的ですし、戦後になっても吉阪隆正のアトリエや磯崎新が参加したネオダダのアトリエが置かれました。街を歩いていても、皆中《かいちゅう》稲荷神社やアジア系の宗教施設を除けば、中世からの神社や寺はほとんど見当たりません。伝統のくびきをあまり感じなくていい自由な空間だったとも言えます。

逆に、この百人町の変貌ぶりとの対比で言えば、地形的な凹凸、とりわけ谷間と崖の上や下に位置することが多い寺社境内とその周辺地域は、いわば街の記憶の留め金として機能しているのです。たとえば百人町と好対照だったのが、東大久保の西向天神社です。花園神社や穴八幡宮のような有名な神社ではありませんが、空襲で社殿は失われても、冨士塚や境内の雰囲気には、安藤昇が子どものときに見た風景の記憶が残っていたように思います。

それから、四谷三丁目からの愛住町も、再開発があちこちで進んでいる地域なのに、お寺が多く、狭い路地や坂道があり、昔ながらの家並みがふっと姿を見せるような場所でした。この二カ所に共通するのは、百人町とは逆に、街が複雑な凹凸地形の中にあることです。やはり、凹凸した地形や暗渠のようなぐにゃぐにゃした道が、再開発という巨大な圧力に対する一定の抵抗力になってきたのは間違いない気がします。

もちろん私は、かつて百人町で幸徳秋水や堺利彦、大杉栄から北一輝までが行き来していたことに魅力を感じます。梅屋庄吉と孫文の友情には、地域から東アジアの未来を考え直す壮大な視座が内包されています。今回の街歩きを準備する過程で、私たちは百人町が調べれば調べるほどおもしろい歴史の舞台だったことに興奮しました。その興奮と、実際の今日、目にした百人町に残る凡庸な風景とのギャップは目眩《めまい》を覚えるほどです。それを埋めていくには、街が地形以外にも、開発の巨大な力に抗していける回路を獲得することが必要です。

第六日　青山・六本木・赤坂の川筋から見る軍都東京

四谷駅
半蔵門駅
麹町駅
JR中央線
東京メトロ南北線
東京メトロ有楽町線
東京メトロ半蔵門線
永田町駅
赤坂見附駅
桜田門駅
Tokyo Little House
プルデンシャルタワー
東京メトロ千代田線
国会議事堂前駅
霞ヶ関駅
GOAL
山王パークタワー
赤坂サカス
溜池山王駅
赤坂駅
虎ノ門駅
檜町公園
赤坂氷川神社
虎ノ門ヒルズ駅
アメリカ大使館宿舎
東京メトロ日比谷線
東京ミッドタウン
首都高速都心環状線
六本木駅
神谷町駅
都営大江戸線

第六日 地図

四谷大木戸跡
新宿御苑前駅
START
四谷三丁目駅
東京メトロ丸の内線
新宿御苑
玉藻池
代々木駅
千駄ヶ谷駅
信濃町駅
首都高速4号新宿線
聖徳記念絵画館
北参道駅
国立競技場
青山一丁目駅
いちょう並木
外苑前駅
原宿駅
国立新美術館
乃木坂駅
青山霊園
表参道駅
在日米陸軍
六本木ヘリポート
米陸軍赤坂プレスセンター
首都高速3号渋谷線

《冒頭講義〜丘の上の軍都と谷間の花街》

(1) 軍都からオリンピックシティへの連続

都心南部を裏返す街歩きも六日目となりました。今日は青山から六本木・赤坂へとめぐりますが、おそらく軍都東京と川筋の入り組んだ関係が最も顕著な日になるでしょう。

今日の街歩きのポイントは三つあります。第一は、すでに繰り返してきたように、東京は三度占領された都市だということです。これは、東京都心で街歩きをする際の基本認識ですね。最初の占領は一五九〇年の徳川家康の江戸入府、二度目の占領は一八六八年の薩摩・長州軍による江戸進駐、そして三度目は一九四五年の敗戦後、米軍によって行われた占領です。これらの占領のたびに東京の風景やその向かう先は大きく変わってきたのですが、今回、強調しておきたいのは、二度目と三度目の占領の違いです。

二度目の占領、つまり一八六八年の薩摩・長州軍による江戸進駐では、徳川支配の痕跡や記憶は徹底的に抹消され、江戸と東京の非連続性が際立たされました。その典型が、将軍家の菩提寺だった上野寛永寺です。広大で壮麗な伽藍を擁した徳川の聖地は、彰義隊の戦争で荒廃した後、博覧会場や博物館、動物園など近代化を象徴する空間へと変貌させられます。それに対して三度目の占領では、少なくとも旧日本軍の軍事施設から米軍の占領地へ、そして公園への転換は連続的で、やがてそれがオリンピックシティ東京の基盤になっていきます。

戦前の都心南部には、旧日本軍、特に陸軍の施設が集中していました。今日の街歩きのルート上にも、歩兵第三聯隊（国立新美術館周辺）、歩兵第一聯隊（東京ミッドタウンと港区立檜町《ひのきちょう》公園）、近衛歩兵第三聯隊（ＴＢＳ、赤坂サカス一帯）など、陸軍の駐屯地がそこかしこにあり、二・二六事件の青年将校はこれらの施設の部隊を率いて要人を襲撃したのです。

敗戦で日本軍施設が米軍に接収されると、軍都はアメリカ文化が滲《にじ》み出る「米軍の街」になります。そして一九五〇年代以降、米軍が接収していた旧軍用地は、公園などの公共施設の他、一九六四年オリンピックの競技施設へと転換されます。陸上競技が行われた国立競技場（施設自体の建設は戦前から）や秩父宮《ちちぶのみや》ラグビー場がある神宮外苑、また今回の街歩きのルートではありませんが、代々木公園と丹下健三設計の国立代々木競技場は、その代表例です。

このあたりの経緯については、以前、『五輪と戦後　上演としての東京オリンピック』（河出書房新社、二〇二〇年）に書きましたが、これらの軍用地をスポーツ施設に転換していく計画は、一九四〇年の東京オリンピックの構想時からのものでした。軍都東京、米軍占領下の東京、高度成長を通じたオリンピックシティ東京、この三つの東京の間には、戦前と戦後を跨《また》いで連続性があるのです。

(2) 丘の上の「軍都」を見上げる谷間の花街

しかし、この連続性はすべて丘の上、つまり支配者や国家の空間である台地の上での話です。一方、同じ都心南部でも川筋や谷間ではいつも変わらない時間が流れ、それはつい最近まで続いていました。この点は、都心北部の石神井川や神田川流域と共通しているのですが、丘の上と谷間や川筋の間のギャップの激しさは、都心南部のほうがより顕著です。

表通りからではなかなか気づきませんが、今日歩く青山、六本木、赤坂は、大通りから少し奥で坂や谷があちこちに出現する、凹凸の激しい地形です。今は暗渠ですが、このエリアには、かつてそうした変化に富む起伏の谷間をいくつもの川が流れていたのです。青山方面では、新宿御苑の池を水源とする渋谷川があり、今日は神宮外苑の国立競技場までその流路の痕跡をたどります。その後、舌状台地になっている青山霊園の周囲に支流が流れていた笄川の跡を歩きます。この川は渋谷川(古川)の支流で、天現寺橋付近で渋谷川に合流していました。

赤坂・六本木の凹凸地形を作った川でおもしろいのは、高橋是清《これきよ》翁記念公園の池から流れ出ていた太刀洗川《たちあらいがわ》で、ＴＢＳや赤坂サカスの脇の谷間はこの川によるものです。この川は、やがて赤坂川（鮫川・桜川）に合流しますが、この川に沿うように戦前から隆盛を誇った赤坂花街がありました。赤坂は丘の上に駐屯する軍人相手の商売で栄え、敗戦後は六本木と共に米軍の遊興街となった街です。つまり、これらの街は、谷間から日本軍や米軍が駐屯する軍都を見上げていたのです。渋谷の円山町や三軒茶屋と同様、これらの街は軍都の周縁にありながら、それと完全にイコールだったわけではありません。その微妙なずれは、一考に値します。

（3）東西南北で地形とシンクロする都心南部

図式的には、今日歩くエリアは東西南北の四象限に分割できます。神宮外苑はかつての青山練兵場で、練兵場が代々木に移転した後も、周辺に陸軍大学校、第一師団司令部、近衛歩兵第四聯隊、歩兵第一聯隊、歩兵第三聯隊など軍の施設が集中していました。その南にあるのが青山霊園という死者の空間、外苑の東の赤坂御所は皇都の空間、その南に分布するのが赤坂、六本木の歓楽街です。細かい凹凸はあるにせよ、神宮外苑と赤坂御所、そして青山墓地は台地、

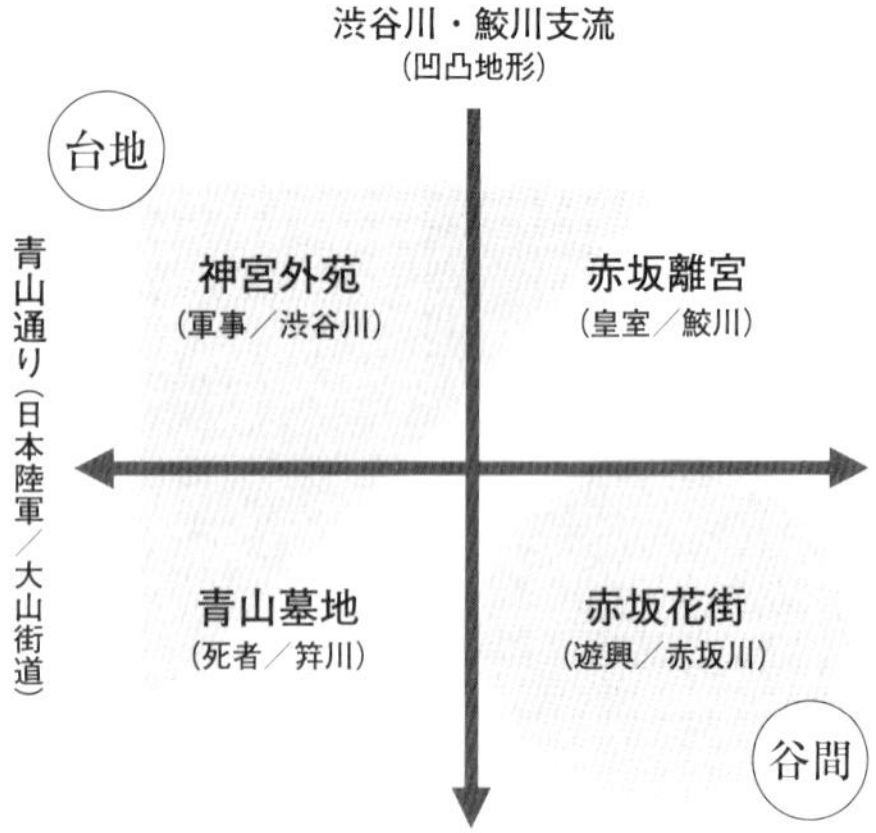

青山・赤坂方面を街歩きするための四象限

赤坂、六本木の遊興街は窪地となり、全体の約四分の一が谷間の土地です。

上図の上半分と下半分を分断しているのが青山通り（国道246号線）で、都心南部を貫く東西の大動脈です。この通りはもともと、江戸と大山を結ぶ参詣道として栄えました。それが近代に入ると都心から青山、世田谷にかけて多くの軍事施設をつなぐ道となり、郊外への軍事施設移転が進むにしたがい大拡張されます。

それに対し、上図の北から南に流れているのが渋谷川や鮫川で、あちこちの湧水池から流れ出る小さな支流も加えれば、網の目状の複雑な流路が張りめぐらされています。そうした川が作った凹凸地形には、軍都としての東京が成立する以前の、すなわち徳川軍や薩長軍による占領以前の最も古い層の江戸・東京の記憶が息づいています。

《街歩きと路上講義》

(1) 新宿御苑から渋谷川の跡をたどり直す

今日は、四谷四丁目交差点の近く、玉川上水の史跡からスタートします。ここには江戸時代、甲州街道の江戸関門となる四谷大木戸があり、羽村堰から玉川上水の開渠を通って流れてきた水は、ここに置かれた水番所を境に、地下に設置された樋で江戸城や市中に分水されていました。玉川上水が着工されたのは一六五三年ですから、上水は一九〇一年に近代的水道網が完成するまで約二五〇年間、江戸・東京のインフラであり続けたのです。

四谷地域センター敷地内に「水道碑記」という立派な石碑が立ち、その後ろに玉川上水の石樋を再利用した四谷大木戸跡の小さな碑があります。その脇にある新宿御苑の新宿門と大木戸門を結ぶ散策路と人工の小川は、旧玉川上水の流路に沿って二〇一二年に整備されました。

では、大木戸門から新宿御苑に入ることにしましょう。右側のレトロな建物は、御苑が皇室の庭園だった一九二七年に建造された門衛所です。入園料は五〇〇円かかりますが、都心にありながら広々と開けた緑の空間でゆっくり過ごす料金としては高くありません。門からまっすぐ進むと大木戸休憩所があり、その先をゆるやかに下っていくと玉藻池《たまもいけ》で、周辺の景観は新宿御苑が信州高遠《たかとお》藩内藤家下屋敷だったころの名残を伝えます。池の向こうに新宿の高層ビルが見えますが、それほど圧迫感はなく、都会の喧騒も届きません。

渋谷川の源流はいくつかあるのですが、この池もそのひとつで、造園の際には玉川上水の水も引き込んでいたと言われます。御苑東側の脇道は、玉川上水の水量調節などを目的に造られた玉川上水余水吐《よすいばき》の跡で、今も玉藻池と余水吐をつなぐ水路や埋め込まれたコンクリートの暗渠を見つけることができます。御苑の柵越しに余水吐跡が見えますが、雑草が生い茂り、放置されています。管轄の役所が歴史的遺構に関心を持っていないがゆえの光景でしょう。

先に進み、フランス風の整形式庭園を通り過ぎると、再び池が現れます。これは下の池《しものいけ》と呼ばれ、この池も含めた新宿御苑の東西に連なる三つの池の谷の谷頭あたりに、渋谷川のもうひとつの源流がありました。もう暗渠になっていますが、下の池から流れ出た渋谷川が余水吐と合流した後の流路の痕跡を探しにいきましょう。

新宿御苑を千駄ヶ谷門から出て左方向に行くと、すぐJR千駄ケ谷駅です。駅前の道路を渡り、真新しいキャンパスの津田塾大学、東京体育館を通り過ぎると、先般の東京オリンピックのために建設された国立競技場です。玉川上水余水吐と合流した渋谷川は、ちょうど国立競技場の西側の外苑西通りを流れていました。隈研吾《くまけんご》さんはこの競技場の設計で、かつての渋谷川の流れを意識した水路のデザインを施しています。ザハ・ハディッド案によるスタジアム建設が撤回された後、石川幹子氏を委員長とする日本学術会議環境学委員会都市と自然と環境分科会からも、提言として「渋谷川の復活と自然共生都市の創出」が求められていました。

国立競技場の下にひっそりと造られている渋谷川を想起させる水路

都営大江戸線の国立競技場駅の出口あたりからスタジアムに向かう階段を上ると、右側に植栽が施された一角があり、人工の湧水が出ています。そして、外苑西通り沿いのスタジアムの敷地には、人工のせせらぎが流れていますが、説明は何もありません。これでは、暗渠マニアでもなければ「渋谷川の記憶の継承」という意図に気づかないでしょう。

しかも、建物の陰になっている通路は殺風景でがらんとしています。壁面を飾るオリンピックの「レガシー」を伝える記念パネルを見る人は誰もいません。ここは渋谷や原宿にも近い一等地なのですから、広い通路空間をアーティストに自由に使ってもらうなど、もっと活気を生むアイデアがあるはずです。ここもまた、本当は川筋の空間なのです。

(2) 再開発に揺れる神宮外苑の原風景とは

渋谷川の痕跡をたどるのはここまでにして、再開発計画が問題になっている神宮外苑に立ち寄ります。老朽化した神宮球場と秩父宮ラグビー場の建てかえ、オフィスや商業施設が入る超高層ビルの建設、それに伴い約一〇〇〇本の樹木が伐採されるとの計画が明らかになると、二〇二三年一二月時点で二〇万を超える署名が集まるなど、大規模な反対運動が起こりました。多くの専門家や坂本龍一、村上春樹などの著名人も反対の声を上げ、同年九月には日本イコモスが、「文化遺産の不可逆的な破壊」として「ヘリテージアラート」を出す事態になっています。他方、すでに東京都の認可も得ている事業者の三井不動産等も、土地所有者の明治神宮も、当初計画のまま工事完了を目指しているように見えます。

外苑に入ると、すでにあちこちで工事が始まっています。再開発計画では、聖徳記念絵画館の前の軟式野球場は、会員制テニスクラブと広場に生まれ変わるそうです。神宮外苑が建設された当初、このスペースは美しい芝生の広場でした。そもそもの目的が、「森厳荘重なる内苑より一転して、広闊なる芝生地」（『明治神宮外苑七十年誌』明治神宮外苑七十年誌編纂委員会編、明治神宮外苑、一九九八年）とすることだったのです。銀杏並木から望む広々とした芝生広場は神宮内苑と対照的で、外苑の核となる開放的な風景でした。

聖徳記念絵画館前の軟式野球場は通り抜けできない。再開発問題と同時に、このような「占領」の現状にも目を向けるべき

それが変貌したのは戦時中で、外苑は陸軍専用となり、芝生広場はさつまいもや小麦を育てる菜園、軍用油原料のヒマ（トウゴマ）畑となりました。敗戦後、外苑を接収した占領軍は、かつて芝生広場や森が広がっていた外苑に、テニスコート、軟式野球場、バスケットボールコート等々を次々に整備しました。現在の絵画館前の軟式野球場も、そうした占領軍のスポーツ施設の延長線上にあるものです。そして、この野球場が今も広場を占領しているため、一般人は絵画館から銀杏並木に通り抜けで

きません。つまり、神宮外苑では、今も一九四五年に始まる「占領」が終わっていないのです。外苑の景観破壊は、決して最近になって始まったのではありません。

私自身も、神宮外苑再開発計画の再考は必要だと思いますが、もっと根本的に、外苑が現状のままでいいとも思いません。外苑問題を、そもそもここが練兵場であった歴史や、一九四五年の米軍による「占領」からの問題として考えるべきです。絵画館前の軟式野球場は廃止し、開かれた芝生広場に戻すべきですし、占領期以降に多くの施設がここを虫食い状態にしていったことや、そもそもこの空間が明治神宮の所有地であることも問題にしなくていいのでしょうか。大切にすべき景観は残しつつも、陸軍や米軍にこの地が「占領」され、すっかり改変されてしまう以前の風景を復活させる必要があります。原点を見据えた議論が必要です。

(3) 青山霊園の政治家たちの墓から笄川の谷へ

さて、青山通りを渡って青山霊園に向かいましょう。そろそろ昼食の時間ですが、さすが青山、高そうなレストランが並び、手ごろそうな店はすでに満員です。二〇二三年九月のこの街歩きは、初秋とは思えない猛暑でしたので、なんとか一息入れたいと店を探したところ、霊園駐車場の先に、食事も出すお花屋さんを見つけました。雰囲気のアットホームな一軒家に入ると、気取らないインテリアに、まるで知り合いの家のお昼に呼ばれたような気分になります。家庭的なサービスと手づくりの美味しいメニューでリフレッシュ、霊園散策を始めます。

青山霊園は、明治の神仏分離で神式の墓地が必要となったことで造られた公営墓地の先駆けです。江戸時代、ここには美濃《みの》郡上《ぐじょう》藩青山家の下屋敷が置かれていました。つまり、渋谷も青山も、その名は直接的には地形よりも、支配者の名から来ているわけです。その青山氏は郡上藩と丹波《たんば》篠山《ささやま》を本拠とする篠山藩に分かれていて、篠山城は今も人気の観光名所です。他方、日本近代の著名人たちが埋葬されている青山霊園は、都内有数の桜の名所です。霊園管理所では、ジャンル別に埋葬者の経歴をまとめたパンフレットや墓所番号を記載した一覧表などの資料が無料で配布されているので、立ち寄って入手しておくと便利です。

というのは、霊園内には著名人の墓についての案内板がほとんどなく、広大な霊園で目当ての墓を探すのは大変だからです。気になる墓をめぐっているときりがないので、私たちは霊園管理所の西側にある中江兆民、池田勇人《はやと》、森有礼《ありのり》などの墓を見て回りました。多くの墓で雑草が目立ち、ことに墓石も質素な中江兆民の墓の荒れようはひどく、いくら立派なパンフレットを作っても、これでは本末転倒です。

一方、池田勇人の墓はさすがにきれいに整えられていました。青山霊園には松方正義、濱口雄幸《おさち》、犬養毅らの総理経験者をはじめ、権力中枢にいた人物が大勢眠っていますが、その中でも際立つのが大久保利通の墓です。事績を記した青銅製の巨大な碑の横に鳥居があり、その奥に三メートル近くもある大久保の墓石が立っています。明治国家建設において、大久保が群を抜いて大きな力を持っていたことがうかがえるとても大きな墓所です。しかし、それだけ特別扱いされている大久保の墓でさえ、草が生い茂り、鳥居周辺の石灯籠は崩れ落ちたまま放置されています。概して谷中霊園のほうが、墓の手入れはなされています。

もう一カ所、霊園のほぼ中央に位置する外人墓地に寄ります。ここには日本の近代化に貢献した外国人たちの墓があります。ワグネル、フルベッキ、ジョセフ・ヒコ、キヨッソーネら、ひとつひとつの墓をじっくり見れば興が尽きませんが、ここは一瞥《いちべつ》するだけで霊園の脇を流れていた笄川の谷筋へと向かいます。

それには青山通りまで引き返し、外苑西通りから一本渋谷寄りの道（長者丸通り）を左折、セブン‐イレブンが入るパソナスクエアビルのところで再び左折するのがいいでしょう。やや右に折れる方向に道なりに進めば、ゆるやかに蛇行しながら下っていく細い道は笄川支流の暗渠（笄川側道）で、南青山四丁目の舌状台地の外周をたどることになります。明治時代の地図を見ると、このあたりに小さな池があったようで、おそらくじめじめした沼地だったのでしょう。この谷間の低地と舌状台地の境は階段や坂になっています。

一帯は「青山」の地名から連想されるような豪邸街ではなく、道を下るにつれて庶民的な古い家や店が並んでいます。私がまだ小学校に入る前のおぼろげな記憶ですが、当時、南青山に住んでいた祖母の小さな家を訪ねたとき、おそらくこの辺の裏町に私は何度も来ていたはずなのです。祖母はそれまで営んでいた銀座木挽町《こびきちょう》の小さな料亭旅館を畳み、この地に越してきていたのですが、その家は横に生垣のようなものがある細い道を奥に入った先にあった気がします。当時を知る人はとっくに亡くなり、そのころの写真もないので、今、歩いても、この記憶の真偽を確かめる術《すべ》はありません。

青山霊園を横断する高架道路の手前まで来ると、長者丸通りからの支流が合流し、そこから再び枝分かれしていた名残を感じさせる複雑な交差点があり、道路の向かいの児童遊園の名前に笄川由来の名前が残っています。

高架道路をくぐると、右に青山霊園立山地区の丘が見えるのですが、外苑西通りで霊園本体と隔てられ、霊園の前は殺風景な駐車場にされ、そのフェンスで霊園の入口すらわかりにくいです。なんとか入口を見つけて霊園に入り、階段を上ると木々が茂る丘から周囲の風景が見渡せます。しばらく眺めを楽しんでから丘を下り、立山地区の脇道を歩きます。これも笄川の暗渠で、霊園の縁のところに庚申塚《こうしんづか》（青山庚申塔）を見つけました。慶応元年に道標として建てられたもののようです。

こうしてかつて笄川が流れていた谷間を歩いていると、青山霊園の台地が太古には海に張り出した岬だったことを感じます。海岸線が引いた後も、大正期ごろまでは霊園の両側を笄川が流れ、根津美術館の池からの流れなど多くの支流が、西麻布の三叉路交差点付近で合流していました。冒頭講義で述べたように、笄川が流れ込む付近で渋谷川は古川と名前を変えていることからして、この川は渋谷・青山と広尾・麻布を分ける境界線をなしていたのです。

（4）「陸軍の街」に今も残る在日米軍基地

笄川の支流のひとつは、旧町名では麻布龍土町《りゅうどちょう》（現在の六本木七丁目内）の窪地を水源とし、通称「星条旗通り」と呼ばれる道に沿って流れていました。今度は、この流れの跡をたどり、東京都心にある米軍基地を訪れます。この道は西麻布から六本木に至る近道で、話題の寿司《すし》店やおしゃれな紅茶専門店などが並ぶ、グルメストリートとして知られています。しかし、道の片側は塀で囲われ、異様な雰囲気です。

「星条旗通り」という名前は、この道沿いに米軍の準機関紙「星条旗新聞（Stars and Stripes）」の日本支部、米陸軍赤坂プレスセンターがあることに由来します。塀で囲われた約二万七〇〇〇平方メートルもの敷地にあるのは新聞社だけではありません。ここは、米陸軍諜報《ちょうほう》機関事務所など米軍各種機関のオフィス、宿泊施設、ヘリポートなどを含む、在日アメリカ陸軍管理下の「基地」なのです。広尾の天現寺の近くに立つニューサンノー米軍センターも含め、港区は二三区で唯一、今も米軍基地が置かれている自治体です。

サンフランシスコ講和条約後、一九五〇年代から六〇年代にかけて米軍が接収していた都心の多くの軍用地は郊外や沖縄へと移転しますが、ここは戦後七八年経ってもいまだに返還が実現していない「占領地」です。建物や設備の外観はかなり古びた感じで、周囲に張りめぐらされた柵もそれほど高くないのですが、掲げられた「WARNING（警告）」の看板などから、どこかものものしい雰囲気が漂っています。

この七八年間、返還を求める動きがなかったわけではありません。一九六〇年代終わり、環状3号線建設に伴い移転交渉が行われたものの、米軍は首を縦に振らず、環状3号線は米軍へリポートの下にトンネルを掘る計画に変更を余儀なくされました。工事中の代替地として、都は都立青山公園の敷地の一部をヘリポートとして提供したのですが、一九九三年の工事終了直前、米軍はこの土地の継続使用を主張します。代わりに国立新美術館側の敷地の返還が決まったのは二〇〇七年、公園として開放されるまでにさらに一六年を要しました。ちなみに、この返還部分の公園敷地は米軍の要請で一六時半以降の立ち入りが禁止されています。

港区六本木のど真ん中に現れる米軍の「占領地」

　戦前、米陸軍赤坂プレスセンター、都立青山公園、政策研究大学院大学、国立新美術館はすべて旧陸軍第一師団の敷地でした。都立青山公園の見晴台には、かつてこの地に駐屯していた歩兵第三聯隊と近衛歩兵第五聯隊の有志一同が一九八七年に建立した「麻布台懐古碑」がひっそりとたたずんでいます。その向かい側が、フェンスで隔てられた米軍ヘリポートです。「U.S. Army Area　在日米陸軍地域　許可なき者立ち入り禁止」という看板が立ち、六本木ヒルズなどの高層ビルを間近に望む光景は、都心のこれ以上ない好立地に「占領地」が残ることの意味を痛感させられます。その意味で、六本木は横田や厚木、そして沖縄に通じているのです。

ここからヘリが離着陸するのは一日数回、横田と厚木の基地まで数十分で移動でき、両基地から米国大使館や日本政府機関に職員を運んでいるそうですが、米軍はこの都心一等地を決して手放したくないでしょう。今でもアメリカ大統領が来日する際は、厚木や横田の基地に着陸し、そこからこの六本木の基地に飛んで東京入りしています。港区は一九九一年からヘリポートの撤去要請を防衛省や都に出し続けていますが、沖縄県ほどの本気度は感じられません。国も都も、どこかで「占領」の継続を黙認しているように見えます。

公園を出て右方向に進み、日本学術会議前交差点を右折して国立新美術館西門を入り、その別館に向かいます。この別館の建物は、旧陸軍第一師団歩兵第三聯隊の兵舎の一部を保存したものです。同兵舎は、関東大震災後の一九二八年に建てられ、エレベーターやスチーム暖房、水洗式トイレを備えた、当時最先端の鉄筋建築で、アールデコ調の外観、床面積約三万平方メートルに及ぶ、地上三階地下一階のモダンなビルディング式兵舎でした。戦争でも焼け残り、敗戦後、占領軍に真っ先に接収された旧軍施設のひとつです。

接収解除後、一九六二年から二〇〇一年まで、東大生産技術研究所が使用し、私自身も大学院に進むまでの一年間、同研究所の原広司先生の研究室に在籍していました。戦時国策の一環として設立された東京帝大第二工学部を前身とする同研究所の第五部、建築系には原先生や藤森照信《てるのぶ》先生など気鋭の研究者がおり、私は原研でとても刺激的な日々を過ごしました。

生産技術研究所移転とその後の国立新美術館の建設に伴い、旧陸軍兵舎の建物はほぼ取り壊されましたが、貴重な近代建築の保存を求める運動が起こり、一部が切り取られるような形で残りました。二・二六事件のときのものと言われる弾痕が残るその入口は今もありますが、かつてはその脇、半地下のトイレの窓が当時はいつも開いていて、休日も深夜も同研究所内部に出入りしていたのを思い出します。旧生産研には、図面ではたしかに存在しているのに入れないという都市伝説のような部屋もあったようでしたが、すでに取り壊されたでしょう。国立新美術館側の入口から入ると、一階は入場無料の展示コーナー（月・水・木・金曜日の一一〜一八時）で、旧軍時代の写真や図面、模型を見ることができます。

国立新美術館から歩いてすぐのところにある東京ミッドタウンは、二〇〇〇年まで防衛庁檜町庁舎と陸上自衛隊檜町駐屯地でした。今や高層ビルやタワマン、きらびやかな巨大複合施設がそびえ立ち、防衛庁時代の風景はすっかり塗りかえられています。巨大な資本の力は、都市の風景も記憶も徹底的に変えます。その圧倒的な力には言葉もありません。

戦前、東京ミッドタウンから港区立檜町公園にかけての土地は、日本陸軍第一師団歩兵第一聯隊の駐屯地でした。さらに遡った江戸時代、ここは萩藩毛利家下屋敷で、邸内に檜の木が多かったことから一帯を檜町と呼ぶようになったそうです。ミッドタウン建設以前の檜町公園には、歩兵第一聯隊の本部庁舎（一九二九年築）や射撃場（弓道場）が残っていました。公園の東側の池は、「清水亭」と呼ばれる名園で知られた下屋敷時代からのもので、ここから溜池に注ぎ込む川が流れ出ていました。池の南側には、一九六三年に建立された「歩一の跡」という歩兵第一聯隊の記念碑が立っています。

(5) 赤坂氷川神社周辺の坂をめぐる

しばらく尾根筋が続いたので、そろそろ川筋に向かいます。檜町公園の池から一番近い出口を出て、急な上り坂（檜坂）を右方向に進み、突き当たりを左折します。せっかく坂を上ったのに今度は下り坂です。少し歩くと、白い外壁に黒い線が配されたレトロなタウンハウスが現れました。写真を撮ろうとすると、入口にいた警備員に制止されます。厳重な警備は、ここがアメリカ大使館宿舎だからです。プールや体育館などもあるという約四万四〇〇〇平方メートルの広大な敷地は、六本木側の谷からそそり立つ丘になっており、戦前は三井財閥本家麻布今井町本邸でした。国宝の茶室「如庵《じょあん》」もこの屋敷内にあり、戦時中、「如庵」は神奈川県大磯の城山荘に移築されて無事でしたが、三井邸は空襲で焼失、米軍に接収されて現在に至ります。

その先にあるのが、赤坂・六本木一帯の総鎮守、赤坂氷川神社です。九五一年に赤坂見附付近に創祀《そうし》され、一七二九年、八代将軍吉宗の命で現在の地に移転、幕府の保護を受けました。東京都有形文化財になっている社殿は関東大震災や戦災にも耐えた移築当時のもので、江戸時代の鳥居、灯籠、狛犬《こまいぬ》も残っています。古いものが大切に守られている緑豊かな境内は、都会の神社とは思えない静謐さに満ち、そうした空間に身を置いていると心が休まります。

赤坂氷川神社の周囲はどこか品のある高級住宅街で、忠臣蔵でお馴染みの南部坂、氷川坂、転坂《ころびざか》など、街歩きにうってつけの変化に富む地形です。私たちは神社を出て、由緒あるお屋敷めいた日本銀行氷川分館を左に本氷川坂を下ることにしました。両側からの木々の緑が影を落とすこの道は、江戸時代の面影を感じられる趣のある一角です。なんでも、氷川分館は日銀の接待用に使われているそうで、古風な塀やこんもりと茂る木々の様子から、今なお大名屋敷（駿河《するが》田中藩本多家中屋敷）のたたずまいを残していることがうかがえます。

この本氷川坂もかなりの急坂で、低地に下りていくと、街の雰囲気が庶民的なものにがらりと変わります。一本の坂の上と下でこれだけ違うのは、凹凸地形の街歩きならではのおもしろさです。この付近の入り組んだ道は、檜町公園の池から流れ出ていた川の流路とも関係しているはずです。そういえば、幕末、本氷川坂下には勝海舟の家がありましたから、坂本龍馬もこのあたりをぶらぶら歩いたかもしれません。

⑹　赤坂の窪地に潜む「都市の孔」にダイブ

そこから赤坂通りまで出て、赤坂小前交差点を渡り、港区立赤坂小学校に面した道をしばらく進みます。左が駐車場になっている裏に細い道が見えるのでそこを入ると、狭い路地で一気に街歩きらしくなります。その路地の角に建物全体が鬱蒼とした樹木に蔦《つた》が絡まる中層ビルがあり、異世界への入口のような雰囲気です。さらに行けば、小さいけれども美味しそうな中華料理店、その先の曲がった道が上り坂になっています。そこを上ると、「インペリアル赤坂フォーラム」という物々しい名前のマンションに面し、白壁がきれいな中層マンションが建っています。これが力道山ゆかりの「リキマンション（赤坂リキマンション）」で、戦後、力道山が大和土地建物との共同事業で建設した高級マンションです。

当時の広告には「都内初めての本格的冷暖房」と謳われるなど、最新にして豪華な設備を備えていました。竣工は一九六三年一〇月、力道山もこのマンションの最上階八階を丸ごと自分の住まいとしましたが、その年の暮れ、赤坂のナイトクラブで刺され、命を落とします。築六〇年ですが、再開発が進む東京で今もヴィンテージマンションとして現役です。

リキマンションのすぐ近くに、三方を高台に取り囲まれているスリバチ状の地形があるので、行ってみます。位置関係としては稲荷坂右側のすぐ向こうに見えるのですが、直接通じている道がないので、一度、大きな通りまで出て、赤坂パークビルを左側に見ながら進みます。赤坂サカス、TBS、赤坂パークビルがある高台は戦前、近衛歩兵第三聯隊の駐屯地で、赤レンガ造り三階建ての兵舎は街のシンボルになっていました。

赤坂パークビル脇の円通寺坂には陸軍敷地との境界石が残り、パークビルの公開緑地の奥まった場所に「近衛歩兵第三聯隊跡」の石碑が立ちます。二・二六事件のとき、この部隊が薬研《やげん》坂《ざか》を上り、現在「高橋是清翁記念公園」になっている高橋是清の私邸を襲撃したのです。

この一帯は江戸時代からの寺町です。これまた急な三分坂を下り、二〇〇年前からという築《つい》地塀《じべい》の報土寺（雷電為右衛門《ためえもん》墓所）の角を右折、右側が崖になっている道を進みます。窪地に古いアパートや狭小住宅などが建ち並び、とても赤坂とは思えない庶民的な風景です。

その道の先に種徳寺という、一六四二年からこの地に建つお寺があります。人影もない境内は静かで、本堂から階段を上る丘の墓所は段々になっており、江戸時代の元号が刻まれた古い墓石に囲まれていると、数百年の時間を一気に通り抜けていくような、不思議な感覚に誘われます。不思議と言えば、周囲の超高層ビルが一望できるここからの景色は、高いところから見渡すのとは逆に、都市の底から高層ビルを俯瞰《ふかん》しているようです。それはまるで、大都市の孔にダイブしている気分です。こんな東京都心を切り裂く断層のような空間がしたたかに残っているのは、まさしく場所の力という他ありません。

(7) 東京の奥深い魅力を伝える赤坂の「ちいさいおうち」

そろそろ夕闇も濃くなってきました。宵の赤坂を目指すことにしましょう。再び三分坂を上り、TBSと赤坂パークビルの間の道を進みます。まさに超高層ビルの谷間を歩くわけですが、左手には太刀洗川の谷も見えます。マスメディアの凋落《ちょうらく》が言われる中、TBSがこれほど巨大なビルを建てるのは、おそらく不動産業で生き残ろうとしているのですね。

さくら坂を下りたところは一ツ木通り、ここから外堀通りまでは飲食店などがひしめく赤坂の繁華街です。かつては檜町からの流れ、太刀洗川、それから赤坂御用地の池から流れ出ていた赤坂川(赤坂大下水)がこの谷に注ぎ込み、溜池に合流していました。赤坂川の上流は、現在の四谷三丁目駅の南東を源流とする鮫川で、溜池から先の下流は桜川と呼ばれて芝から古川へと流れていました。最終日に私たちは鮫川の跡をたどるつもりですが、鮫川・赤坂川・桜川などのネットワークが、街歩きのルートをつないでいることに気づかされます。

赤坂は、権力者たちの丘と低地の商業地が混在するだけではなく、戦後の闇と復興期の華やかさも経験してきた街です。明治初期に数軒の料亭から始まった赤坂花街は、一八八四年の歩兵第一聯隊、一八九三年の近衛歩兵第三聯隊の赤坂移転以降、活況を見せます。さらに一八九〇年の議会開設によって、赤坂は政財界中枢の社交場として栄えていきました。

陸軍や政財界と結びついていた赤坂は、二・二六事件の主舞台となり、反乱将校の拠点となった山王下の料亭「幸楽」と山王ホテルは、その後、数奇な変遷をたどります。敗戦後、戦災で焼失した「幸楽」の跡地に建てられたナイトクラブ「ラテンクォーター」は、米軍高官の社交場となり、それが火災に遭った後に建設されたのがホテルニュージャパン、その地下の高級ナイトクラブ「ニューラテンクォーター」で力道山はヤクザに刺されたのです。他方、山王ホテルの「接収」は、なんと一九八三年まで続きました。

占領軍の遊興の場であった赤坂は、同じく米兵たちがたむろしていた六本木と共に「国際的」な街として、ナイトクラブやキャバレー、高級飲食店が集まる一大繁華街となっていきます。世界一と言われたキャバレー「ミカド」、デヴィ夫人がスカルノと出会ったという「コパカバーナ」はその代表格です。一九五五年にＴＢＳが開局したことで、赤坂にはマスコミや芸能人も集まるようになりましたが、光の裏には闇もありました。たとえば、「ラテンクォーター」の共同経営者には、児玉誉士夫《よしお》やアメリカの元諜報部員といった怪しげな人々が名を連ねていましたし、この界隈の縄張りをめぐって激しくしのぎを削っていた暴力団は、政財界の大物とも深くつながっていたようです。

しかし、今の赤坂はすっかり様変わりです。ホテルニュージャパンは一九八二年に死者三三人を出す火災を起こし、長らく廃墟のままでしたが、外資系生命保険会社による超高層「プルデンシャルタワー」が建てられます。また、山王ホテルは現在の山王パークタワーです。各界の著名人が夜を過ごしたナイトクラブやキャバレーも、超高層ビルに変貌しました。「料亭政治」が繰り広げられた赤坂花街の料亭も、現在は三軒だけです。歩いていると、最近までかろうじて残っていた料亭の建物が解体される工事現場をあちこちで目にします。

そんなドラマチックな栄枯盛衰を経てきた赤坂の一角に、街の歴史を静かに見続けてきた町家があります。一九四八年、築地の料亭で働いていた夫婦が焼け跡に建てた小さな二階建ての木造家屋は、バブル期の地上げの波を乗り越え、三代目の深澤晃平さんによって、一階は展示スペースのあるカフェ、二階は一室だけのホテルとして営業する宿泊・観光施設「Tokyo Little House」に生まれ変わったのです。宿泊スペースはおしゃれすぎない塩梅で改装され、昭和の生活の気配が残されています。以前、私のゼミの優秀な大学院生だったサム・ホールデンさんがこのプロジェクトに深く関わっている縁で、おふたりに話をうかがいました。

吉見　深澤さんとサムさんが「Tokyo Little House」というプロジェクトを始められた経緯は、いったいどのようなものだったのでしょうか。まず、この家の歴史について教えていただけますか。

深澤　まだ戦後まもないころ、祖父母は、勤め先の主人から「自分たちで商売を始めたら」と勧められて借金をし、この家を建てたと聞いています。でも、堅実な人だった祖父は、「自分たちで商売をやって何かあったらそれでおしまいだから」と、半分を自分たちの住居に、もう半分は貸し間にして、今まで通り、勤め先の築地の料亭に自転車で通っていたそうです。当時は赤坂に普通に住んでいる人もたくさんいて、料亭だけではなく、乾物屋さん、八百屋さん、魚屋さんといった、生活を担うお店も近所にちゃんとあったといいます。

祖父が亡くなった後、バブル時代に「五億円、一〇億円で売ってくれ」と言われても、祖母は質素な生活を続けながら、この家を守っていました。今でも覚えているのは、祖母がよく「食べ物がなくても、こうすれば食べられるのよ」と、みかんやりんごの皮を煮て食べていたことです。祖母が亡くなったのは九〇年代初めでしたが、この家を相続した母は、「両親が地道な暮らしをしながら借金を返してきた苦労を思うと、ここを手放したくない」と言います。ただ、建物を残すというより、いつか建て直すことを前提にしていたようで、一階のテナントにも自由に改造させていました。

「Tokyo Little House」

吉見　深澤さんは、「Tokyo Little House」を始める前、ここに住んでいらしたんですよね。

深澤　はい。まだ大学生だった二〇〇一年からこの家に住み始めました。僕は杉並で生まれ育ったんですが、たまたま種徳寺に足を踏み入れたりして、「東京という都市はこんなにおもしろいんだ！」と驚きました。都市に対する感覚が敏感になった気がします。

吉見　アースダイバーになったんですね（笑）。『アースダイバー』（講談社）が出版されたのは二〇〇五年ですから、すごく先駆的じゃないですか。

深澤　僕は当時、中沢新一さんの研究室にいて、東京の中

「Tokyo Little House」の二階は1948年の面影を残したまま

の縄文遺跡をプロットしたりもしていました。自分自身が、「ここを拠点に東京を歩き回るのはなんておもしろいんだろう」と思っていたので、「いつかこの家をいろいろな人が訪れて、東京をめぐるようになればいいな」という考えをずっと温めていたんです。ただ、具体的に動き出すまでに時間がかかってしまって、子どもが保育園に通うようになり、そろそろ始めてみようか、と妻と相談していたころ、サムと出会いました。

ホールデン　二〇一五年の一二月、僕がまだ吉見先生の研究室にいたころでしたね。僕がやっていた空き家と銭湯の研究の話をして盛り上がって、翌年秋の氷川神社のお祭りに呼んでもらいました。「赤坂の古い建物に住んでいる」と聞いていたんですけど、「こんな繁華街に古い住宅があるわけない」と思いながら（笑）、教えてもらった住所に着いたら、深澤さんがこの家の二階の部屋の窓を開けて座っていて、「上がっておいでよ」と言うので、もうびっくり。そのとき、今みたいな話を深澤さんから聞いて、この空間がファミリーヒストリーや、東京という都市の歴史とつながっていることを知りました。

吉見　その後、二〇一六年のアメリカ大統領選挙でトランプが当選して、サムはショックのあまり、博士課程の出願書類を出し忘れてしまったんだよね。それで、もらえるはずだった奨学金もダメになってしまった。

ホールデン　この先どうしようかと迷っていたとき、深澤さんからここを改修するという話を聞いたんです。たまたま、いろいろなタイミングが重なったという感じでした。

深澤　サムは博士課程に行くものだと思っていたから、最初に話をしたときは、どういうふうに関わってもらうか、具体的には考えていなかったんです。二〇一七年の六月に会社を設立したのですが、日本に滞在するためのビザも切れてしまうというので、一〇月にサムのビザを取りました。実際に奔走したのは、妻の杉浦貴美子ですが。

吉見　すごい、奥さんがキーパーソンだったんですね。サムにとっては結果的によかったんじゃないですか。

ホールデン　そうですね。「Tokyo Little House」に関わったことで、自分が大学の外でやろうとしていた、銭湯のプロジェクトや尾道の空き家再生も形にすることができたし、今、とても楽しいです。

深澤　大学に戻らなくていいのか、とサムにはずっと言っていたんですけどね。

吉見　でも、そのくらい、おもしろかったんだよね。

ホールデン　僕は東京の北部にずっと住んでいたので、赤坂みたいな街のおもしろさを、ここで初めて知ったんです。新宿や渋谷のようなターミナル駅の大きい歓楽街でもないし、いろんな歴史の層がごちゃ混ぜになっている感じで、なんというか、つかみどころがない街ですよね。アメリカでは土地利用が明確に分かれているので、こういう歓楽街の中にビジネスと居住空間が一緒にあるというのは、日本ならではだと思います。

深澤　それはここを訪れる海外の研究者からも指摘されることで、こういう自由さと曖昧さが東京の都市文化を作っているというようなことを言われます。

サムにはここを改修するときもＤＩＹの腕前を発揮してもらいましたが、本当に助かっているのは、「Tokyo Little House」のパンフレットや展示の翻訳などを通して、この空間について英語で発信してくれることなんです。これは僕の力だけではできないことなので。

吉見　いい人を捕まえましたね（笑）。サムはちゃんと文脈を理解して翻訳するし、このパンフレットもストーリー仕立てになっていて、素晴らしいです。

深澤　そもそも、この家は焼け跡に建てられたことから始まっているわけですけれども、東京が世界でも稀《まれ》なほどの大規模な空襲を受けたという事実が、海外ではほとんど知られていません。東京には歴史的なものが残っていないとよく言われますが、大規模な空襲で破壊された焼け跡風景自体が東京という都市の歴史だと思います。でも、その歴史が外に向かって語られることは、今まであまりなかったですよね。

サム・ホールデン氏（左）、深澤晃平氏（中央）、著者

吉見　日本は、文学、アート、音楽では外に向けて発信をしてきた一方、人文学系は日本語の世界に閉じこもってきましたからね。深澤さんの意図は、この建物自体が説得力をもって示していますし、サムの英訳がそれを強力にサポートしていると思います。「Tokyo Little House」は小さな建物だけれども、赤坂全体を相手にしてこの場所があると考えると、意味的にはとても大きいと言えますね。

深澤　僕らも、小さいながらも語る場所が物と一緒にあるというのは、やっぱり意味があることだろうと考えていますし、もっと言うと、東京全体を相手にしたいなという想いもあります。

吉見　たしかに、東京全体を相手にしてこの場所があるわけですからね。「Tokyo Little House」は一日一組限定で、宿泊客のほとんどが外国人観光客だそうですが、どこの国の人が多いですか。

深澤　アメリカ人、特に西海岸のいわゆるクリエイティブクラスの人や大学の先生、それからオーストラリア人が多いですね。あとはフランス、イギリスなどのヨーロッパ、香港やシンガポールといったアジア系が少しずつ来てくれているという感じです。宿泊客に外国人の方が多いのは、この空間の見え方が日本人と違うからではないかと思います。

ホールデン　訪日外国人が増えているのは、アニメなどソフトパワーの影響もありますが、それだけではなく、今、世界では都市としての東京のおもしろさに対する関心が非常に高まっているんです。でも、実際に東京に来る外国人たちが何をしているかというと、再開発でできた新しいホテルに泊まって、渋谷のスクランブル交差点や竹下通りを見て、三つ星の寿司屋でご飯を食べて、「いやあ、楽しかった。もう一回来たいね」と言って帰っていく。そういう消費をしても、東京という都市に本当に触れたことにはまったくならないと思います。

深澤　ここに来る外国人のお客さんも、最初は表面的なオーセンシティに惹《ひ》かれて宿泊先に選んだという人がほとんどでしょう。それでもみなさんが「感激した」とおっしゃってくれるのは、いわゆる京都の町家に感激するのとは違う感激なのかもしれないと思ったりもします。ある宿泊客の方が「It feels like you are part of the history of Tokyo.（自分が東京の歴史の一部になったような感じがする）」という言葉をレビューに書いてくれたことがあって、それはとても嬉しかったです。

実際問題、都心の古い建物をそのまま維持するのは本当に大変で、近隣で再開発が進む中で木造の建物を維持するのは手間もお金もかかるし、気苦労も絶えません。建てかえたり、売ったりするほうがよほど楽で簡単です。僕自身は、この家の価値を未来につなごうという考えがあるのでやっていますが。

ホールデン　銭湯もどんどんなくなっていますし、この先、東京中が無機質なガラスのタワーばかりになっていったら、「Tokyo Little House」のような空間の希少価値は今以上に出てくると思っています。

私たちがすでに何度も遭遇してきたように、今日、東京の都心再開発はとどまるところを知りません。いずれ東京都心はどこもがぴかぴかした高層ビルだらけになってしまいそうです。

しかし、だからこそ、「Tokyo Little House」のような建物の価値が見直されていく時代が来るはずです。なぜ、海外からの観光客がこの小さな古い町家に感激するのか。その目線と、なお再開発に固執する日本人の「常識」のギャップがどこから来るのか。そこには、今の日本人には見えていない、「古いからこそ新しい」都市の未来が浮上しているのです。

《第六日のまとめ～「旧日本軍＝米軍」の街と大規模再開発》

今日の街歩きの前半は、主に尾根筋、つまり国家や資本の力でオーソライズされた大空間の脇道を歩きました。正直に言えば、そうした巨大施設の中の歩道を歩いても、ただ疲れるだけで街歩きの楽しさはまったく感じられないのですが、脇道となると少しだけ救われる気分になります。というのも、今日、超高層ビルや大型スポーツ施設は私たちのヒューマンスケールを凌駕《りょうが》して、ただ威圧的なものになっているからです。それらの大空間のきらびやかな風景は、そこにそれまであったかもしれない街の歴史や記憶を消し去ってしまっています。

冒頭講義で、都心南部には「軍都東京→占領軍の東京→オリンピックシティ東京」の連続性があると述べましたが、再開発で真新しくなった施設のそばにたたずむ旧日本軍の記念碑に目を留める人は、どれだけいるでしょうか。青山墓地はすでに荒れています。

　こうした記憶の抹消に抗するのは、やはり川筋であり寺社町です。青山霊園脇の笄川の流路をたどったときや、凹凸が顕著な赤坂に足を踏み入れたとき、そして赤坂氷川神社や種徳寺が保ち続けている江戸の古層に接したとき、思いがけず街が見せる、時を超えた豊かな表情に、私たちは文字通り、息を吹き返したような気持ちになりました。

　しかし、台地の風景を一変させた大規模再開発は、今や谷間にも及んでいます。高額な相続税がかかる古い町家が、世代交代に伴い次々と更地にされているのです。そんな状況でも残されてきた小さな空間の重要性を、重ねて強調したいと思います。

　そうした一方で、青山・六本木・赤坂が、やはりなんといってもかつて旧日本軍の街で、今も米軍の街であることも強調しておきます。つまり、神宮外苑はそもそも青山練兵場であり、青山墓地は薩摩・長州軍から日本軍までの多くの軍人たちが埋葬され、そして代々木公園やオリンピック競技場はそもそも代々木練兵場なのです。さらに戦後、この一帯は代々木練兵場から変身した米軍基地「ワシントンハイツ」を取り囲む「基地の街」となり、六本木は今もなお「基地の街」であることを止めてはいません。

実際、この「旧日本軍＝米軍の街」の都心南部における広がりは、私たちがこれまで歩いてきたすべてのルートで顕著でした。第一日、渋谷を歩いた際には、宇田川筋の東にかつてワシントンハイツが広がっていたことについて考えましたし、第三日と第四日の目黒川流域では、三軒茶屋付近から駒場、大橋、そして中目黒と、丘の上に延々と旧日本軍の施設が広がっていたことを確認しました。戦後、それらは学校用地や公園、あるいは自衛隊の駐屯地となっていったわけですが、かつて軍用地だったことは今もその地域の基層にあります。

米軍からすれば、旧日本軍のすべての施設をずっと接収し続けることは得策ではなく、六本木のような都心の小さな敷地は確保しつつも、主な兵力は東京の立川や横田、神奈川の相模原、横須賀といった少し離れた地域に分散させても何ら戦略的には問題ではなかったし、さらにその先には本土の多くの軍用施設を沖縄に移転させる方針がありました。ですから、多くの都心の米軍施設は比較的早い段階で返還されていきました。

本書の街歩きにおける私たちの仮説は、このような主に台地の上で展開した大きな歴史の物語を相対化する特異点が、これらの街の周縁を結んでいた谷間や川筋にあるのではないかというものでした。千駄ヶ谷や信濃町、南青山や麻布、赤坂の裏側にたたずむ川筋や谷間をこうして歩いてくると、これらの街の生活が、丘の上を日本軍が占拠しようが米軍が占拠しようが、つい最近までは深いところでそう変化せずに営まれ続けてきたことがわかります。

しかし、大都会の谷間に「孔」のような空間として存続してきたそれらの街々も、二一世紀に入り、地形からすべて造り変えてしまう大規模再開発に呑《の》み込まれつつあります。開発に対する根源的な抵抗力であった地形の力が弱まってきているのです。東京の谷間や川筋、曲がった坂や細い道を好んでたどるこの街歩きは、そんな巨大な力に対し、私たちの都市の風景を価値あるものにしてきたのは何であったのかを改めて確認するささやかな抵抗です。

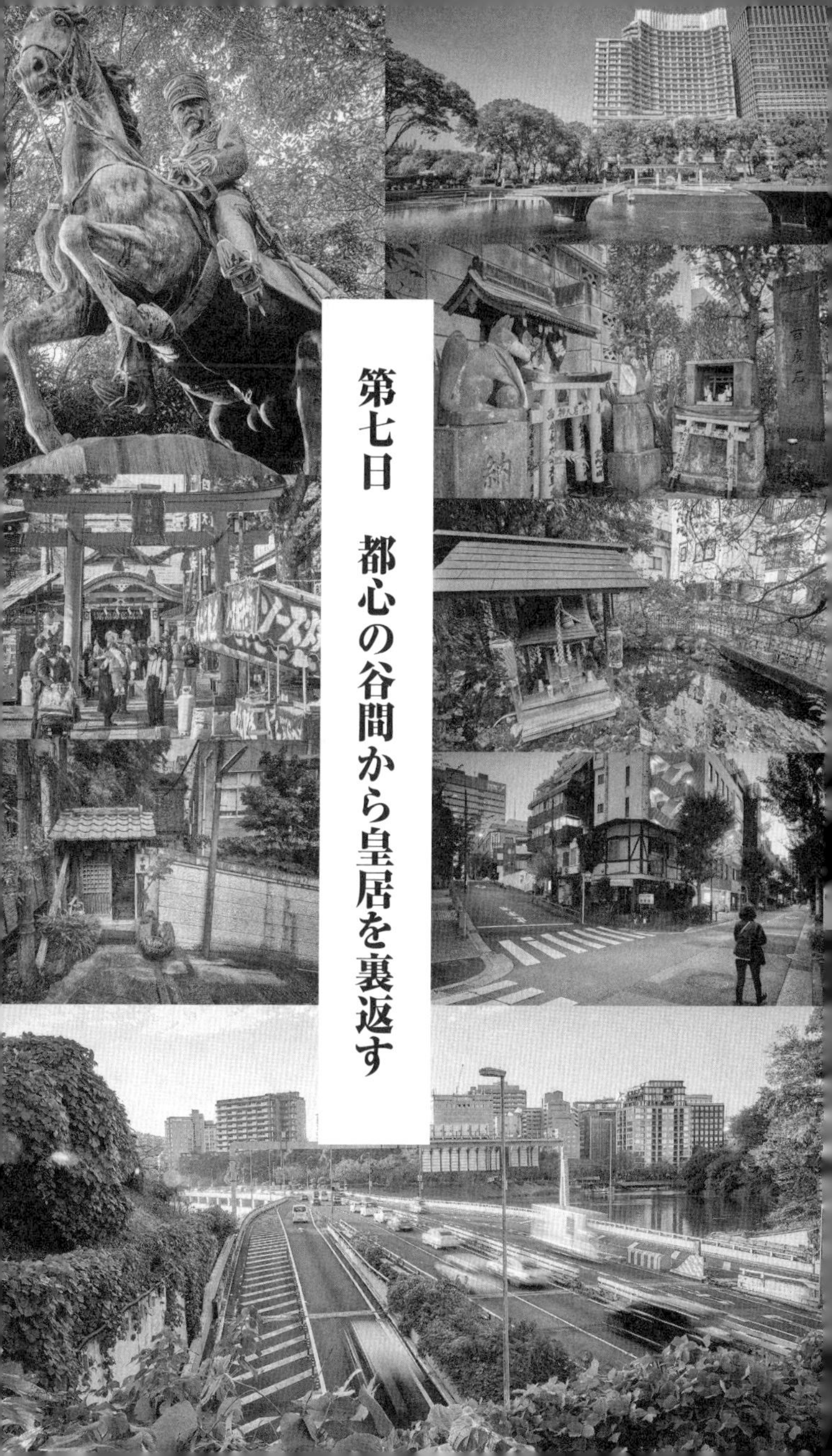

第七日　都心の谷間から皇居を裏返す

御茶ノ水駅
首都高速5号池袋線
都営三田線
新御茶ノ水駅
神保町駅
九段下駅
小川町駅
淡路町駅
千鳥ヶ淵戦没者墓苑
神田駅
東京メトロ丸の内線
竹橋駅
北白川宮能久親王銅像
GOAL
将門塚
JR京浜東北線
皇居
大手町駅
東京駅
二重橋前駅
桜田門駅
京橋駅
有楽町駅
日比谷駅
有楽町駅
国会議事堂前駅
霞が関駅
銀座一丁目駅
銀座駅
東京メトロ千代田線
JR東海道線
JR山手線
東京メトロ日比谷線
虎ノ門駅
内幸町駅

第七日 地図

牛込柳町駅
都営大江戸線
JR中央線
曙橋駅
JR総武線
都営新宿線
市ヶ谷駅
全勝寺
策《むち》の池
東京メトロ半蔵門線
四谷三丁目交差点
START
東京メトロ有楽町線
於岩稲荷田宮神社
四ツ谷駅
須賀神社
半蔵門駅
麹町駅
若葉公園
上智大学
二葉南元《ふたばなんげん》保育園
上智大学真田堀運動場
ホテルニューオータニ
信濃町駅
首都高速4号新宿線
迎賓館赤坂離宮
永田町駅
都営大江戸線
赤坂御所
東京
ガーデンテラス
紀尾井町
赤坂見附駅
東京メトロ銀座線
青山一丁目駅
赤坂駅
溜池山王駅

《冒頭講義～「空虚な中心」を囲む四つの谷》

（1）皇居は「空虚な中心」か？

都心南部を歩く『続・東京裏返し』も、いよいよ今日で最終日、目指すゴールは東京都心のさらに中心、皇居です。私たちは今回、皇居に裏側から迫り、皇居の裏返しを試みます。

まず、皇居を裏返すとはどういうことかを考えてみましょう。ロラン・バルトは一九七〇年に刊行した『表徴の帝国』（宗左近訳、新潮社、一九七四年）で、「いかにもこの都市は中心をもっている。だが、その中心は空虚である」と皇居を論じ、この「空虚の中心論」は一九七〇～八〇年代の東京論の共通認識となりました。しかし、皇居は本当に東京の「空虚な中心」なのでしょうか？　少なくとも、明治以前の皇居、つまり江戸城は徳川幕府という世俗権力の中心でしたし、維新以降も、この城は決して空虚な中心ではありませんでした。

一八六八年一〇月、薩長軍は天皇を江戸に行幸させます。なぜなら、天皇の身体は彼らが「官軍」であることの証《あかし》だったからです。天皇の起居の場には江戸城西の丸御殿が定められ、城の名は「東京城《とうけいじょう》」と変えられました。市村弘正が『「名づけ」の精神史』（みすず書房、一九八七年）で述べたように、この時点での「東京」には単に「東ノ都」の意味しかありません。しかしこれ以降、方向指示記号にすぎない「東京」が、「入江の河口」を示す「江戸」という伝統的地名に取って代わります。

つまり、この改名は「物事についての伝統的な経験を背負ってきた諸々の名前を、概ね漢語を駆使した官製の用語によって塗りかえてしまおうという、明治国家の一大事業を象徴的に示すもの」でした。「東京城」は、その名自体が、私たちがこれまでの街歩きで目撃してきた上野寛永寺や芝増上寺の改変と同じく、江戸という都市の記憶を可能な限り抹消する方法だったのです。天皇は一度、京都に戻りますが、一八六九年三月に再び「東京」に行幸し、以後、「東京城」は「皇城」、つまり天皇の城という名称を与えられます。

明治初期の皇居は天皇の住まいというだけでなく、首都に集中する軍施設の中心でもありました。一八六九年五月の箱館戦争終結まで続いた戊辰《ぼしん》戦争の間、東京城あるいは皇城は、薩長軍の大本営でしたし、現在の皇居東御苑にあたる城内の敷地には工兵作業場（東京鎮台・近衛・教導団）などが造られ、北の丸（近衛師団司令部、近衛歩兵第一聯隊、第二聯隊など）、丸の内（東京鎮台騎兵営、同輜重兵営、同歩兵営など）、有楽町（陸軍練兵場、監軍本部など）に、皇居を取り囲むように明治政府軍の施設が次々と置かれていきます。

こうした状況は明治中期に主要な軍の施設が郊外へと移転していくまで続きます。明治中期以降、皇居周辺の軍事施設は日比谷から青山、代々木、さらに渋谷から駒場、三軒茶屋、駒沢、最終的には相模原まで、国道246号線沿いに西へと移動していくのです。その結果、皇居から大日本帝国の軍都の原点という性格が徐々に失われ、それを埋めるように、象徴的な空虚の中心という意味合いが強められたのです。

(2) 四つの「死者の谷」

中沢新一の『アースダイバー』で、皇居は「中心がそのまま境界である」という奇妙な「メビウスの輪」に喩《たと》えられています。「空虚な中心」にせよ、「メビウスの輪」にせよ、一筋縄ではいかない皇居を裏返すには、実際に皇居の中に入る必要は必ずしもありません。むしろ、私たちは「裏返し」のために、今回は丸の内の行幸通りから二重橋前広場という「表」のルートではなく、四谷、麴町、千鳥ヶ淵という「裏」から皇居に迫りたいと思います。

「表」の丸の内や日比谷がかつての入り江を埋め立てた平坦な地形であるのに対し、「裏」の四谷、麴町では丘と谷が複雑に入り組み、顕著な高低差があります。普段光があたるのは

「表」や「丘」の「勝者」ですが、その「裏」の顔が、「敗者」の死の気配が立ち込める「谷」から見えるはずです。いみじくも、今回のルートには四つの「谷」が存在していますから、今日はそれらを縦走しながら皇居に向かいます。

最初の谷は、『四谷怪談』の谷です。お岩さんの家があったことにちなみ、四谷三丁目の交差点から少し南に於岩稲荷田宮神社がありますが、地形的にはここは「丘」にあたります。一方、於岩稲荷が江戸中で大評判になったのは鶴屋南北の『東海道四谷怪談』が上演されてからのことです。『四谷怪談』は『仮名手本忠臣蔵』のパロディで、いわば「丘」の上の論理である忠義や武士道をひっくり返し、「谷」にうごめく金と色の俗悪を舞台に載せています。

実際のお岩さんについては諸説あるのですが、夫婦円満で、貧しい家を再興するほど働き者だったというお岩さんは、沢の谷間をさすらうグロテスクなお化けに変えられてしまいます。お岩さんの破壊的なまでの怨《うら》みのエネルギーは、南北が『四谷怪談』を書いた一九世紀初頭という時代を色濃く反映しているのです。

二番目の谷は『最暗黒の東京』の谷、つまり四谷鮫ヶ橋の「貧民たちの谷」です。沼沢地を埋め立てた四谷鮫ヶ橋は、幕末から都市下層民が住み着き、明治になると下谷万年町《したやまんねんちょう》、芝新網町と並ぶ東京の三大貧民窟となっていきます。それらの明治の貧民窟の探訪記でも出色なのは、松原岩五郎のものでしょう。松原自身、早くに両親と死別し、小説家を目指しながらさまざまな底辺労働を渡り歩いた経歴の持ち主でした。その文才を徳富蘇峰《そほう》に認められ、「國民新聞」に貧民窟のルポルタージュを連載したのが『最暗黒の東京』です。

記事を書くにあたり、松原は体当たりで現場に飛び込んでいきました。「各小貧窟の裏々」をさまよった後、四谷鮫ヶ橋にたどりついた松原は、残飯屋の「下男」となって数週間を過ごしたのです。当時、四谷鮫ヶ橋では残飯業が盛んで、貧民たちは市ヶ谷の丘の上にあった陸軍士官学校（現在の防衛省がある場所）から出る残飯を「一貫目およそ五、六銭位」で買い、その日その日を食いつないでいました。

残飯屋の松原は、そんな「老幼男女」の貧民を喜ばせようと工夫を凝らします。彼は、「貧民の群《むれ》がいかに残飯を喜びしよ、しかして、これを運搬する予がいかに彼らに歓迎されしよ。予は常にこの歓迎に酬《むく》ゆべく、あらゆる手段を施《めぐ》らして庖厨を捜し、なるべく多くの残物を運びて彼らに分配せん事を務めたりき」と綴り、残飯がほとんど出なかったときは「饑饉《ききん》」、荷車いっぱいに積まれるときは「豊年」と、旗を掲げて貧民たちに知らせます。こうした記述から、松原が「残飯屋」の仕事にのめり込む様子が伝わってきます。

現在、鮫ヶ橋は「若葉」「南元町《みなみもとまち》」と街の名が変わり、とうに貧民窟ではありませんが、

『最暗黒の東京』で松原が活写した景色の痕跡が残っているか、確かめたいと思います。

三番目の谷は、麴町の地獄谷です。千鳥ヶ淵に流れ込んでいた局沢川《つぼねざわがわ》が麴町台地を削ってできたこの深い谷は、江戸時代初期に書かれた戸田茂睡《もすい》の『紫の一本』（新編 日本古典文学全集82『近世随想集』鈴木淳・小高道子訳注、小学館、二〇〇〇年）に「倒《たふ》れて死にたる者、また成敗《せいばい》に会ひたる者」が捨てられ、「骸骨《がいこつ》みちみちたる」有様だったと書かれています。近世初期まで、地獄谷は共同墓地のような場所で、一帯には谷に埋められた死者を弔う寺が多数ありました。しかし、江戸城至近の麴町は旗本の屋敷地とされ、これらの寺は移転を余儀なくされます。樹木谷という別名が生まれたのも、おそらくこのころのことでしょう。

しかし、移転したのは寺の建物で、谷に埋められた骨は残されました。宅地化からすでに数百年が経過していますが、今でもこの谷に死者の「闇」は棲息《せいそく》しているでしょうか。

そして、四番目の谷は、千鳥ヶ淵とその脇の戦没者墓苑です。この墓苑が現在の場所に決まるまで、靖国《やすくに》神社と日本遺族会の横槍《よこやり》が入るなどの紆余《うよ》曲折がありました。最終的に千鳥ヶ淵が選ばれたのは、全国民が参拝しやすい都心で、適度な広さがあることに加え、靖国神社と併せての参拝がしやすい、また水辺に近いことも重要な要素でした。飢えに苦しみ、水を求めて亡くなった戦没者の無念に応えるために、墓苑に「水」は欠かせなかったのです。

もともと、千鳥ヶ淵は周辺の川が流れ込む谷間でした。それで、家康軍の江戸進駐の際、北側の牛ヶ淵と共に飲料水確保のために川を堰き止める「ダム」が造られたのです。この地形は、九段の丘の上の靖国神社と対称をなします。

この対称はさまざまなところに及んでおり、無名の軍人・軍属、一般人の遺骨を慰霊する墓苑に対し、靖国神社は国のために戦った「英霊」を祭神として祀る、いわば支配者の墓です。また、参拝者数でも大きな差があり、コロナ禍中の数字ですが、二〇二二年八月一五日の靖国神社への参拝者数約三万五〇〇〇人に対し、千鳥ヶ淵戦没者墓苑を訪れたのは約二二〇〇人と桁が違います。当初、墓苑は「諸外国にある『無名戦士の墓』に相当する施設を建設し、外国の元首、使節なども公式に訪問しうるものとすることを目標」としたのですが、靖国神社や遺族会の強い反発を受け、海外賓客の訪問はほとんどない状態が続いています。

今日は、「無名」のまま千鳥ヶ淵戦没者墓苑に納められた遺骨の主たちの今も続く無念を、千鳥ヶ淵の向こうに広がる皇居を眺めながら静かに考えたいと思います。

(3) 東京の毛細血管：都心南部の小規模河川

暗渠探索のプロ、本田創《そう》の言葉を借りれば、中規模河川が都市の動脈、用水や上水が都市の静脈だとすると、小規模河川は都市の毛細血管だそうです。本書の街歩きを始める前、私たちの頭にあったのは「動脈」の渋谷川・古川、目黒川の川筋を歩くことでした。しかし、実際に街を歩くと、三田用水のような「静脈」も重要で、さらに「毛細血管」の小規模河川が都心南部に縦横無尽に広がり、地形や街並みに大きな影響を与えていたことに気づきました。

その際、「動脈」の渋谷川・古川、目黒川は、西の武蔵野台地から東の東京湾に流れ込みますから、東西方向に武蔵野台地を削り、川と川の間に尾根筋を形成しました。他方、「毛細血管」の小規模河川はその尾根になった山肌からの湧水が川となり、「動脈」の川に注ぎ込みますから、やや南北に微地形を形成します。そして、そこに現れる谷底に住んだのが貧者たちです。このようなわけですから、小規模河川の川筋を歩くことは、貧者の側から都市を眺め返す、つまり支配者たちが形成した秩序を裏返すことにつながるのです。

その意味で、今日の主役は鮫川です。鮫川は四谷三丁目南東の日宗寺《にっそうじ》を水源とし、その中流は赤坂川、下流は桜川と呼ばれていました。私たちはすでに中流域（赤坂）と下流域（芝）を歩いていて、今回は上流域の鮫川のいくつかの支流や谷を回ることになるでしょう。

それにしても、「いもり」「蟹」「鮫」など、東京都心南部を流れていた川の名前は実にユニークです。「鮫川」の名の由来として、その昔、「豊島の入江」と呼ばれた四谷鮫ヶ橋谷のあた

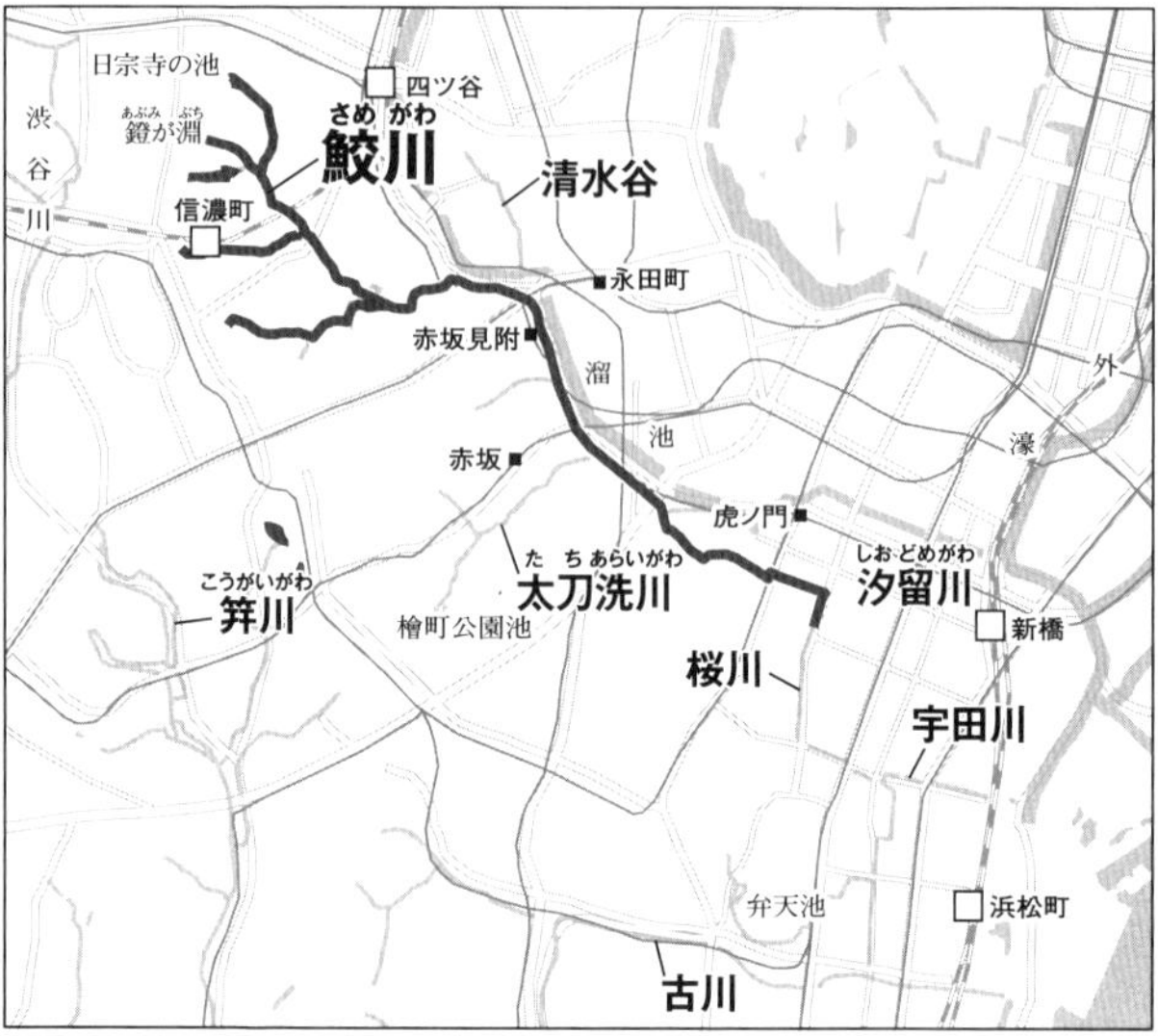
日宗寺の池
四ツ谷
渋谷川
鐙《あぶみ》が淵《ぶち》
鮫《さめ》川《がわ》
清水谷
信濃町
永田町
赤坂見附
溜池
外濠
赤坂
虎ノ門
笄川《こうがいがわ》
太刀洗川《たちあらいがわ》
汐留川《しおどめがわ》
檜町公園池
新橋
桜川
宇田川
弁天池
浜松町
古川

鮫川

りに、満潮時に鮫が上がって来たとの説も伝わりますが、やや怪しい説です。真偽はともかく、東京の地底には死者だけでなく、いもりや蟹や鮫もいるのだと考えたくはなります。

《街歩きと路上講義》

(1) 四谷 暗坂《くらやみざか》から山県大貳《だいに》の墓へ

皇居を裏返す出発点は第五日と同じ四谷三丁目交差点です。まず、あのときには寄れなかった暗坂に行きましょう。交差点から消防博物館側を新宿方向に進み、二本目を入ると閑静な住宅街に突如、物憂い女性の壁画を一面に施したギャラリーが現れます。「堺屋太一記念　東京藝術大学　美術愛住館」という看板がかかります。ここはかつて堺屋氏の住居で、壁画は夫人で洋画家の池口史子氏のものだそうです。その壁面を横目で見つつ先に進むと、少し蛇行するなだらかな下り坂になります。その右側は崖で、また愛住公園が左手に見えてきます。

第五日は、この先を左に曲がって富久町に向かいましたが、今回は直進し、靖国通りに出て右折したところの階段を上ります。永井荷風が『日和下駄』で「暗闇坂は車の上《のぼ》らぬほど急な

暗坂近くの浄運寺の上からは、墓地と都心の風景が同時に一望できる

曲った坂でその片側は全長寺《ぜんちょうじ》の墓地の樹木鬱蒼として日の光を遮《さえぎ》り、乱塔婆《らんとうば》に雑草生茂《おいしげ》る」と記していますが、現在はごく普通の住宅街です。今はもう見えなくなった坂や谷の暗闇が、かつてここにも存在したのでしょう。道の右側は寺町で、高台の墓地から眺めると、眼下は愛住公園の谷、向こうには富久クロスのタワーマンションでコントラストが鮮やかです。

さて、次に荒木町に向かう前に全勝寺というお寺に寄ります。この寺には山県大弐の墓があり、市井三郎、竹内好《よしみ》、鶴見俊輔が山県の記念碑を建てています。山県大弐は甲斐国《かいのくに》に生まれ、儒学の他、医学や天文学なども修めた知識人でした。江戸幕府若年寄の大岡忠光に仕えた後、江戸八丁堀に私塾を開き、数百人の門人を抱えるほどになります。しかし、関係のあった小幡藩の権力争いに巻き込まれて謀反の疑いをかけられ、一七六七年に処刑されてしまいます。幕府放伐を激烈に説く彼の主著『柳子《りゅうし》新論』（川浦玄智訳注、岩波文庫、一九四三年）は、密《ひそ》かに受け継がれ、幕末、それを読んだ吉田松陰は討幕思想に転じたのです。山県は、幕藩体制がやがて崩壊に向かうことを予見していた先駆者でした。

暗坂から全勝寺に向かう裏道は、狭小住宅や古いアパートが並び、曲がりくねった道が方向感覚を狂わせます。西迎寺の手前を右に曲がり、住宅街の細い道を進むと、途中、行き止まりの小路があります。気になって足を踏み入れると両側の家々に気配がありません。この一角もやがて更地にされそうです。こんな裏町にも再開発の波が押し寄せてきているのです。

少し先、右手にお寺の塀が見えてくるので、そのまま道なりに行くと、外苑東通りにぶつかる手前、道が折れ曲がった右手に全勝寺の入口があり、その横に山県大弐の墓の説明板が立っています。中に入ると、本堂手前に山県の肖像のレリーフが配された顕彰碑「山県大弐記念碑」があります。御影石の碑の裏面には、「明治維新ノ思想的・実践的先駆者デアッタ山縣大弐ノ没後二百年ヲ記念シテ明治百年ノ年　大弐ノ命日ニコレヲ建ツ　日本人民有志」と刻まれています。

この「日本人民有志」の六文字、そして「明治百年」に湧き立つ世相へのアンチテーゼとして、山県大貳という、半ば忘れられた「日本のルソー」とも呼ぶべき幕藩体制下を生きた革命思想家の碑を建てたところに、鶴見俊輔たちの時代への意志を感じます。

しかし墓所に入り、山県の墓を探しますが、案内板も何もなく、歩き回っても墓は見つかりません。Googleマップで当たりをつけた場所に行くと、江戸時代の年号が刻まれた小さな墓が四基並んでいます。数百年の歳月を経て、墓石の文字は見えにくいですが、そのひとつに「齋藤氏」とあり、その隣の墓に「山縣氏一族」の文字が見えます。罪人とされた山県の遺骸は、最初の妻の実家、齋藤家の菩提寺に葬られたのでここで間違いないでしょう。それにしても、区指定史跡にもなった墓なのにぞんざいな扱いです。墓前に供花もありません。

(2) 四谷荒木町の谷間を回遊する

次の目的地の荒木町は、外苑東通りを渡ればすぐです。荒木町と言えば、石畳の小道に個性的な飲食店が軒を連ねる粋な夜の街のイメージが強いですが、近年では地形マニアの注目も集めています。外苑東通り、津の守坂、新宿通りで囲われた荒木町は、その北側をかつて流れていた紅葉川の支流が作った窪地にたたずんでいるのです。

外苑東通りの「一心ラーメン」というラーメン屋の横から細い道に入り、突き当たりを左折、道なりに進んで四叉路を右折して少し行くと、両側を住宅に挟まれた狭い階段状の下り坂があります。これが仲坂で、元禄時代、ここに屋敷を構えた尾張徳川家分家、美濃高須藩松平摂津守が、水を堰き止めて回遊式庭園を築くために谷の出口を塞ぐ土塁を築いた場所です。

坂を下ってふと見上げると、防衛省の市ヶ谷無線鉄塔が間近にそびえ、その存在感は「市ヶ谷のスカイツリー」とでも呼べそうです。足下に視線を落とすと、階段脇に「仲坂」「昭和七年八月」と刻まれた石柱が地面から顔をのぞかせています。三股に分かれた道の左側を行き、児童遊園（新宿区立あらき児童遊園）の先、住宅街の細い小道の階段を上って突き当たり左に、通称「モンマルトルの坂」という階段状の急坂があります。どこが「モンマルトル」なのかはともかく、迷路のような入り組んだ道と窪地の高低差が混在する街並みは魅力に富みます。ここをかつて「津の守芸者」と呼ばれた芸妓たちが行き交っていたのです。

「モンマルトルの坂」から少し戻り、先ほどの児童遊園の手前の道を左に曲がり、最初の角をまた左折すると、正面に鄙《ひな》びた小公園が現れます。これが荒木町の窪地の底で、「策《むち》の池」という池と津の守弁財天の

仲坂から見える「市ヶ谷のスカイツリー」

祠があります。今はごく小さな池ですが、ここが大名屋敷だったころは、細長い大きな池もありました。明治時代、池が一般に開放されると風光明媚な観光名所となり、周囲に茶屋や芝居小屋、料理屋が建ち始め、花街へと発展したのです。やがて宅地化が進むと池に注ぎ込んでいた湧水が涸れ、大きい方の池は埋め立てられました。しかし、この小さい池と弁財天は、そうした開発の荒波に耐え生き残ったのです。

公園を出ると「荒木町奥の細道」「金丸稲荷」という手づくりの標識があるので、それに従っていくと、石階段を上りきったところに「千葉」の看板を掲げた、料亭風の粋な門構えを見つけました。昔ながらの料亭のようですが、最近、廃業してしまったとのこと、もったいないですね。歴史的な池を見下ろす位置に風情ある建物で、外国人観光客に大人気となるはずです。

さて、「奥の細道」を進み、突き当たりを左に曲がった先に、新宿区立荒木公園があり、その一角に松平家の屋敷神だった金丸稲荷の小さな祠が鎮座しています。現在地に遷座したのは一九七五年だそうで、隣の角の「鈴新」という有名なトンカツ屋には街の歴史をまとめたパンフレットも置いてあります。そのまま車力門通りを歩いていくと一気に荒木町らしい飲食店が増えますが、まだ昼食には早いので、次の目的地に向かいます。

(3) アニメの聖地とふたつの「於岩稲荷」

車力門通りを進んだ突き当たり、車の通行が多い新宿通りは、四谷の街を分ける分水嶺《ぶんすいれい》です。左方向に進み、最初の横断歩道を渡り、左手の下り坂に入ります。これは円通寺坂と呼ばれる坂で、住宅街の中の広い坂道を下り、二股に分かれた道を左に行くと、ぐっと道が湾曲していきます。このあたりはお寺が密集していますが、これらの寺の多くはもともと、麴町の地獄谷（樹木谷）や清水谷にあったもので、江戸時代初期にこの地に移転してきました。そのひとつ、日宗寺の境内には、鮫川の水源となる池がありましたが、今は埋め立てられています。日宗寺の向かいの真英寺は小山のような丘の上に本堂と墓所があり、急な階段を上っていくと、墓地の向こうに鮫ヶ橋の窪地が一望できて壮観です。

ここから、映画「君の名は。」のラストシーンに出てくる須賀神社はすぐそこですので、私たちも「聖地巡礼」をしましょう。最初の交差点を右に曲がった先の、境内に至る急勾配の男坂が映画に出てきた階段で、写真を撮る海外からの観光客で賑わう様子に、アニメ聖地巡礼のパワーを実感します。この坂の景色は、頂上から谷底までの高低差を実感させるものですが、映画を観たときは、「君の名は。」の舞台がこの四谷の須賀神社だとは知りませんでした。

四谷総鎮守の須賀神社は、当初、清水谷に鎮座していた赤坂一ツ木村総鎮守の稲荷で、江戸

須賀神社は「君の名は。」の聖地巡礼スポットとしても知られる

城外堀工事により現在地に移転、稲荷に牛頭《ごず》天王を合祀したことから通称「四谷の天王様」と呼ばれて崇敬を集めます。「須賀神社」は、明治の神仏分離令以降の名前です。

　鮫ヶ橋の谷に向かう前に、於岩稲荷田宮神社に寄ります。須賀神社境内奥の天白稲荷神社の横から出て右方向に進み、突き当たりのT字路を左折、住宅街の先のT字路を右折、さらに最初の角を右折すると、右手に「於岩稲荷」の白いのぼりや赤い提《ちょう》灯《ちん》を掲げる陽運寺があります。

　門をくぐり、「由来の事」の立札を見ると、ここにあったお岩さんの霊堂が火災で焼失後、このお寺が開山されたそうです。風情ある竹林の先の祠が於岩稲荷のようですが、左の本堂にも「於岩稲荷」とあり、どれが本物なのかはっきりしません。境内の「お岩さま縁《ゆかり》の井戸」には「現在も御霊水として使われています」と書かれていますが、どのような縁なのでしょう。

於岩稲荷陽運寺

於岩稲荷田宮神社

境内はこぢんまりしているものの、小綺麗なカフェやミニ盆栽が飾られているコーナーがあり、寺務所にはカラフルなお守りが並び、恐ろしいお化けのお岩さんとは全然違う雰囲気です。おしゃれな境内で、女性たちやカップルの参詣客が何事かを熱心に祈っています。

陽運寺を出てすぐ、道の反対側には玉垣に囲まれた小さな鳥居があり、「東京都指定旧跡田宮稲荷神社跡」という説明板が出ています。今の「於岩稲荷」はなんだったのかと混乱しながら行ってみます。この神社の境内は陽運寺より狭いのですが、玉垣には歌舞伎座、演舞場、中村歌右衛門、中村勘三郎などの名前が刻まれ、どうもこちらの神社が「本家」のようです。しかし、この神社もおどろおどろしい怪談話とは無縁の落ち着いたたたずまいです。

それにしても、なぜこんな至近距離にふたつの「於岩稲荷」があるのでしょう。調べてみると、一八七九年に於岩稲荷田宮神社が火事で焼失し、中央区新川に神社が移転した後、引き続き参詣客を集めたかった地元の人々が、陽運寺の由来となった祠を建てたという説もあるようです。理由はどうあれ、ふたつの「於岩稲荷」は、今も『四谷怪談』の人気が続いていることの証拠かもしれません。

(4) 鮫ヶ橋の谷間の原風景から赤坂迎賓館へ

来た道を戻り、しばらく進むと左側に須賀町《すがちょう》町会事務所の小さな建物があり、その反対側に闇坂《くらやみざか》という、細い急坂があるので下りていきます。区の説明板では、この坂の両側の寺の樹木が鬱蒼と茂り、暗かったことに由来するそうですが、漢字は違うものの、愛住町に続けてふたつ目の「くらやみ坂」です。坂を下りた先に、ほぼ長方形の公園（新宿区立若葉公園）が見えます。ここにはかつて鮫川のもうひとつの水源の池があり、源義家が奥州遠征のときに鐙《あぶみ》を落としたという伝説から「鐙が池」と呼ばれていたそうです。三方を崖に囲まれた谷底のこの公園はなんとなくじめじめしていて、今も湿地帯であることが体感できます。

本田創の『東京暗渠学』（洋泉社、二〇一七年）によれば、この公園の一角から現在も水が湧き出ているそうですが、たぶんここだろうと思われる崖下の水路を見ても、湧水かどうかはわかりません。

公園の前の道が鮫川の暗渠なので、たどっていくことにします。両側には古い小さな家が軒を連ね、丘の上の寺院群と崖下とのコントラストが印象的です。突き当たりを右折、住宅と住宅の間の細い道に入っていくと、建物は現代風ですが、両側に小さな住宅がひしめき、九尺二間の長屋の区割りがほぼそのまま残っているようです。

細く続く路地に埋め込まれた物干竿、はためく洗濯物、軒下に並ぶ数多《あまた》の植木鉢など、昔な

若葉町三丁目の鮫川暗渠沿いの住宅街。地面に埋め込まれた物干竿に洗濯物がはためく

がらの長屋生活を彷彿とさせる景色がしっかりと残っています。松原岩五郎が一生懸命残飯を売った風景が目に浮かび、一瞬、時空を超える感覚にとらわれます。赤坂御所のすぐ裏に、これほどまでに明治の空気感が残る場所があるとは奇跡です。これはやはり地形の力で、崖下には都市の記憶がしっかり残るのです。

路地を抜け、二葉南元《ふたばなんげん》保育園の前で右折、JR中央線・総武線の線路の高架下までさしかかると、右手の高架に沿って走る首都高4号線の下のトンネルに人が入っていきます。好奇心から後を追うと、薄暗いトンネルはけっこう長く、まるで異空間に通じていくかのようでした。

とはいえ、これは実際には信濃町の駅に通じる抜け道なので、途中で外に出ます。この一帯は千日谷と呼ばれ、近世初頭まで火葬場が置かれる「死者の谷」でした。ここを流れる支流が日宗寺からの鮫川本流や若葉公園からの支流と合流し、赤坂御用地へと流れ込んでいたのです。

今は暗渠で、ここに川が流れていたようには見えませんが、鮫ヶ橋同様、生活感あふれる家々の様子は、やはり谷間の街です。

そのまま道なりに進み、突き当たりを左折、二股に分かれた道から先が上り坂になっているのですが、この交差点を境に高級マンションが建つ街並みに一変します。右側の上り坂を上りきれば、もうそこは迎賓館を取り囲む高い塀です。左に曲がり、なだらかな安鎮坂《あんちんざか》を下っていくと、右手に赤坂御所の通用門の鮫が橋門があり、紀州徳川家中屋敷だったころの門構えが残されています。このあたりはちょうど谷底で、鮫川の三つの流れが合流していました。

こうして合流した鮫川の流れは、赤坂御所内に入っていきます。ですから本当は、赤坂御所の鮫川の流れがどうなっているのか見たいところですが、それは無理なので、迎賓館赤坂離宮を少し見学していきます。本館と庭園の見学は、休館日（毎週水曜日）や賓客の来訪日などを除けば予約不要ですが、念のため迎賓館の公式サイトで確認しておくと安心です。

参観入口の西門を入ると眼下に首都高が走り、すさまじい車の音の上を進みます。空港のような保安検査を受け、入場券（一五〇〇円）を買い、整備された庭園の道を通って本館の見学コースに入ります。安くはありませんが、もしあなたが学生ならば、庭園だけなら無料で入れます。私たちは、いよいよ建物に入るのですが、まず入口でメモ用に手にしていたペンを警備員に見咎《みとが》められます。館内にも警備員がいたるところにいて、「壁に触らないでください」等々、事細かに注意されます。二言目には「国宝ですから」と言うのですが、この程度の洋館はヨーロッパに行けば多数あるのではないでしょうか。気がそがれます。むしろ私の印象では、上野東照宮のほうが海外の観光客を感嘆させるはずです。

一九〇九年に東宮御所として建てられた迎賓館赤坂離宮は、日本で唯一のネオバロック様式の宮殿建築物とされます。しかしこの「宮殿」からは、西洋文明を真似《まね》ることに必死だった明治の時代精神を読み取るべきでしょう。早々に観光客で混み合う本館の見学を終え、南側の主庭に出てみます。都心にありながら、高層ビルが視界に入らない景観にほっとします。そしてこの主庭の先は鬱蒼とした森で、その先は何やら谷のようです。地図によれば、この庭の向こうに鮫川が流れ込む赤坂御所の池があるはずですが、想像をめぐらす他はありません。

正門に通じる前庭には、石畳のテラスにテーブルと椅子が並び、キッチンカーが提供するお茶やお菓子でアフタヌーンティーを楽しむ人たちがいます。気持ちよさそうで、私たちも一息入れたいところですが、空席はなく諦めて正門から外に出ます。ランチには、正門を出て左側にある、迎賓館赤坂離宮前休憩所のカフェもお薦めです。

（5）清水谷から地獄谷へ

若葉東公園横の横断歩道を渡り、深い谷底になっている上智大学真田堀運動場を見下ろしながら、四ツ谷駅と反対方向に進みます。真田堀はかつての江戸城外堀で、江戸城防御の要でした。戦後復興期、ここに戦災瓦礫《がれき》が埋められ、その費用を負担した上智大学が運動場として借り受けています。つまり、所有権は曖昧だということです。上智大学には大変申し訳ありませんが、私はここは元の外堀に戻すべきだと考えています。とはいえ、トレーニングに励む学生は、自分の足下に戦災瓦礫が埋まっていることなど、思いもよらないでしょう。

少し歩くと紀之国坂交差点で、道路は赤坂見附方面に下り坂になっていますが、横断歩道を渡ってから左折します。先ほど迎賓館の下を通っていた首都高速道路の上を再び渡るのですが、その先で樹木の隙間から右側に深く外堀が広がっているのを眺めることができます。周囲は鬱蒼としており、まるで原始の森の深い谷底に湖が広がっているみたいで壮観です。湖＝外堀の周囲は立ち入れませんが、ぜひ整備して水辺の公園にしていくべきでしょう。

さらに先、ホテルニューオータニに通じる紀尾井坂脇の植え込みの隙間にも、喰違《くいちがい》木戸跡の説明板が立っています。この木戸は、真田堀と共に江戸城西側の防御の要で、周囲は尾張徳川家（現上智大学）、近江《おうみ》彦根藩（現ホテルニューオータニ）、紀伊徳川家（現東京ガーデンテラス紀尾井町など）と、親藩と譜代大名の屋敷で固められていました。周到な防御体制の名残に、江戸城（皇居）に近づきつつあることを実感します。

この喰違木戸のあたりで、岩倉具視暗殺未遂事件が起きたのは一八七四年のことです。その前年に皇居が火事に遭い、当時、明治天皇は赤坂御所に住んでいました。喰違木戸から紀尾井町への通りは、一八八八年に再建された皇居に天皇が帰還するまで、政府の重臣が天皇に会いに行くルートだったのです。一八七八年に大久保利通が清水谷で暗殺されたときも、大久保は天皇に会いに行く途中でした。

紀尾井坂を下りきり、交差点を右折した左に清水谷公園があります。昔、この一帯にあった寺が四谷の寺町に移転したわけで、土中には今も移転前に埋葬された骨が埋まっているはずです。清水谷の名は、かつてこの谷筋から清水が湧き出ていたことに由来し、湧水は江戸初期に造られた溜池に流れ込んでいました。もう水は涸れていますが、園内には復元された湧水井戸や心字池があり、ここは木々の緑も豊かな都会のオアシスです。池の向こうには、台座も含めれば六メートルを超す、巨大な大久保利通の哀悼碑がそびえ立っています。明治初期の政界における大久保の圧倒的な存在感が伝わってきます。

公園の崖に階段があるので上ってみると、再び紀尾井坂に出られました。紀尾井町の交差点を左に曲がり、新宿通りを渡って左側の下り坂（善国寺坂）を下ります。この坂下から千鳥ヶ淵に至る道が、局沢川が作った地獄谷です。飲食店やマンションが並ぶ街並みから、中世の死者の谷の痕跡を感じることは不可能です。それでも、曲線の道や谷底の地形から、数百年前、ここに川が流れ、深い谷に死体が埋まっていたことを想像してみたいと思います。

(6) 千鳥ヶ淵戦没者墓苑と無名戦士の墓

地獄谷を抜け、英国大使館の脇から内堀通りに出て、千鳥ヶ淵戦没者墓苑に向かいます。かつてフェヤーモントホテルがあった角地に、一戸一〇億とも言われる超高級マンションが建ちます。桜並木の遊歩道を歩き、ボート乗り場の向かい側が墓苑入口（東門）です。

千鳥ヶ淵戦没者墓苑がある場所は、江戸時代、幕府の御用地（火除明地《あきち》兼薬草園）で、明治に入ってからは一時、東京大学前身の開成学校の物産地とされ、その後は賀陽宮《かやのみや》家の邸宅や宮内大臣官邸が置かれていました。空襲で焼け野原になったままだったこの土地に、海外で戦死した無名戦没者の遺骨を納める無宗教の墓苑が竣工されたのは一九五九年のことです。

現在、氏名が判明しない、または遺族が不明などの理由で遺族に引き渡せない三七万四八五柱（二〇二三年五月二九日現在）の遺骨がここに奉安されています。海外戦没者およそ二四〇万人のうち、収拾された遺骨はおよそ一二七万七〇〇〇柱でしかありません。遺骨収集事業は続けられていますが、事業規模はきわめて小さく、戦後八〇年近くが過ぎた状況で、海外の広範な場所に眠る遺骨を探すのは困難でしょう。

墓苑に入ると、私たちの他に人影は見えず、緑陰が濃い墓苑内はしんとしています。管理事務所隣の休憩所では、各種資料が無料配布され、遺骨収集関連の展示もあり、関係者がささやかな努力をしているのがわかります。横長にベンチが配された前屋の先、がらんとした広場の両側に昭和天皇と現上皇の御製（和歌）を刻んだ石碑、正面には、昭和天皇下賜の骨壺《こつつぼ》を納めた陶棺を安置する、谷口吉郎《よしろう》設計の六角堂が建ちます。献花用の菊（一本一〇〇円）が何本も供えられており、少数ながらここを訪れる人が絶えないことに気づきます。

ベネディクト・アンダーソンは『増補　想像の共同体　ナショナリズムの起源と流行』（白石さや・白石隆訳、NTT出版、一九九七年）で、無名戦士の墓を近代ナショナリズムの象徴として論じました。彼は、「無名戦士の墓と碑、これほど近代文化としてのナショナリズムを見事に表象するものはない。これらの記念碑は、故意にからっぽであるか、あるいはそこにだれがねむっているのかだれも知らない。そしてまさにその故に、これらの碑には、公共的、儀礼的敬意が払われる」と言います。こうしたことは近代以前には決してなかったとしたのです。

つまり、無名戦士の墓では、葬られている者が「無名」であること自体が重要で、「だれと特定しうる死骸や不死の魂」がないことが、「鬼気せまる国民的想像力」を可能にするのです。この逆説の特異性は、たとえば無名マルクス主義者の墓などあり得ないことを考えれば明白です。いくら文字が消えても、山県大貳の墓はあくまで山県の墓であり、於岩の祠を成り立たせるのも、無名性とは逆の論理です。

この無名戦士の墓を、当初、日本社会は意気込んで造ろうとしました。超党派の国会議員による運動があり、国民から献金が集められ、海外の賓客の公式訪問先とする計画だったようです。ところがこの動きに対し、靖国神社の意義を形骸化させるとして、靖国神社や日本遺族会から強い反発が生じました。そして遺族会の強硬な申し入れにより、墓苑建設を推進した組織は、この墓苑が「信仰的に靖国神社を二分化するものでなく（中略）引き取り人のなきご遺骨収納の墓であること」、そして「国際慣行による我が国訪問の外国代表者等に対し、我国政府関係者が公式招待または案内等をなさざること」などを約束させられます（伊藤智永『靖国と千鳥ケ淵　A級戦犯合祀の黒幕にされた男』講談社+α文庫、二〇一六年）。

この約束には承服できませんが、千鳥ヶ淵の墓苑は、各国の無名戦士の墓と同等の施設にまだなれていません。遺族会との約束からか、海外からの賓客は、竣工時の追悼式に英米など七カ国の大使が参列しただけで、その後は一九六一年、一九七九年にアルゼンチン大統領が、二〇一三年に米国国務長官と国防長官が、二二年にオーストラリア副首相兼国防大臣が訪れたぐらいです。皇室では、竣工式と一九六五年、七〇年の拝礼式に昭和天皇夫妻が出席して以降、毎年五月の拝礼式には皇族が出席し（最近は秋篠宮《あきしののみや》夫妻）、天皇皇后は来ていません。

さらに、そもそも千鳥ヶ淵戦没者墓苑は「墓地」なのかという問題も未解決です。千代田区の扱いでは、法的には墓苑は「倉庫」「保管庫」だそうですが、これには驚きです。政治家の靖国参拝は政治問題化し、大々的に取り上げられてきましたが、本来、戦後日本が国家として戦死者たちを弔うべき場所はこの千鳥ヶ淵戦没者墓苑です。しかし、ここにいかなる意味を持たせるべきなのか、メディアもほとんど議論をしてこなかったのではないでしょうか。

(7) 代官町通りからの絶景を見て皇居へ

千鳥ヶ淵の墓苑を出て、内堀通りを少し戻って角の交番を左折、代官町通りを進みます。階段を上り、土手の遊歩道に出ると千鳥ヶ淵が広々と水を湛えているのが見え、その水面から約一一メートル上を首都高速道路が横断、千代田トンネルに車が吸い込まれていきます。土手の上には、コンクリートの円形の塊が七つ並んでいます。一見、休憩用ベンチみたいですが、これはB29から皇居を守るために設置された高射機関砲の台座跡で貴重な戦争遺構です。

遊歩道が途切れたあたりの左手に建つ、レンガ造りのクラシックな建物は、かつての近衛師団司令部（一九一〇年竣工）で、一九四五年の八月一五日未明、玉音放送阻止に動いた将校たちが、近衛師団長を銃殺した現場です。戦後、取り壊し計画が進んでいた中、保存を求める声が上がり、一九七二年に国重要文化財指定、七七年に東京国立近代美術館分室（工芸館）として開館されました。内部は改装され、司令部時代の痕跡はほとんど認められませんでしたが、さらに二〇二〇年に工芸館が金沢に移転してからは、イベント時を除き閉鎖されています。

工芸館の脇の木立の合間に、馬に乗った軍人の銅像があります。これは近衛師団長として台湾に赴き、台南で戦病死、以後、近衛師団の象徴とされた北白川宮能久《よしひさ》親王像です。孝明《こうめい》天皇の義弟で明治天皇の叔父にあたる北白川宮は、幕末、上野寛永寺の輪王寺門主でした。彼は上野戦争では彰義隊の旗頭となり、彰義隊が壊滅すると榎本武揚率いる幕府海軍の船で東北に逃走、奥羽越列藩同盟の盟主となります。つまり、戊辰戦争での「賊軍」のトップでした。

やがて仙台で降伏後、京都で蟄居《ちっきょ》を命じられますが、一八七〇年には処分を解かれてドイツに留学、現地で出会ったドイツ貴族未亡人と勝手に婚約してしまいます。岩倉具視の説得で婚約破棄、再び京都で三カ月蟄居させられましたが、まもなく陸軍軍人となり、皇族で初めて外

代官町通りからの絶景

地で殉職者となったため、死後、台湾の神社の祭神とされました。数奇な運命ですが、これでは死後も「賊軍」として徹底的に弾圧された彰義隊の隊士たちは浮かばれませんね。
私たちが歩いている代官町通りの緑道を含む北の丸公園には、もともと徳川御三卿の田安家と清水家の屋敷が置かれていました。それが明治になると近衛兵の駐屯地とされ、戦後、焼け残った兵舎は戦地から帰還した学生が自主管理する寮（東京学生会館）や警察学校校舎となります。旧近衛師団司令部同様、明治の建築だったこれらの建物は、一九六三年に北の丸を森林公園とする閣議決定がなされると、跡形もなく取り壊されました。今はわずかに近衛歩兵聯隊ゆかりの人々が建立した碑がひっそりと立つだけです。
さて、いよいよ皇居です。予約不要で中に入れる皇居東御苑を目指します。代官町通りの首都高料金所近くの門に近づくと、数十メートル先にいた警備の警察官から「入れません！」と大声で制止されてしまいました。これは乾門《いぬいもん》で、春と秋の皇居乾通り一般公開を除き、一般人は入れません。入口はさらに先の北桔橋門《きたはねばしもん》と気づき、そちらへ向かいます。

ところが、私たちが到着すると、門はすでに閉まっています。入れません！　私たちは再び皇居に拒絶されてしまいました。時計は午後三時三二分、私たちが訪れた一一月は三時三〇分が入園の最終時間だったようです。呆然《ぼうぜん》としつつ、なんとか気を取り直し、大手町の平将門の首塚にお参りして「都心南部編」の街歩きを締めくくることとします。一〇〇〇年以上の時を経てなお敗者の恨みを象徴する平将門は、東京を裏返していく試み全体の影の主人公です。

ライトアップされた将門の首塚

無事に皇居東御苑に入れていたら、御苑を抜けて大手門から出るつもりでしたが、もはや皇居を迂回《うかい》するしかありませんので、ここはタクシーを使います。『東京裏返し』では、都心北部の街歩きでも最後に将門の首塚を訪れていますので、訪問は二度目です。周辺の再開発に伴い、二〇二〇年から二一年にかけて将門の首塚も改修工事が行われました。以前は、高層ビルに取り囲まれた塚の周囲に木々が茂り、そこだけが死者たちの記憶を残す異空間の趣がありましたが、すっきりと整備された新しい首塚は、なんだか将門まで資本の「表」の論理に取り込まれたかのようです。でも、変わらないのは、ここにお参りに訪れる人が絶えないことです。人々を惹きつける将門の霊力は、そう簡単に時代の流れに回収されはしないのです。

《第七日のまとめ～表と裏、上と下》

今日、皇居に向かう都心の谷間を歩いてきてわかったのは、やはり東京裏返しの本領は、上からの俯瞰ではなく下から眺める都市の表情だということです。仮に都市の見方を「表と裏」「上と下」が交差する四象限で示すなら、高層ビルの展望台のような「表の上」に対し、私たちが今日歩いてきた愛住町、荒木町、鮫ヶ橋の谷は「裏の下」に分類できるでしょう。

そして、皇居の「表」はやはり二重橋前広場や丸の内の行幸通りであり、千鳥ヶ淵を望む代官町通りの土手は、いわば「裏の上」になりそうです。私たちは普段、「表」や「上」から都市を見ていますが、「裏」や「下」からの景色がいかに濃密で、都市の微細な表情を感じさせてくれるかを、今日の街歩きで満喫しました。

一方、今日歩いたエリアは、総じて死者の存在感が希薄でした。将門の首塚も含め、死者を漂白、無害化する忘却へのベクトルが都心では強力に働いているのです。実際、江戸中期の革命思想家・山県大弐の墓の文字はほとんど消え、訪れる者は誰もいなそうでした。お岩さんの人気は衰えていませんが、そのイメージはおどろおどろしい怪談とはすでに無縁です。

そして、かつて「骸骨みちみちたる」とされた局沢川沿いの地獄谷は、今ではそんな過去は誰も知らない高級マンションとおしゃれなレストランの並ぶ一等地です。さらに言えば、千鳥ヶ淵戦没者墓苑の死者たちが、無名化されただけでなく、その痕跡さえ抽象化された存在になっていることは、すでにお話しした通りです。

そんな東京都心を本当に「裏返す」ことは、決して容易なことではありません。私たちは都心南部の街歩きを通じ、巨大再開発を進める資本主義の力がいかに強力であるかを何度も痛感させられてきました。それでも、いくつかの手がかりは発見したように思います。

それはまず、谷間の地形が内包する抵抗力です。そのしぶとさは、今回も四谷鮫ヶ橋の奇跡的な風景に見出されました。同時に、私たちはこの街歩きで相当数の寺社を訪れましたが、それらの境内地は宅地ほどには変化していません。それだけ持続力があるのです。

そしておそらく、この街歩きで訪れることはできませんでしたが、皇居や赤坂御所でも過去の歴史的地層が保存されているのではないかと想像します。都市は決して一律にオープンに、フラット化していけばいいのではありません。資本主義の巨大な開発力を視野に入れ、未来の江戸＝東京の多様で多層的な風景を再設計していく必要があると思います。

《補遺　鮫川の霊からのお誘い》

不思議なことがあるものです。私たちはこの街歩きで鮫川に沿って歩き、信濃町の先で川が赤坂御所に流れ込んでいくのを確認しました。とはいえ、もちろん御所内には入れませんから、そこから迎賓館へと移動したわけです。ところがそれから数カ月後のある日、宮内庁から私の家にその赤坂御所で催される春の園遊会への招待状が届きます。「畏るべし、鮫川の霊力！」と最初に思いました。どうやら鮫川の霊は、私たちが途中で川筋から離れるのを残念に思われたのか、せっかくなら川筋の先まで本書の著者に見せようと思われたらしいのです。

できすぎの偶然に驚きましたが、せっかくの鮫川の霊の取り計らい、ありがたく受けない手はないと私は園遊会に出かけてきました。赤坂御所にはいくつかの入口があり、私が入ったのは赤坂見附寄りの入口ですが、途中、歩いていると何人かの旧知の方々にもお会いし、みなさん不思議に思われたのか、「吉見さん、なんでここにいるの？」と聞かれたので、一生懸命「鮫川の霊力はいかにすごいか」を説明しましたが、だいたい一笑に付されてしまいます。

それはともかく、圧倒されたのは、赤坂御所内の窪地の深さです。その深い窪地の底に、とてもよく手入れされている池が広がっています。その池の周りをぐるりと歩いていると、はるか上方に迎賓館の建物が見えます。迎賓館のある丘の上と手前の池との高低差が半端ではありません。もちろん、池の周りはずっと丘になっていて、池から離れるには芝生の中の道を上っていく形になります。古い地図で見れば、この鮫川から赤坂御所の池にかけては、ちょうど四谷の丘と青山の丘を分けるような谷間になっていたことがわかります。そのような谷間の地形が、今日の赤坂御所の中にほぼ原形のままの姿で保全されているのです。

もともとここは、紀州藩上屋敷があったところで、四谷側と青山側の双方の台地上に御殿が建てられていました（赤坂御殿と青山御殿）。そして、これらの御殿の間の深い谷に「西園」と呼ばれる鮫川の水を使った回遊式庭園が造られていたのです。この庭園には、多数の名勝となる風景がデザインされていたそうですが、丘の上と谷底の著しい高低差を上手に使えば、さまざまな造園上の工夫ができたことは容易に想像できます。

明治維新後、四谷の丘の上にあった赤坂御殿は接収されて宮内省となります。しかし、御料地全体の地形構造はいささかも変化していません。一八七三年、失火で旧江戸城内の皇居が焼失すると、天皇はこの赤坂御所の旧紀州屋敷に移り、ここは八八年まで天皇の起居する仮皇居となります。その後、赤坂御殿と青山御殿はそれぞれ赤坂離宮、青山離宮となり、やがて赤坂離宮は迎賓館となっていったのです。

したがって、かつての赤坂御所では、丘の上の離宮と谷間の庭園が連続的でした。しかし今日、迎賓館から切り離された赤坂御所は、丘の上というよりも、谷底に向かって下っていくスロープを利用した御所になっています。そして、その谷底の池のほとりに立てば、迎賓館はもとより、青山や赤坂に林立する超高層ビル群をはるか下方から眺めまわすことになります。もちろんこの風景は、この街歩きで私たちをたびたび感動させてきた、複雑な地形により今も谷間に残る庶民たちの長屋風の家々とはまるで異なるのですが、それでもこの国では、赤坂御所までもが丘の上ではなく谷間に向かってあることに、幾ばくかの救いのようなものを感じました。この谷間の自然は、守っていくべきだと思います。

あとがき

私はいつごろから、東京の街歩きにハマり始めたのか――そう思って振り返ると、小学生のころ、細いくねくねした道に魅《ひ》かれ、住んでいた田園調布から蛇崩川の流れる祐天寺付近まで、一人で歩いたことがあった。いったいなぜ小学生の私がそんな道を歩いたのか、もう憶《おぼ》えてないが道草は小学生の得意技である。そして大学院生のころ、渋谷・円山町界隈に住んでいた私は、渋谷をよく徘徊した。しかしこれは、道そのものよりも道行く人への関心からの逍遥であり、乱歩だった。

その後、私は長く都市を論じ、都市について思考し、そこでのイベント主義やテーマパーク化を批判しながらも、その都市を実際に街歩きすることで本をまとめていけるとは考えてこなかった。もちろん、そんな街歩きの都市論に挑戦してみることになったのは、前著『東京裏返し――社会学的街歩きガイド』（集英社新書、二〇二〇年）で、東京都心北部を歩き通してみたからである。以来、私は機会があれば、都心南部についても同様の街歩きの都市論を試みたいと思ってきた。

幸い、前著は好評をもって人々に受け入れていただいたので、この計画を実行に移す機会が比較的早くにやってきた。チーム構成は前回とほぼ同じで、ライターの加藤裕子さん、カメラマンの宮﨑貢司さん、集英社新書編集部の吉田隆之介さん、そして私である。集英社新書編集部の担当は細川綾子さんから代わったが、他のメンバーは同じである。この四人で、私たちは朝早くに出発地点で集合し、冒頭講義の後、ランチの時間も惜しんで都心南部を歩きまわった。そして、何度もびっくりするほど魅力的な風景に遭遇し、離れた場所の思いもせぬ結びつきを知り、興奮した。

前著と同様、本書は街歩きガイドだが、単なるガイドブックではない。本書の狙いは、街歩きを通じて都市への新しいまなざしを体得してもらうことにある。それは、一言でいえば都市を幾重もの時間的存在として理解することだ。本書の読者は都心南部の街歩きを通じ、都市での緩やかな速度の価値や異なる時間の断層を知り、長い歴史の重層をタイムトラベルしていくことになる。

その際のコツは、本書で強調した通り、広い道よりも狭い道、まっすぐな道よりも曲がった道、平らな道よりも凹凸のある道を選ぶことだ。広い道、まっすぐな道、平らな道を行くのは、目的地に最も速く着くための方法である。そうやって日本は明治以来、欧米先進諸国に追いつけ追い越せ、東京が地方の富を吸い取りながら近代化を推し進め、戦後は高度経済成長を遂げてきた。

しかし、そのような歩みは途中のプロセスを手段化し、意味のない時間としてしまう。狭い道、曲がった道、凹凸のある道を行くことは、中間を手段ではなく経験にするための方法である。

ところが、都心南部で街歩きを始めると、至るところで再開発の現場に遭遇する。本書の街歩きは、渋谷、麻布、四谷、赤坂、高輪などが中心である。いずれもデベロッパーによる大規模再開発が進む地域である。そのため、私たちは何度も、再開発が土地の地形を根底から改変し、「まち」の記憶を失わせ、過去を切断して創出した煌《きら》びやかな空間で茫然《ぼうぜん》としなければならなかった。

かすかな希望は、そのような再開発空間の脇に、今も古くからの細い路地や曲がりくねった暗渠がひっそりと残っていることだ。これらの道は開発の隙間に取り残されているのだが、痩せ細っているわけではない。実際にそこを歩けばすぐに気づくが、細い曲がりくねった線は、巨大な資本が投下されて塗りこめられてしまった面に亀裂を入れ、裏返すだけの密度を保持している。

私はだから、街歩きの実践を通じ、現代都市におけるポストコロニアルな人類学的・社会学的歩行へと読者を誘っているのである。ベンヤミンはもちろん、ヘンリー・ソローの『森の生活』からレヴィ＝ストロースの『野生の思考』まで、セルトーの「日常的実践」からティム・インゴルドの『ライン』までが示すように、道草的に歩行を続けることは、優れて思想的な実践である。

最後に、本書でインタビューに快く応じてくださったシーラカンスアンドアソシエイツの赤松佳珠子さん、編集者の久山めぐみさん、Chim↑Pom from Smappa!Group の卯城竜太さんと涌井智仁さん、Tokyo Little House の深澤晃平さんとサム・ホールデンさんに心から感謝申し上げたい。みなさまの現場からの発言によって、本書の視界をさらに厚みのあるものにできたと思う。

二〇二四年一一月五日　米大統領選の投票日に

吉見俊哉

吉見俊哉（よしみ しゅんや）

一九五七年東京生まれ。東京大学名誉教授、國學院大学観光まちづくり学部教授。東京大学副学長、同大学大学院情報学環教授などを歴任。社会学、都市論、メディア論、文化研究を主な専門としつつ、日本におけるカルチュラル・スタディーズの発展で中心的な役割を果たす。『都市のドラマトゥルギー』『東京裏返し』『敗者としての東京』『さらば東大』など著作多数。

東京《とうきょう》裏返《うらがえ》し 都心《としん》・再開発《さいかいはつ》編《へん》

集英社新書一二四三B

二〇二四年一二月二二日 第一刷発行

著者……吉見俊哉《よしみしゅんや》

発行者……樋口尚也

発行所……株式会社集英社

東京都千代田区一ツ橋二-五-一〇 郵便番号一〇一-八〇五〇

電話 〇三-三二三〇-六三九一（編集部）

〇三-三二三〇-六〇八〇（読者係）

〇三-三二三〇-六三九三（販売部）書店専用

装幀……原 研哉

印刷所……大日本印刷株式会社 TOPPAN株式会社

製本所……加藤製本株式会社

定価はカバーに表示してあります。

ISBN 978-4-08-721343-0 C0236

a pilot of wisdom

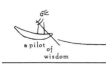